U0557088

21世纪高等院校财经类专业核心课程规划教材
北京科技大学研究生教材专项基金资助

THE INTRODUCTION OF CORPORATE SOCIAL RESPONSIBILITY CSR

企业社会责任概论

主 编 冯 梅/魏 钧
副主编 曹 辉/王晓岭

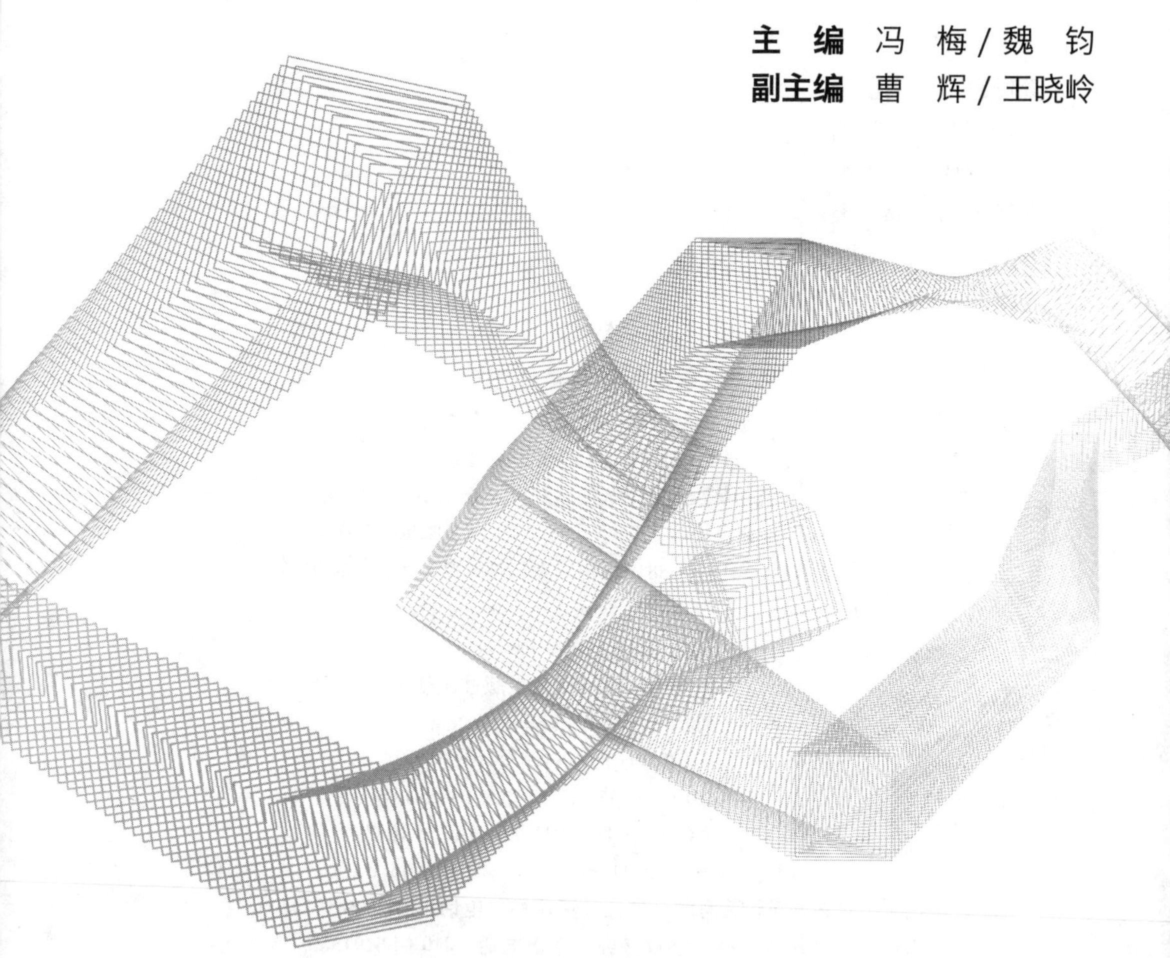

中国财经出版传媒集团
经济科学出版社
Economic Science Press

图书在版编目（CIP）数据

企业社会责任概论/冯梅等主编．—北京：经济科学出版社，2017.6（2022.8 重印）

ISBN 978－7－5141－8070－1

Ⅰ.①企…　Ⅱ.①冯…　Ⅲ.①企业责任－社会责任－概论　Ⅳ.①F272－05

中国版本图书馆 CIP 数据核字（2017）第 123012 号

责任编辑：刘怡斐
责任校对：王肖楠
版式设计：齐　杰
责任印制：邱　天

企业社会责任概论

冯　梅　魏　钧　主　编

曹　辉　王晓岭　副主编

经济科学出版社出版、发行　新华书店经销

社址：北京市海淀区阜成路甲 28 号　邮编：100142

编辑部电话：010－88191348　发行部电话：010－88191522

网址：www. esp. com. cn

电子邮件：esp@ esp. com. cn

天猫网店：经济科学出版社旗舰店

网址：http：//jjkxcbs. tmall. com

固安华明印业有限公司印装

710×1000　16 开　17.25 印张　480000 字

2017 年 6 月第 1 版　2022 年 8 月第 2 次印刷

ISBN 978－7－5141－8070－1　定价：48.00 元

（图书出现印装问题，本社负责调换。电话：010－88191510）

序

企业这种组织形式是资源配置的一种方式，是社会生产力发展到一定水平的结果，是商品生产与商品交换的产物。企业能较好地适应科学技术的变化发展，能显著地提高劳动生产率，能大幅度降低成本，能集中、大量地生产商品，满足日益增长的社会需求，从而使得人类发展进入了空前繁荣的时代。但与此同时，也造成了很大的能源资源消耗，付出了巨大的环境代价，扩大了人与自然之间的矛盾。企业生产经营活动所产生的影响已经远远地超出了其自身的范围，它的发展理念、决策过程、目标与行为在相当大的范围和程度上决定了其对社会各类资源的开发、整合、利用与分配的方式，进而对其利益相关方（者）产生着直接与间接的影响。

在此背景下，人们开始重新审视企业对于社会的相关责任与义务。现代企业社会责任（Corporate Social Responsibility，CSR）理念起源于19世纪60～70年代的西方发达国家。经过半个世纪的发展，逐渐形成了相对独立的学说体系、学术领域和实践议题。尽管目前企业对社会责任的“义务性”已经得到了国内外各界的广泛认可，但社会责任的概念范畴、发展动力、运行机制、实现路径、有效评价等核心议题都处于广泛探讨的阶段。相对而言，涉及中国现代企业的社会责任，无论是在理论还是在实践方面，虽然起步较晚但发展迅速。尤其是近年来，出现了“三聚氰胺”、“郭美美炫富”、“全国性雾霾污染”等事件，加快了中国企业社会责任的理论分析、政策推进和实践活动。

本书是目前国内比较全面、系统地介绍企业社会责任的高等教材。其从和谐社会建设的视角出发，结合“企业”与“责任”的国内外历史背景，清晰地梳理出现代企业社会责任动态发展与演化的主要脉络，总结了国内外企业社会责任的概念内涵、重要观点、框架体系和重要理论，包括利益相关者、三重底线、四重金字塔和社会契约论。在此基础上，系统地论述了CSR相关的核心议题，包括社会责任报告、社会责任投资、社会责任消费和社会责任管理，拓展了狭义层面的企业社会责任框架，为读者提供了更丰富的知识与独特的视角。

本书在总结借鉴西方主流企业开展社会责任实践，并结合中国传统儒家、墨家和法家的责任伦理观，系统地分析了当今中国企业履行社会责任现状的基础上，进一步提出了推进中国企业社会责任健康发展的重要意义、战略导向及实现路径。

中国经济社会发展已进入新常态，企业社会责任的发展与完善，将会有利于促进结构调整，加快生态环境建设，实现包容、有序、协调、可持续发展。《企业社会责任概论》教材的出版和推广，将会有效地提高社会各界、尤其是高等院校商学院师生对CSR的科学认知，并通过知识的“乘数”和“传导”效应，将责任理念、方法、理论不断地推广到企业及其利益相关者（股东、员工、政府、消费者、社区等）之中，推进以企业为主体、以利益相关者为动力的中国企业社会责任理论与实践的健康发展。

我相信，本书的正式出版一定会在企业社会责任的理论与实践最佳结合方面做出突出贡献。

武春友

2017年6月5日

目　录

CONTENTS

第一章

导　　论

企业存在于社会组织当中，其经济活动需要在社会环境中发生，社会是企业利益的来源，两者存在相互影响、相互制约的关系。本教材拟通过研究企业社会责任内涵，把握企业发展和社会进步之间存在的相关关系，进而对中国特色式企业社会责任进行深入探索。

1924 年，英国学者 O. 谢尔顿（Oliver Sheldon，1923）首次提出了企业社会责任这一概念，他认为企业社会责任是与公司经营者为了满足产业内部和外部各方面人员需要履行的责任息息相关的，其中还包含道德因素。企业在生产经营过程中，尤其是进行重大决策时，不仅要考虑自身的利益以及相关投资人的利益，还应该对与企业行为密切相关的其他利益群体以及社会利益等予以重视。在思考企业行为如何对自身发展有利的同时，也应该避免对其他人产生不利的影响。

在中世纪，社会中商人和手工业者往往地位较低，进行逐利活动与宗教精神相违背。这导致商人被整个社会看作寄生虫，利润和商业也被当做“不义之财”（张礼萍，2003）。作为一个经济组织，企业有着自己独特的运营方式和特殊的组织结构，可以极大地促进经济效益和社会效益的提升。

19 世纪中叶，社会达尔文主义盛行，企业的一切活动均以逐利为唯一目的，沦落为单纯的逐利工具，社会也变成企业逐利的主要场所和对象。企业对利润过度追求的行为已经严重地影响了社会的稳定和人们的生活，劳资纠纷和两极分化越来越严重，经济危机开始出现。在《资本论》中，马克思提出企业不仅仅是资本家的，它还是社会的，因为，企业的所有利润都是工人创造的，是由于社会全体人们的付出而产生的。马克思的这一学说也让人们重新认识了企业和社会的关系，企业不仅是股东盈利的工具，它还应该对其他相关的社会群体负有责任。

20 世纪初，一些企业家开始意识到企业作为社会的重要组成部分，它的发展不能缺少社会中其他利益团体的支持以及个人支持，为此，他们开始积极改善企业与社会的关系，成为关注利益相关者的利益要求的先行者，采取了资助社区、主动捐款、设立正式工会组织、成立慈善基金以及帮助当地政府完善公共健康及义务教育制度等行动。比如，1924 年，R. 伍德（Robert Wood）的公司就制定出了一套方法，详细说明公司应该如何向其主要的支持者——顾客、公众、雇员、供应商及股东履行责任。但是从整体来看，企业社会责任并没有得到全体社会的关注，只有部分先行者在履行社会责任，企业谋求经济利益最大化的思想仍普遍存在。

20 世纪 20 年代，有三种支持企业社会责任普及的观点产生（Geroge A. Steiner，John Steiner，2002/1997）。第一种观点提出，作为受托人，企业管理者在接受公司赋予的权利与地位的同时，有义务维护股东权益，满足员工、顾客和社会等的需要；第二种观点提出，企业存在很多与之相关联的利益集团，管理者有平衡他们之间利益的义务；第三种观点提出，作为社会“公器”，企业服务民众是其应尽的义务，管理者可以通过改变企业的生产经营方式来减少社会不公平现象，帮助解决社会中存在的贫穷和疾病等问题，最终为社会做出贡献（Lunden，1988）。

20 世纪 30 年代以后，发生了两次较大的关于企业社会责任的学术论战，这极大地推动了学术界在企业社会责任领域的探究和思考，最终以对古典经济学的企业社会责任观的修正而告终，也使得企业还应该关注除股东外其他利益相关者利益的观点得到了更为广泛的关注。

20 世纪 70 年代以后，在学术界虽然古典经济学的企业责任观与企业社会责任理论的争论还不时出现，但是在该时期关于企业社会责任研究的重点主要集中在以下三方面：第一是在理论上分析企业承担社会责任的主要原因；第二是探讨企业承担社会责任的主要对象和履行社会责任的主要内容；第三是确定企业社会责任对企业发展的影响作用。

在最初阶段，企业社会责任运动的内容只是关于企业内部管理流程的再造，呼吁企业在重视财务和物资管理的同时，也要对企业员工的利益投入更多的关注，并在企业管理范围内加入了社会责任守则等内容。20 世纪 70 年代以后，由于跨国公司的经济活动引发了一系列社会问题，如严重环境污染、损害消费者利益、危害员工权益、社会贫富悬殊等，对社会生活和经济的持续发展产生严重影响，引发了此起彼伏的环境保护运动、消费者权益运动和劳工运动。消费者运动多次结合环境保护运动、国际劳工运动和女权运动等，一起要求跨国公司在追求利益最大化的同时，必须要履行消费者权益保护、劳工权益保护和环境保护等一系列社会责任。因此，20 世纪 80 ~90 年代，企业社会责任从企业内部守则发展成为向社会和公众的承诺，表明企业不仅具有企业责任，而且要对企业利益相关者行使社会责任，比如要对股东承担物质财富的社会责任，对企业员工承担劳动保护、提供良好的职业生涯的条件，提供社会保障等福利，其目的是为了保护公司品牌和信誉。后来又扩展到遵守商业道德、保护环境、发展慈善事业、捐助公益事业、保护弱势群体等。

进入 21 世纪，经济全球化进程进一步加快，企业社会责任逐渐引起国际社会的广泛关注。2000 年，联合国正式启动“全球契约”计划；2004 年，国际标准化组织也开始了企业社会责任国际标准 ISO 26000 的制定工作。跨国公司也展开了履行社会责任的实际行动，不仅开始制定企业生产守则、发布社会责任报告，有些企业还联合出台了社会责任相关要求、倡议和标准等。企业社会责任正式成为世界关注的重点研究领域及实践活动。

近几年，在政府部门、社会公众、新闻媒体等社会力量的推动和帮助下，我国企业社会责任意识不断提升，充分认识到履行社会责任是企业实现社会价值及对利益相关者承诺的重要手段。作为社会主义市场经济的重要经济主体，国有企业拥有更广泛的社会影响力和更多的利益相关者，其特殊历史使命决定了其既有不同于西方国有企业的经营目标，其内涵要广于西方所倡导的社会责任，同时也有不同于我国其他类型企业的经营宗旨。因此，社会必然对国有企业尤其是中央企业行为提出更高的要求，不仅要实现企业经济利润的增加，还必须要担负起促进我国社会经济可持续发展，推动和谐社会环境建设以及维护社会稳定的特殊使命。

第二章

企业社会责任的理论基础

第一节 国内外研究前沿

20世纪50年代以来，许多国外学者开始从不同角度对企业社会责任理论进行了深入的研究，从不同角度阐释了相关观点。随着研究的不断深入以及国际化进程的推进，企业社会责任的讨论引起了我国学者的重视。我国的研究始于对西方企业社会责任理论相关研究的介绍与引进，并不断将其与中国的实际情况相结合，对中国式企业社会责任的内涵进行了一定的探讨。

本章主要基于对国内外学者在企业社会责任理论研究上的主要观点进行梳理的基础上，对主要观点和理论进行简要评述。

一、国外前沿研究

O. 谢尔顿（Oliver Sheldon，1924）首次提出了企业社会责任（Corporate Social Responsibility，CSR）这个概念。从他的观点出发，企业社会责任是与企业经营者应该满足产业内外各种人需求的责任联系在一起的。同时，完整的企业社会责任内涵是包括了道德因素的①。

H. R. 鲍恩（Howard R. Bowen，1953）和 F. E. 约翰逊（F. Ernst Johnson）则是现代企业社会责任研究的开创者。他认为商人按照社会期望的目标和价值来制定策略、执行决策和采取行动是一种必要的义务与责任②。

---

① Oliver Sheldon. The Social Responsibility of Management（Excerpts from Chapter）[A]. In Oliver Sheldon（Ed. ）. The Philosophy of Management [C]. London：Sir Isaac Pitman and Sons Ltd. ，First Published 1924，Reprinted 1965：70 -99.

② Howard R. Bowen. Social Responsibilities of the Businessman. New York：Harper. 1953：6.

W. C · 弗雷德里克（William C. Frederick，1960）提出企业要履行社会责任，这就代表了企业家在运行经济组织的同时应该满足社会公众的期望①。

J. W. 麦奎尔（Joseph W. McGuire，1963）提出企业社会责任的核心是指一个企业不仅要履行经济和法律义务，还要对社会履行那些超出经济和法律义务以外的义务②。

K. 戴维斯（Keith Davis，1975）和 R. L. 布罗斯多姆（Robert L. Blomstrom，1975）提出企业社会责任的内涵是企业在谋求经济利益的同时，还要承担对整个社会福利维持和增加的义务③。L. 伯科威茨（Leonard Berkowitz，1964）和 L. R. 丹尼尔斯（Louise R. Daniels，1964）认为企业社会责任是企业在追逐经济利益之外的还应该关注的目标或还具有的动机，例如减少生产时的污染和污染排放、解决少数民族就业、改善企业医疗设施、改善企业周围的社区环境或是提升行业的卫生和安全标准等④。

R. 鲍尔（Raymond Bauer，1976）和 R. A. 阿克曼（R. A. Ckermann，1976）认为企业要履行社会责任需要认真思考企业行为对社会产生的影响⑤。

T. M. 琼斯（Thomas M. Jones，1980）则认为企业社会责任是企业除了对股东、法律以及工会合同描述的责任，还应该对社会中其他相关团体负有的责任。这种责任必须是企业自愿承担的，并且覆盖面广泛，除了对股东的责任，还应该承担对员工、消费者、供应商和社区等其他社会团体的责任⑥。

E. M. 爱泼斯坦（Edwin M. Epstein，1987）提出企业社会责任的关键在于企业的行为是否会产生正当的结果。换句话说，就是通过责任的履行，使企业的决策对利益相关者产生的有利结果⑦。

S. P. 罗宾斯（Stephen P. Robbins，1991）提出企业社会责任是企业在满足经济和法律要求外，还要致力于实现有利于社会发展的长远目标⑧。

R. W. 格里芬（Ricky W. Griffin，1999）和 K. 丹娜（Karen Danna）提出企业都是社会中的一部分，因此企业应该为保护社会和提升社会环境承担责任，这

---

① William C. Frederick. The Growing Concern over Business Responsibility［J］. California Management Review，1960，2（4）：54－61.

② Joseph W. McGuire Business and Society. New York：McGraw－Hill，1963：144.

③ Keith Davis and Robert L. Blomstrom. Business and Society：Environment and Responsibility. 1975：39.

④ Beckman. Affecting the Salience of the Social Responsibility Norm［J］. Journal of Abnormal and Social Psychology，1975，68（9）：275－281.

⑤ Raymond Bauer. Business and Society. New York：AMACOM 1976：143.

⑥ Thomas M. Jones. Human Brands：Investigating Antecedents to Consumers，Strong Attachments to Celebrities［J］. Journalofmarketing，1980，70（7）：104－119.

⑦ Edwin M. Epstein. The Corporate Social Policy Process：Beyond Business Ethics，Corporate Social Responsibility，and Corporate Social Responsiveness［J］. California Management Review，1987，29（3）：99－114.

⑧ Stephen P. Robbins Management Englewood Cliffs. NJ：Prentice－Hall. 1991：124.

即是履行企业社会责任的表现。

A. B. 卡罗尔（Archie B. Carroll，2000）认为其体现的是一段时期内社会对企业在不同维度上的期望，包括经济、法律、道德及慈善层面上的①。

D. J. 韦伯（Deborah J. Webb，2008）、L. A. 莫尔（Lois A. Mohr，2008）和K. E. 哈里斯（Katherine E. Harris，2008）提出，企业在进行经营活动对利益相关者承担相应的责任是一种与生俱来的义务②。

随着其重要性的不断凸显，社会责任的理念也逐渐在世界范围内普及，国际很多组织都相继发布了对企业社会责任的定义。例如，1999 年，“联合国全球契约计划”于达沃斯世界经济论坛年会上被正式提出。该计划提出了企业应该遵守的十项原则从而承担其社会责任，主要包含环境、劳工、人权和反腐四个方面。联合国总部会在 2000 年 7 月正式启动该计划。

2001 年，欧盟委员会发表了《欧洲关于企业社会责任的基本条件》（*European Basic Conelitions for Corporale Social Responsibility*）绿皮书，书中将企业社会责任定义为企业主动地将环境和社会等问题纳入企业经营活动和利益关系中的一种设想。

2003 年，世界经济论坛提出企业社会责任的内涵应该包括企业对环境的责任、对人的责任、良好的公司治理、企业遵守道德标准并对社会做贡献等。

2007 年，世界银行提出企业社会责任是企业价值观、遵守法律法规、尊重人权、与主要利益相关者以及所在社区关系的实践与政策的集合，是企业为改善利益相关者的生活质量并维持企业可持续发展而进行的承诺。

2014 年，世界可持续发展工商理事会认为企业社会责任是指企业发展自身经济的同时，采取相关符合道德标准的行为来提高员工及其家属、周围社区和社会大众的生活质量。

二、国内前沿研究

苏勇（1997）认为企业承担相应的社会责任可以获得社会各方组织的认可、赢得社会声誉，也可以体现自身的价值观和企业文化，从而为企业的发展创造更好的社会环境，让企业始终保持一种生命力，能够长期可持续地发展③。

卢代富（2002）提出，除了为股东谋求利润最大化之外，企业还应为社会公

---

① Carroll，Archie B. and Bocholt，Ann K. Business and Society：Ethics and Stakeholder Management，4th ed. Cincinnati，Ohio：South - Western Publishing Go. 2000：35.

② Deborah J. Webb，Lois A. Mohr，Katherine E. Harris. A Re-examination of Socially Responsible Consumption and Its Measurement [J]. Journal of Business Research，2008，61（2）：91 - 98.

③ 苏勇．管理伦理［M］. 上海：上海译文出版社，1997.

益做出贡献；他认为社会责任是一种积极责任，义务的对象是除股东以外的利益相关者，企业社会责任可以完善传统的股东利益最大化原则，是企业承担法律义务和道德义务的双重体现①。

陈志昂和陆伟（2003）将企业社会责任分为三个层次：第一层是法规层，说明企业应该严格遵守法律和相关规章制度，是强制性地让企业进行控制污染排放等行为，这样有利于整个社会福利的提升，也保护了股东权益；第二层是标准层，说明企业应该按照行业标准或是社会风俗等进行活动，是一种依从性的责任，一般情况下，企业如果不遵守相应的标准就会使消费者失去信心，减弱企业的市场竞争力，甚至被市场淘汰，所以大多数企业会自觉遵守；第三层是道义层，这是由企业经营管理者的道义责任决定的，而不会过多地考虑企业行为是否违背股东利益，从短期来看可能偏离了企业利润最大化的目标，但是企业管理者为了保持企业的社会形象和个人的声望，在进行企业决策和开展企业经营活动时往往会更加注重道义层②。

屈晓华（2003）提出通过建立制度或控制行为来积极履行企业对消费者、员工、商务伙伴、社区和国家等义务和责任是企业社会责任的要义所在，并且也应该作为企业的战略发展目标。它是企业对利益相关者和市场的良性反应：一方面包括经济和法律等强制性义务，例如接受政府监督和干预、依法纳税、保障产品和服务质量等；另一方面包括生态和伦理等责任，例如保障员工福利和安全、对员工进行培训、减少环境污染、合理利用资源、进行环境治理、开展公益和慈善事业等③。

周祖城（2000）提出企业社会责任是企业应该对利益相关者承担的经济、法律和道德等一系列责任④。

陈迅和韩亚琴（2005）将企业社会责任分为三个层次：第一层是基本的责任，核心为对股东的责任并善待员工；第二层是中级企业社会责任，主要指企业应该对消费者负责、服从政府、维持良好的社区关系并做到保护周边环境；第三层是高级企业社会责任，主要是企业应该积极进行公益事业并进行慈善捐助。而以上三个层次的划分主要是从企业与利益相关者的关系出发的⑤。

刘凤军和王镠莹（2007）提出企业社会责任不仅包含法律、法规强制企业履行的相关责任，也包含慈善捐助等道德上的责任⑥。

---

① 卢代富．企业社会责任的经济学与法学分析［M］．北京：法律出版社，2002（10）.

② 陈志昂，陆伟．企业社会责任三角模型［J］．经济与管理，2003（11）：60－61.

③ 屈晓华．企业社会责任演进与企业良性行为反应的互动研究［J］．管理现代化，2003（5）：13－16.

④ 周祖城．管理与伦理［M］．北京：清华大学出版社，2000.

⑤ 陈迅，韩亚琴．社会责任分级模型及其应用［J］．中国工业经济，2005（9）：99－105.

⑥ 刘凤军，王镠莹．略论企业社会责任与品牌影响力［J］．市场营销导刊，2007（2）：16－19.

姜启军（2008）同样将企业社会责任分为三层：最低限度的企业社会责任要求企业诚信对待员工、创造良好工作环境并保障其合法权益；最高层次的责任是把保护环境等责任的履行作为企业战略与发展目标；其余则属于中级企业社会责任[①]。

第二节 利益相关者理论

一、贝利—多德的论战

“企业社会责任”的概念尚未达成共识，并曾多次引发争论。美国的 T. 杰斐逊（Thomas Jefferson）和 A. 汉密尔顿（Alexander Hamilton）是其中的代表人物，在 T. 杰斐逊的“农业立国”观和 A. 汉密尔顿的“工业立国”观之争中，双方都认同了企业对于社会发展的重要影响。二者观点的差异之处在于，T. 杰斐逊认为工业社会与都市生活会让人堕落、败坏人的品德，形成见利忘义的思想，如果不对企业经营加以道德约束，企业则将会沦落为“野心家”赚钱的工具。因此，企业在道德约束范围内经营是企业应该履行的社会责任。而 A. 汉密尔顿则认为，企业的经营应该以营利为首要甚至是唯一的目标。原因是，企业是促进国家发展的重要组成部分，因此，企业主要是快速发展从而提升国家竞争力，而不应受到道德约束。

相比较以上的论战，最有名的则是“贝利—多德”关于社会责任内涵的论战。1931 年，美国哥伦比亚大学教授 R. 贝利（Rodger Bailey）针对当时股权结构的变化，即所有权与经营权分离的现象进行研究，提出企业是营利性组织，追逐利润是企业的最终目标。企业管理者受股东的委托来经营企业，那么他们实施权力的前提应该是能为股东创造利益，股东利益不应受到任何损失，也不能让位于其他利益相关者。

哈佛大学教授 M. 多德（Merrick Dodd）则提出了与此针锋相对的观点，认为除了股东利益，企业的经营发展会受到周围环境的影响，更会受到法律和社会舆论的左右。这样的影响也迫使企业必须要考虑股东以外利益相关者的需求。相应的，管理者的权力也会受到股东以外其他利益相关者的影响与制约。因此，企业社会责任不仅是针对股东，还应该承担对员工、消费者和社会公众等群体的责任。

---

① 姜启军. 从成本—收益分析看企业履行社会责任的有效方式 [J]. 上海管理科学，2008（2）：94-97.

总体而言，R. 贝利和 M. 多德的争论主要是围绕“企业的管理者是谁的受托人”这一焦点来进行的。R. 贝利主要持有消极的责任观，即企业只应关注其经济属性。尽管是消极的，但却得到了当时学术界的广泛认可与推崇。而 M. 多德则认为企业进行的经营活动要对社会承担责任，企业管理者更应该自觉地在控制企业经营活动时考虑社会责任，而不是只考虑法律的强制性。从这里可以看出，R. 贝利和 M. 多德的争论点主要在于企业是否应该承担社会责任。之后，M. 多德指出企业管理者的权利都是来自于利益相关者，R. 贝利也承认了利益相关者对企业经营发展的重要性，但是他更强调只有当责任的履行具有可操作性的前提下才不会成为空谈。

到 20 世纪 40 年代，R. 贝利和 M. 多德之间的争论，开始发生戏剧性变化。两位学者分别“倒戈”，成为对方理论的拥趸者。M. 多德表示企业对社会责任的承担或者履行多流于表面，其驱动力为外界压力，而非自身内在的激励；而 R. 贝利在 50 年代也改变了自己的立场，从企业社会责任的反对者转变为一个彻底的倡导者。

二、现代企业责任观

R. 贝利和 M. 多德的论战在 R. 贝利认输之后，持有经济责任观的 T. 莱维特（Theodore Leavitt）等人与持有社会责任观的 S. P. 罗宾斯（Stephen P. Robbins）和 A. B. 卡罗尔（Archie B. Carroll）等人又开始了新的论战。

T. 莱维特认为企业的所有者是股东，他们应该对企业利润拥有所有权，企业管理者在行使公司控制权的时候应该以保障股东利益为前提，企业社会责任的核心主要是实现企业利润，而不在于公共利益。企业对社会责任的承担则需要与责任相对应的更高层次、更大范围的权力，进而容易刺激厂商在整个社会经济和政治中控制更多的资源以形成更强的影响力，这是一种危险的现象和趋势，并会直接损害企业产品和服务的品质，影响企业发展，最终陷入困境。

S. P. 罗宾斯认为企业对社会责任的承担具有长远性和全局性，因为责任的履行关乎社会义务和社会响应。前者体现的是企业在经济和法律层面上的约束，强调其盈利的合法性；后者是指企业对社会变化的适应能力，企业应该具有基本的道德规范，从而区分企业行为的对错。S. P. 罗宾斯认为社会响应的内容比社会责任更容易实现，也更加明确。要想评价一个企业管理者不应该考察他是否能发现对社会有益的行为，而应该考察他是否能明确当时的社会准则，并根据该准则调整企业的策略与行为。美国普金斯研究所高级研究员 M. M. 布莱尔（Margrit M. Blair）认为，企业管理者应该让企业的行为有利于实现社会总价值的最大化，而不仅是股东利益最大化，在决定企业战略决策的时候，应该考虑对所有利益相关者的影响。

以上的论战推动了企业社会责任的相关研究，到20世纪60年代，企业社会责任逐渐成为西方理论与商业界的热点议题。

三、利益相关者内涵

企业社会责任讨论中不可或缺的主题即为利益相关者，进而促进了该理论的发展。

到20世纪90年代，利益相关者理论才真正形成一定体系。1991年，美国匹茨堡大学的D. 伍德（D. Wood）第一次在企业社会责任的理论研究中提到利益相关者理论，他在《论公司社会表现》（*On Corporate Social Performance*）中提出，M. 弗里德曼（Milton Friedman）有关利益相关者的观点可以解释企业应该对谁承担责任的问题。1993年5月，一次以相关利益者及其理论为主题的小型研讨会在多伦多大学商学院公司社会绩效与伦理中心举办，这次研讨会标志着利益相关者理论研究正式开始，基于企业利益相关者的概念、依据和应用，与会人员探讨了利益相关者的概念与范畴，将利益相关者从简单的概念上升到理论层面。利益相关者理论的形成与发展明晰、丰富和支持了企业社会责任理论。利益相关者理论说明了企业会受到行业和社会的多重影响，应该也要重视除股东外其他利益相关者的利益，尤其是企业的员工、供应商、消费者等，这是一种特殊且重要的人力资本投资。

第三节 “三重底线”理论

1997年，英国学者J. 艾灵顿（John Ellington）首次提出了“三重底线”（Triple Bottom Line）的概念。他认为企业社会责任主要可以分为经济、环境和社会三种责任。这就像“平衡计分卡”一样，正在测量的内容正是企业所关心的，而可以测量的内容就是企业拥有的。只有当企业开始关心自己对环境和社会的影响时，才有可能对环境和社会真正负责。在现代社会中，企业是否成功的标准已经不再只是经济责任，而是应该更多地关注环境和社会责任，企业应该开始更多地关注可持续发展理念，而不只是追求企业利润。

一、经济底线

企业社会责任中最重要的就是让企业健康发展，即如何为社会创造更多价值。成功的企业应该能够为社会解决就业问题、关注员工福利等，并按照法律、法规纳税。不能盈利的企业会给国家和社会增加负担，因此，企业需要找到一种可持续的盈利方式，要找到适合企业自身发展的发展战略和管理制度。

例如，8万名云南省农民在雀巢公司“创造共享价值”的带动下，通过种植咖啡实现了脱贫致富，当地人的生活条件得到了极大地改善，雀巢公司自身也收获了巨大的利益。1997年以来，广东省东莞市的雀巢咖啡生产厂需要的小粒种咖啡豆已经全部实现国内自产自供，可以全部从云南省直接采购，不仅节约了生产成本，也促进了雀巢咖啡的快速发展。雀巢咖啡采取的企业战略，促使该企业获得更多的利润，提高了原材料供应商的经济效益，也实现了对社会责任的履行。由此可见，企业经营的全部过程，例如在采购、生产和销售过程中都需要注重企业社会责任的履行，促使企业长久健康地发展是企业履行社会责任的目标。

二、环境底线

近年来，中国经济得到高速发展，但与此同时，因“黑色”的生产方式所引起的环境污染、生态退化问题日益严峻。在此背景下，企业对环境和社会责任的履行逐渐受到社会各界的关注。作为合格的企业公民（Corporate Citizenship），各类企业和厂商都应积极保护自然环境并倡导环保理念，保证自己的产品符合健康、绿色和安全标准，这也符合消费者日渐增强的环境保护意识。

1999年，联合国秘书长K. A. 安南（Kofi Atta Annan）在瑞士达沃斯世界经济论坛提出关于企业社会责任的相关要求，主要包含劳工、人权和环境等九项。关于环境方面的要求主要是企业应该预先考虑到环境问题的产生，主动承担更多的环境责任，并积极推广和发展不会破坏环境的生产技术。企业应该对环境和资源的可持续发展和利用方面承担重要的责任，要积极进行技术创新，减少生产和经营过程中所有环节对环境造成的伤害，不仅可以节约资源、降低能耗，还能降低企业成本，增强企业竞争力。

一些企业在履行环境责任方面有所欠缺，除了自身问题，主要有以下三点原因。

第一，缺少足够的法律约束力。改革开放以来，中国已经在环境立法上取得重大进展，但是仍显不足。有许多法律、法规可操作性较差，在实际处理环境破坏的违规案件时，需要很长时间才能执行完法律程序，这时如果违规企业故意拖延时间，案件就更加难以结束。现有法律体系也不利于公众监督和企业排污信息公开，这样即使出现了受害者，他们也很难通过法律途径维护自己的合法权益。

第二，没有进行严格的环境执法，尤其是在地方上，严重受到政治因素影响。地方官员的仕途都会受到当地国内生产总值（Gross Domestic Product，GDP）

增速的影响，在急于应对政绩考核的情况下，一些地方政府会只追求企业的经济利润增长，而忽略其对环境的污染。现在政绩考核体系已经有了较大改进，增加了针对环境保护的内容，但是还不能完全杜绝这种唯经济增长论的现象。政府在考察企业时，不能只看企业的规模和利润增长，还应该重视其是否承担了保护环境的责任，要多出台一些促进企业积极保护环境的政策，并鼓励企业自愿并切实地履行其社会责任。

第三，缺少环境保护的公众参与。许多民间环境保护组织开始通过新闻发布会等方式公布企业在保护环境方面的表现，公开其污染环境的数据。但是这些组织很难获取较多的企业保护环境的信息，这些行为很难真正影响到企业履行社会责任的过程。

三、社会底线

企业要更加重视企业内外部人文环境的建立。在企业内部，要考虑到员工福利、企业文化的建设和传播，并在管理过程中做到以人为本，采用人性化的管理模式；在企业外部，要关注消费者、供应商、政府等社会大众的利益，与他们建立良好的互动关系。

积极进行社会公益既可以履行企业社会责任，也可以帮助企业建立良好的企业形象。例如，联想集团就是在核心业务发展的过程中加入了公益事业，在行业和社会中形成了优质的企业形象。联想集团还是联合国全球契约的缔约方和成员，始终将公司战略与全球契约保持一致，坚持“科技引领 PC + 时代”的理念，高度关注员工、消费者、供应商、合作伙伴和社会环境的利益，通过实践“六为”战略履行其社会责任。2007 年，联想公益创投为一个中国农村信息网络工程项目提供资金支持，向偏远的农村地区进行电脑的推广和普及。虽然这个项目当时并没有立刻为联想集团带来显著的经济利益，但 2009 年国家开始推行家电下乡计划，而此时在农村电脑市场，联想集团已经拥有了超过 40% 的份额。这也说明了社会责任的履行可以为企业建立口碑、提升知名度并开拓市场，可以看做是一项特殊的“长期战略投资”。在此之后，联想集团举办了青年公益创业大赛，一个月的时间收到了 10469 份公益创业计划书，网站报名的点击数也突破 500 万人次。2014 年，联想集团还通过“公益创投”开拓教育领域，将公益事业、教育与企业专业相结合，通过征集项目并进行评比来鼓励偏远地区开始尝试教育信息化，利用教育结合信息技术的模式开展远程教育，为偏远地区弥补匮乏的教育资源，缩短其与发达地区教育水平的巨大差距。

近年来，联想集团尤其重视其品牌“年轻化”的建设，借助实现年轻人的公益梦，来发展更多、更广泛的公益事业，提升了自己在年轻消费者群体中的企业形象，实现了多重目标。在企业内部，联想集团员工的义务工时被等同于工作，企业尽力将公益事业做到亲力亲为，让自身专业优势与公益事业发展有机结合。

第四节　“四层金字塔”理论

A. B. 卡罗尔（Archie B. Carroll）是企业社会责任研究中的代表人物。1979年，A. B. 卡罗尔率先概括了企业社会责任的内涵，构建起层层递进的“四层金字塔”模型，即经济责任、法律责任、伦理责任和自觉责任。他强调从底部到顶部的顺序（经济—法律—伦理—自觉）只是说明了社会责任的发展顺序，这四个责任是不冲突的，也不是相互叠加的。从历史的发展中可以看出，社会开始主要关注企业对股东应承担的经济责任，之后是法律责任，最后才是伦理和自觉责任。相应地，企业承担的所有责任都可以归纳于这四类当中。

“四层金字塔”模型于1991年被修订为“经济—法律—伦理—慈善”。因该模型较全面地包含了社会责任的各个维度，因而得到了广泛应用。该模型表明，企业要在致力于为股东谋求利润最大化的同时，也应关注法律、法规、伦理道德的维度，积极开展慈善事业。

一、经济责任

作为基本的经济单位，企业通过提供产品和服务获取利润，其主要目的就是要实现利润最大化，这是企业生存和发展的动力。因此，企业的经济责任是企业社会责任中最为基础，也是最核心的内容，主要包含了净利润和销售收入等指标。其他社会责任没有经济责任作为基础，企业社会责任就只能成为空谈。经济责任是判断企业社会责任履行好坏的基本标准。因此，若一个企业未能很好地实现其经济性，即便将其他维度的责任都履行了，也只能是个“舍本逐末”的案例。

二、法律责任

经济责任虽然不可或缺，但是并不是企业唯一的社会责任。作为社会的组成部分，企业内生于社会、社会为企业生产提供资源，赋予企业提供产品和服务的权利，但是也同样制定了相应的法律、法规需要企业自觉遵守，企业应该在法律、法规允许的范围内实现经济增长。因此，企业必须要承担法律责任。

三、伦理责任

伦理责任是指企业应该在伦理道德方面承担的责任，其核心理念在于企业行为及观念应该是有利于社会进步的，主要包含了以下三个层次。

（一）人本伦理责任

人本伦理责任是指企业应该关心人权，做到以人为本，要始终坚持尊重员工，从而在企业内部形成良好的伦理氛围。具体实施可以分为四点：首先，要不断地提升员工的工资水平，保障其福利和就业稳定；其次，要尽力为员工创造良好的工作环境，使员工的身心健康得到保障；再次，要建设形成良好的企业文化，是企业内部形成平等、公正、尊重、友好、合作和积极参与各种活动的伦理氛围；最后，企业应该关注员工的职业发展和自身成长，从而促进员工和企业的共同发展。

（二）公共伦理责任

公共伦理责任是指企业在处理与外部利益相关者的关系时，应该要秉持公开、公平、合理、诚信、尊重的原则。首先，要保障为消费者提供的产品或服务的质量，确保产品和服务的安全性、价格合理并且品质优良；其次，要与市场竞争者和其他利益相关者保持公开、公平、合法的竞争关系，形成良好的公共关系和正常的交易秩序；再次，要进行合法纳税，遵守政府出台的有关法律、法规，并承担政府规定的有关责任；最后，要积极参与社会慈善和公益活动，从而为营造良好的社会环境贡献一份力量。

（三）生态伦理责任

生态伦理责任要求企业应该做到尊重自然，积极地进行环境保护、降低能耗、减少资源浪费、进行技术创新开发绿色产品、实现绿色营销，促使企业和社会经济的可持续发展，主要可以从以下几个方面着手：首先，企业要积极地改进生产技术、工艺和生产方式，采取资源节约战略，并尽量使用清洁和可再生能源；其次，要尽量减少污染的产生和排放，积极承担环境责任，进行环境保护；最后，要努力向社会提供更多的绿色产品，开发有利于环境保护的产品和服务。

伦理责任更关注相应的标准和规范，以保障员工、消费者、股东、所在社区的利益与环境。这些道德要求都早于法律、法规的产生，例如保障消费者权益和保护环境的社会期望都早于消费者保护和环境保护等法律的出现。伦理责任是指那些还未形成相应法律而具有社会期望的责任，是社会公众希望企业能够遵守的潜在规则。没有法律的制约，企业需要自己主动地遵守这些规范。但由于缺少法律条文，使企业很难判定承担伦理责任的标准，在具体实现上缺少一定的指导。伦理责任会对法律责任产生较大的影响，许多伦理运动会促使法律条文的产生。这也说明了伦理责任可以促进法律责任的发展。

四、慈善责任

慈善责任的范围比较广泛，它包含了为成为一个好企业公民，企业应该进行的一系列活动，并且这些活动是由企业资源承担且可以自由选择的，例如企业对社区发展的捐助，对教育和艺术事业发展进行的帮助。慈善责任并不在伦理责任的范围之内，即使企业不进行慈善活动也不会被认为没有遵守伦理规范。慈善责任虽然被社会大众关心和期待，但在某种程度上，并没有前三个责任那么重要。因此，企业应该在履行其他三种责任的基础上量力而行。不可否认的是，很多企业非常热衷于慈善活动，但是却忽略了其他三个比较基础的责任，出现“本末倒置”的现象。有些企业常年处于亏损状态，连最基本的经济责任都不能很好地担负，这时候进行慈善投资，很可能是一项感情公关的投资。如果对这样的企业“坐视不理”，甚至是加以奖励，那么企业都会选择做慈善敷衍了事，然后将其他社会责任抛诸脑后。

在许多发达国家，有一些慈善组织非常排斥问题企业进行慈善捐助，这体现了慈善组织重视捐助企业对社会责任的履行程度。中国的慈善事业还不成熟，有许多不完善的地方，但是也不能放松对捐助企业进行道德资质的审查，更要防止企业通过慈善捐助来“洗白”自己不道德行为的现象发生。

经济、法律、伦理和慈善这四种责任是企业社会责任的不同层面，其中最重要的是经济责任，它是履行其他社会责任的基础；法律责任的重要性次之，法律、法规对企业的约束具有强制性，是企业必须履行的责任；而伦理和慈善责任的重要性比前两者要低，属于对企业的柔性激励，是否履行这两个层面的社会责任完全靠企业的自律。

总的来说，企业履行社会责任应尽可能地全面。但同时，企业也应该在衡量自身能力的前提下量力而行。

第五节　社会契约理论

社会契约理论是指社会希望企业行为可以遵循社会制度中所包含的一些权利和义务，而这些权利和义务就可以看做是企业与社会之间的契约。

一、典型的社会契约理论

17 世纪以来，社会契约理论作为一种社会学说对西方国家产生了重要的影响，契约经济的文化传统和发展、西方国家的社会变革等都对社会契约理论的形成和发展产生了深远的影响。典型的社会契约主要具备两个特点：平等性和自由性。其中，平等性是契约缔结的前提，它是指缔结条约的双方均达成一个共识，即社会契约的缔成是有助于自身发展的，这也为双方缔约提供了动力；自由性是指缔约人可以自由地选择是否缔结条约、与谁缔结条约以及以何种方式缔结条约等。

二、企业的社会契约理论

随着经济的发展、社会的进步，相对于典型社会契约理论来说，企业社会契约理论应用得更为广泛。T. 唐纳森（Thomas Donaldson）认为：在社会和企业之间，存在着这样一个契约，企业和社会应该为彼此的发展进步承担责任。概括来说，企业社会契约主要具有以下三个特点。

（1）社会契约中的缔约双方在此就是指社会和企业，这两个主体不要求利益一致，可以有冲突也可以分开，但是两者之间的冲突不是无法化解而是可以通过一定的协调途径来解决的，最终使两者之间达成契约；

（2）基于社会和企业两者之间关系的特点，企业社会契约是企业和社会达成的一致意见，它融入社会的道德和法律体系中；

（3）由于企业和社会二者之间的关系并非一成不变的，契约理论也是在不断发展变化的。

传统的企业社会契约理论认为企业提供产品、服务是以经济利润最大化为目标，这也有助于推动经济发展。而发展的社会契约理论观点则认为企业对于利润最大化的追求并不会直接促进社会的进步，恰恰与之相反，很有可能会产生各种社会问题，例如工作环境的恶化、生态平衡被破坏以及不平等地对待社会中某些特定群体。所以，为了经济的发展和社会的改善，企业应该承担相应的责任。

三、综合的社会契约理论

随着经济一体化程度的加深，能够在全球范围内适用的社会契约理论得到快速发展。T. W. 邓迪（Thomas W. Dundee）和 T. 唐纳森为此分析并探讨了社会契约理论的革新，他们将传统的社会契约论和现代的社会契约理论相结合，形成了新的综合社会契约理论。在他们看来，世界的经济交往中存在着一种广义的社会契约，它有下面这两种存在方式：第一种是微观意义上或者现有的契约，这种微观的契约是一个经济共同体内实际存在的契约的体现，它是一种存在于企业、行业等彼此之间或者组织内部的现存的、真实的协议；第二种就是宏观意义上的或者假设的契约，与微观的契约相比，这种宏观的契约是一个经济共同体内理性成员所做的不真实存在的广泛的协议，契约设立的目的在于可以作为社会的相互作用的参考标准。把以上两种结合起来就是综合的社会契约理论，它的好处在于结合了二者的优点，既可以和宏观契约理论一样综合考虑行业、企业的现存协议从而避免与传统道德理论联系在一起导致模糊不清，又可以和微观契约理论一样适用于现有的道德规范，从而避免相对主义。总而言之，综合社会契约论将理想与现实、宏观与微观结合起来，是一种更为广义的社会契约理论。

第六节　本章小结

在对股东利益至上观点的质疑中，企业社会责任的理念和理论得到了发展和丰富。与之相伴相生的利益相关者理念和理论的出现和发展也反过来成为了社会责任体系的基础与支撑。在西方发达国家企业股权不断分散、社会逐渐多元化发展的背景下，企业只对股东负责，只考虑股东利益的观点已经受到社会诟病。此外，部分企业规模的迅速扩张引起的社会问题也受到了广泛的批评，这些都促使企业不得不主动承担各种社会责任，更加重视利益相关者的诉求。总之，企业社会责任理论经过不断地发展，已经逐渐丰富并形成了一定的理论体系，可以为企业社会责任的实践提供理论支撑。

通过对企业社会责任概念、内涵、层次和相关理论的总结梳理，可以发现：相对于西方发达国家，中国的现代企业社会责任的研究起步较晚。国内研究开始积极的学习、分析、借鉴国际相关研究的思想、理论、方法，但从研究的系统性和深入性来讲，仍有较大的提升空间。此外，由于历史背景、发展阶段、政治经济、文化基础、社会氛围等环境因素与基础的差异，中国企业社会责任体现出独特的表征与发展路径。因此，需要进一步将“舶来”的理论和方法与中国的历史背景、发展特征有效结合，才能够有效地发展出中西结合的特色理论、有针对性地提出适宜中国企业可持续发展的对策建议。

第三章

利益相关者

第一节 股　　东

一、对股东的责任

（一）股东的概念与权力

股东是公司存在的基础，也是公司的核心要素。通常来讲，股东是股份制公司的投资人或股份的持有者。根据新《中华人民共和国公司法》（以下简称《公司法》）规定，有限责任公司成立后应当向股东签发出资证明书，并将股东的姓名或者名称及住所、出资额、出资证明书编号等事项记载于股东名册。当股东依法转让其出资后，公司同样应将受让人的姓名或者名称、受让出资额等信息记载于股东名册。对于股份有限公司，当发行和转让记名股票时，应当置备和记载信息于股东名册；当发行无记名股票时，公司应当记载股票数量、编号和发行日期。由此，对于股份有限公司，股票的持有人为股东。股东拥有以下十项权利。

1. 知情质询权

有限责任公司股东的知情质询权包括：对公司章程进行查阅、知悉董事会和监事会会议决议以及对财务会计报告进行查阅和提出异议；股份有限公司股东的知情质询权包括：对公司章程和股东名册进行查阅、记录股东大会会议、对公司经营管理活动提出质询、知悉董事会和监事会的决议和其人员的薪资报酬，有权要求监事、董事和高层管理人员参加股东大会并接受质询。

2. 决策表决权

股东有权参加股东大会，并根据股权持有比例行使决策表决权。对于违规的决议请求有权进行撤销，对于违反行政法规、法律和公司规定的股东大会或董事会的召集程序、决议内容等方面，并且在自决议作出之日起的60日内，股东有权请求人民法院进行撤销。

3. 选举权和被选举权

股东有权参与董事会和监事会成员的投票选举，以及拥有被选举权。

4. 收益权

在法律、法规规定的范围内，股东有权参与公司分红，并在公司终止时获得公司剩余资产的分配，维护自身的正当权益。

5. 解散公司请求权

我国《公司法》明确规定，当公司的经营管理发生严重困难并会严重危害股东利益，且不能通过其他途径解决时，持有公司全部股东表决权10%以上的股东，可以向人民法院请求解散公司。

6. 股东代表诉讼权

股东可以以自己的名义向法院提起损害赔偿的诉讼。

7. 直接索赔权

当董事和高级管理人员的行为对股东的利益造成直接损害时，股东有权向董事和高级管理人员要求直接索赔。

8. 优先权

在公司新增资本或在同等条件下发行新股时，股东具有优先认缴权。在其他股东转让股权时，有限公司股东享有优先受让权。

9. 提议召集临时股东会的权利

股东会应当按照章程规定按期召开定期会议，以保障股东的参与重大决策的权利。

10. 公司章程规定的其他权利

股东可以依据法律、法规和公司章程享有或设定其他权利。

（二）股东责任的理论来源

1. 产权理论

产权是基于一定物的存在和使用而发生的人的一种权利，体现了人们具有支配某种有价值的存在物的权利，是人们围绕一定的财产而发生和形成的权责利关系。基于产权理论，每个股东即使股份很少，所持股份比例很小，但在公司中都应有相应的一份权利。股东的差距主要体现在股东的表决权、收益权、转让权等数量差别上，股东的持股数量和比例决定了其在公司权力的大小。

现代产权处于一个庞杂的市场制度或规律体制中，与之相对应的是，产权制度也是体系庞杂、内容繁多，处于不断演变与发展之中。其基本特征有五点：产权分解化；产权界定明显化；产权主体多元化；产权流动市场化；企业产权主体独立化。从一定意义上说，产权制度安排的公正，产权流动的自由、平等，产权经营的自主，是降低交易费用和实现资源优化配置的制度保障，正式和非正式制度的安排都是经济有效增长不可或缺的条件。

2. 契约理论

公司契约理论认为公司的本质是一组在公司众多参与者之间相互关联的契约网络。公司的参与者，包括投资者、员工、顾客和供应商，都应获得回报。因为投资是意识自治的行为，因此股东与股东、管理者和其他利益相关者之间从本质上看也是一种契约关系。

主流契约理论认为，企业管理者的职责在于为股东利益服务。主流契约理论是以股东为中心，包括以下三点内容：一是股东对控制权的所有，二是管理者对股东具有信托责任，三是企业目标是股东财富的最大化。该理论认为股东作为企业的出资者、兴办者，其所投入的资本形成企业专用性资产。而该类型的资产会在债务危机或财务风险时最先受到波及。所以按照风险与收益相匹配的原则，股东应是企业最重要的服务对象。而属于固定收入者范畴的债权人、雇员等，由于不承担企业资产受损的风险，因此不具备对企业的剩余资产进行索取分配的权利。因此，契约理论在强调了企业对股东责任承担社会责任的必要性的基础上，把经理人是否实现股东财富或价值最大化看作是企业效率的衡量标准。

受公司契约理论的影响，中国在新的《公司法》（2006 年修订）中将企业对股东的责任做了规制，并将公司章程提高到股东之间自治契约的地位，多处出现“全体股东约定……”等授权性条款。股东可以通过公司章程安排公司转让、股权变更、管理职权等事项，这是股东权制度向契约自由方向发展的表现。

（三）对股东责任的内容

股东是企业重要的利益相关者。企业对股东的责任，主要体现在以下四个方面：

1. 保障股东权利的实现

股东权利就是实现投资人利益的法律保证。为维护股东权益，中国法律颁布了一系列涉及公司成立、经营和解散的相关法律、法规，包括《公司法》《证券法》《破产法》《外资企业法》《合伙企业法》《私营企业暂行条例》等，以及其他一些管理条例，如《公司登记管理条例》《首次公开发行股票并上市管理办法》等。在这些相关的法律、法规中，都严格地规定了企业及其经营者对股东应尽的责任，以及股东享有的合法权益，是所有企业必须严格遵循的。保障股东权利的实现，从某种意义上就是尊重企业的生存和发展的基础，对法律所规定的股东权利的尊重是企业对股东最基本的责任。

2. 保证股东价值最大化

维护股东的利益，保持可持续的保值增值能力，保证股东的价值最大化，是企业对股东应尽的经济责任，也是企业最重要的责任。追求股东价值最大化是实现企业其他利益相关者利益的必要条件。企业要实现这样的目标，就需要对股东资金的安全性、收益性和成长性负责。《深圳证券交易所上市公司社会责任指引》指出：上市公司应制定长期稳定的利润分配方案和科学合理的分红办法，保证股东的利益；上市公司应在追求股东利益最大化的同时兼顾债权人的利益，保障公司的资产安全和财务稳健。

3. 保护中小投资者利益

企业为了履行对股东的责任需要完善治理结构来保护股东尤其是中小股东的利益。公司的治理结构是董事会、公司所有者、管理者以及其他利益相关者之间进行利益分配，以及满足制度均衡的一种制度安排，既要保证企业的管理者从股东利益出发进行经营管理而不能只顾个人利益，又要给经营管理者足够的空间发挥企业家才能。为此，一要建立良好的权利分配和制衡与监督机制。例如，董事会或股东大会才能决定企业高层管理人员的任免和公司重大事务的决策，或成立监事会对董事会及经营者进行监督；二要保护中小股东利益，保证中小股东的知情权、席位、话语权以及自由转让股份权、异议小股东的退股权等。其中，《深圳证券交易所上市公司社会责任指引》明确指出：上市公司应完善治理结构，对股东给予公平对待，保障股东的合法权益。

4. 规范信息披露

及时、准确地向股东披露企业信息，是履行股东责任不可或缺的重要环节。针对企业的重大经营决策和财务绩效，为股东投资决策提供及时、准确的信息，并有责任将企业从事的各项社会实践活动告知股东。企业主要通过财务报表、公司年报等向股东提供信息，且保证信息的真实性和可靠性，对于欺诈公司股东和谎报、瞒报企业信息等不道德行为，企业会同时受到法律的制裁和道德的谴责。

二、公司治理结构

（一）公司治理结构组成

企业社会责任的实现主体包括公司法人本身和公司的控制者。因此，企业社会责任主要的实现主体除了《公司法》规定的四部分（即股东会或股东大会、董事会、监事会和经理层）外，还应包括公司法人本身。

1. 公司法人

通常来讲，企业社会责任的实现主体是公司法人。公司法人是指依照法律、法规设立的，具有独立的财产、享有民事权利和对外独立承担责任能力的社会组织。公司法人本身作为企业社会责任的实现主体，有利于稳定和实现企业社会责任，但同时存在极大的局限性，如不能有效保护除股东以外的债权人和其他利益相关者的权益，并在公司治理出现问题时，可能将公司的经营风险转移到债权人和其他利益相关者身上。因此，仅由公司法人承担企业社会责任存在一定的问题。

2. 股东大会

股东大会是由全体股东组成的公司的最高权力机关，享有公司重大事项的决策权、董事的更换和任免权、公司经营治理的广泛决定权等职权。依照《公司法》的规定，股东大会的决议是实行股份多数决定的原则，所以大股东实质上控制了股东大会的决议权和公司治理的决策权。但在公司的运营管理中，公司的债权人、员工、消费者、所在社区、资源环境等其他利益相关者同样产生重要的影响。因此，公司也必须承担对这些股东以外利益相关者的责任。

3. 董事会

董事会是依照有关法律、法规，由董事组成的，对股东大会负责，掌管公司业务执行和经营决策的机关。现代公司经营面临的环境日益复杂，对经营者的要求越来越高。现代公司尤其是大型股份有限公司实行的是所有权与经营权相分离的治理结构，股东大会是非常设机构，不可能及时应对公司的任何突发事件。因此在现代股份有限公司中，由全体股东选举董事形成的常设机构即董事会，负责执行股东会议决议，主要承担起公司的社会责任。董事会职权的强化是德国在1937 年率先发起的。在此之后，西方国家公司逐渐由股东大会中心主义发展成为以董事会为中心的治理结构，授权董事行使制定公司基本管理制度、执行股东会决议等职权，在保障股东利益的同时兼顾其他利益相关者的利益。

4. 监事会

监事会是公司常设机构之一，对董事会、高层管理者、公司财务等进行监督的内部组织。作为企业社会责任的实现主体之一，为了保证公司经营的正常有序和维护公司利益相关者的正当权益，监事会成员享有检查公司财务，防止滥用职权，及时纠正董事或经理存在的损害公司和其他利益相关者权益的行为等对企业履行社会责任的监察职权，同时对公司履行社会责任监察不力的监事成员要明确其应承担的法律责任。

5. 经理层

在现代企业的内部结构中，经理通常不是公司事务的直接决策者，而是重大决策和日常经营管理事务的执行者。因此在执行事务的过程中，依法维护公司各利益相关者的权益，并对于因自己不当行为造成的公司利益损害负直接责任。

综上所述，在企业社会责任的履行过程中，公司法人本身、股东大会、董事会、监事会和经营层具有至关重要的作用。因此，要使公司社会责任得以贯彻实施，需要构建正式的制度，而公司内部治理结构的完善是实现公司社会责任的基础。

（二）公司治理结构的模式

公司治理结构从根本上说是一种制度。通过该制度协调股东和其他利益相关者。所有权和控制权的表现形式是公司治理结构模式的特征体现。传统的治理理论将治理模式分为市场监控型和股东监控型模式。这两种模式的代表国家分别为美国与德国和日本。随着对东亚国家及（前）苏联和东欧国家的研究不断增多，“家族控制”与“内部人控制”两种新的公司治理模式也被总结出来。东亚与德日模式均表现为大股东的直接监控。但在德国和日本，大股东主要为银行或大财团，而东亚国家的大股东主要为控股家族。相对而言，（前）苏联和东欧国家“内部人控制”的治理模式的出现是由于在从计划经济向市场经济转型的特殊时期，因市场机制发育滞后、有关公司治理的法律、法规不完善引起的。

1. 美国的市场监控模式

作为市场经济发达的国家之一，美国的公司治理结构体现出较强的市场控制主导特点。

（1）股权的高度分散性。美国股票市场十分发达，股权也极其分散，并且以个人持股为主，并形成了“用脚投票”的现象。分散股东的这种“投票”方式给经营者带来无形的压力，迫使其采取多种措施改善经营、提高绩效。目前美国是最大的股东机构投资者，尽管机构所有的持股总量很大，但大多分散在多个公司，一般约占某一公司股份总数的0.5%~3%，发言权有限。

（2）股权的高度流动性。股东有行使其知情质询的权力。为了确保交易的公平性，有权要求公司提供详尽的财务数据和证券市场规则。当所持股公司业绩下滑，股东倾向于卖出所持有的股票，造成持股的短期性，带来股权的高度流动。

（3）以独立董事为主。随着公司规模扩大，独立董事（发源于美国）的比例显著增长。独立董事代表股东行使监督控制权，有利于保护股东权益。但是在信息不对称的情况下，独立董事与经营者合谋的现象也有发生。

（4）外部审计制度。美国公司由专门的审计机构或事务所负责对公司的财务状况进行审计并发布审计报告，以替代自身的监事会，体现审计的公正性，从而在很大程度上保证财务信息披露的真实性，杜绝公司偷税、漏税等违法行为。

2. 德日的银行控制主导模式

银行控制主导模式的典型代表是德国和日本，突出了银行在公司治理结构中的地位和作用，有以下四项主要特点。

（1）公司的主要股东是银行。银行，特别是商业银行在德国、日本公司治理结构中处于核心地位。在此背景下，出现了“日本公司主银行控制制度”和“德国公司全能银行控制制度”。商业银行是公司的最大股东，公司股权相对集中。在监管方面，日本公司银行通过控制公司外部的融资渠道进行企业监管，而德国公司内部体现为大股东直接控制；在融资方面，德国公司更多地依赖于内部资金融通，而日本银行则倾向于通过外部资金控制影响企业。

（2）法人持股和法人相互持股。德国、日本公司个人持股比例较小，法人持股和法人相互持股比重较大。在法人持股中，以金融机构持股为主，其中银行持股所占比重很高。德国 1984 年和 1988 年银行持股比例分别为 10.3% 和 11.6%，日本法人持股比例在从 1960 年的 40.9% 上升至 1989 年的 72.0%。因此，日本有“法人资本主义”之说。

（3）严密的股东监控机制。德国、日本公司的股东监督和约束主要来自两个方面：一方面交叉持股的持股公司，会对企业的经营提出批评意见，监督其改进工作；另一方面的重要监督来自主银行。主银行一般提供大份额的贷款，在公司正常运转时，不进行干预，但在公司业绩变差时，主银行能够及早发现财务问题，并通知相关企业采取应对措施。如果公司业绩持续恶化，主银行有权通过董事会、股东大会来更换经理人员。

（4）强化监事会的职权。德国、日本两国公司治理结构中设有监事会，并不依靠外部监控。德国的治理结构同时包含监事会和管理理事会，进而形成了独特的“双重委员会制度”。监事会成员不能同时担任公司的董事会成员，从而保证了监事会的监督职权的实现。相对而言，日本监事会作为一个常设机构与董事会具有平等的地位，其职能覆盖了公司业务的方方面面，具有较高的独立性。

3. 家族控制模式

很多东亚及东南亚国家和地区的公司，没有实现所有权和经营权分离或没有完全分离。因此，在公司治理结构中大多采取家族控制模式，由控股家族的成员担任公司的主要高级经营职位。家族控制模式在韩国、中国香港、中国台湾、泰国、新加坡、马来西亚、菲律宾等国家或地区较为普遍，并体现出了以下五项特征：一是企业所有权主要由家族成员控制；二是主要经营管理权主要由家族成员掌握，减少了欧美公司中的“委托—代理”问题；三是企业决策家长化；四是经营者利益受到家族利益和亲情的双重激励和约束；五是企业员工管理家庭化。该模式下的公司利益以大股东和经理层为主，而中小股东的利益容易受到侵害。相应地，“委托—代理”问题就容易转化为控股大股东与经理层和广大中小股东之间的矛盾。

4. 内部人控制模式

内部人控制是指在现代企业中的所有权和经营权相分离的前提下，企业经营者成为企业实际控制人的现象。部分中国企业在国有企业改制过程中就出现了一定的内部人控制现象。但更有代表性的是（前）苏联和东欧等转轨经济国家。在由计划经济向市场经济转轨的过程中，由于市场机制和法律体系的双重缺失，出现大量国有企业产权主体缺位和债券主体缺位的情况，出现经理层滥用职权、监督失控的状态，并在某种程度上成为企业的实际所有者。

（三）公司治理结构的完善

公司治理的目标是保证公司各利益相关者的利益最大化，而不应仅局限于企业股东。完善公司治理结构，就是完善所有者、董事会和高级经理人以及其他利益相关者之间权利分配和制衡关系的一种制度安排。企业要根据相关规定不断地完善企业内部制度，建立良好的权力制衡与监督机制。

1. 完善董事会制度

董事会是依照有关法律、法规设立的公司的业务执行机关，主要负责公司重大决策的审议和批示。目前，中国部分企业的董事会在履行社会责任方面并没有发挥实质性的作用。因此，董事会制度的建设仍待完善。

（1）完善董事会制度。建立有效的董事激励约束机制，建立包括股东、债权人、独立董事、员工代表、消费者代表、政府代表、社区代表等各方利益相关者在内的董事会制度，促使各董事积极参与公司决策，保障各利益相关者的权益。

（2）企业所有权和经营权分离。聘用职业经理人，在董事会层面上形成内部成员的相互牵制状态，以平衡各利益相关者的利益。

（3）增加独立董事的席位，提高独立董事的话语权。保证董事会的相对独立性，保证公司更好地履行社会责任、实现长远发展。

2. 完善监事会职能

监事会是公司常设机构之一，主要职责是对相关员工的行为进行监督，防止侵害国家、社会、公司以及股东利益的行为发生。其监管对象主要是董事会、高层管理人。提高监事会的地位、保证其独立性是完善公司监管职能的有效保障。

（1）完善监事会的构成。吸引债权人、机构投资者、政府及社区代表、消费者代表加入监事会，即建立包括多方面利益相关者在内的监事机构，通过监督机构保证各利益相关者实现对公司治理的监督和管理，提高管理效率。

（2）完善监事的任免制度。目前中国的监事提名和选举，多由大股东进行操纵和控制，无法实现有效的监督。因此，应当完善监事的任免制度，在法律、法规的规范下明确规定并严格执行监事的任免和选举办法。同时，应将监事会任期和董事会任期分开以保证监事会的独立性。

3. 健全治理风险控制机制

控制机制包括事前预警和事后救济。通过加强和完善企业的内部控制，将风险管理系统化、制度化、日常化。通过"识别风险—分析风险—探求原因—防控风险"体系的构建和完善，能够及早发现风险信号，避免利益相关者的损失。

4. 构建公司治理文化

公司文化是由价值观、信念、思维方式以及行为方式等组成的公司或组织特有的文化形象。良好的公司文化能够激发员工的使命感和责任感，促进企业不断发展。公司治理文化是指公司股东大会、董事会、监事会以及经理等公司治理的重要成员在公司运作过程中逐步形成的有关公司治理的理念、目标、结构、道德伦理以及行为规范。良好的公司治理文化对长远发展理念的构建、不同利益分配关系的协调、各方利益相关者共同发展的形成具有重要意义。

三、中小投资者利益

完善股东责任的重要方面是保护中小股东权益。公司要公正、公开地对待所有股东，确保股东充分享有法律、法规、公司规章等规定的各项合法权益。股市信息的不对称，大股东利用其控制地位侵害中小股东权益的问题在世界各国的公司治理中普遍存在。面对这种失衡的权力结构和大股东的侵害行为，中小股东成为公司管理层和大股东违规操作的受害者。

（一）中小股东权益易受侵害主要原因

（1）资本多数决策原则使大股东滥用其支配权成为可能。通过资本多数决策原则，大股东通过股东大会将自身的利益上升为公司利益，进行有利于自身权益的决策，中小股东的表决权受到了限制，且缺少话语权。

（2）在现代公司中，董事会享有相当的职权，在决策经营中也常常忽视或侵害中小股东的利益。公司的董事是通过股东大会选举产生的，因此大股东自己往往被选为董事会成员。而董事们主要考虑自身利益，在对待大小股东时“厚此薄彼”。大股东利用持股比例使中小股东缺乏话语权和表决权，损害其他股东的合法权益。因此，保护中小股东权益成为企业尤其是股份有限公司的重要责任。

保护中小投资者权益，就是要保证中小投资者的知情权、席位、话语权以及自由转让股份权等权益。

（二）企业保护中小股东权益

（1）保证中小股东的知情权，包括查阅公司财务报告、了解重大经营状况的权利。

（2）保证中小股东的席位及话语权。包括参与股东大会的表决权、完善网上投票制度和累计投票制度，提高中小股东参与公司决策的程度和权益保护程度。

（3）保证股东可以自由地转换股份的权利，并保证异议小股东的退股权。

（4）规范董事会权责，完善独立董事制度。改革现行公司法中的直接投票制度，完善委托代理投票机制、表决权信托制度等制度，规范董事会权责。

（5）限制股东会权力。现行股东大会实行多数决定的原则，因此，容易出现大股东控制股东大会决议的情况，损害中小股东的权益，因此，可在总体上削弱股东会权力。

（6）引进多元投资者，稀释股权集中度。通过引入多元投资者来分散大股东的股权，形成股东间的制约关系，可以从根本上抑制在“一股独大”结构下大股东对中小股东的侵权行为，形成共同的公司治理利益基础。

（三）新公司法对中小股东的权益保护

出于这些方面的考量，新《公司法》从多个方面维护中小投资者权益，被业界誉为“中国市场经济又一革命性进步”。新的《公司法》条例，对于中小股东利益保护的地方多达十数处。

新《公司法》设立了“累积投票”制度。规定“股东大会选举董事、监事，可以根据公司章程的规定或者股东大会的决议，实行累积投票。”以防止大股东凭借其绝大部分地占有股票份额所拥有的表决权为所欲为，压制其他中小股东等行为。

除此之外，为了制约公司董事、经理的权力，增加了监事会的四项权利，即：

（1）对违反法律、行政法规、公司章程或者股东会决议的董事、高级管理人员提出罢免的建议权；

（2）向股东大会提出提案的提案权；

（3）对董事、高级管理人员提起诉讼的起诉权；

（4）对董事会决议事项提出质询或者建议的质询权，可以有效地保证公司高层领导决策的公平与公正，体现中小股东的权益。

第二节 员　　工

一、对员工的责任

（一）相关理论

1. 义利观

义利观[①]作为整个社会政治、经济道德观念的一个重要组成部分，对社会的

① 义者，“事之所宜也”，是某种特定的伦理规范，道德原则，是儒者们心中至高无上的道义。利者，“人之用曰利”，后世多指物质利益。如何看待两者的关系，便形成了义利观。

政治稳定、经济发展、道德进步都有着重要的影响。企业作为市场经济活动的主体，义利观影响和指导着企业的经营，相应的义利观就会产生相应的义利行为，进而导致一定的义利结果。如果企业对利的需求、追逐和使用不受到一定的制约、不遵循一定的规则，那么社会就会处于无序状态，人们的既得利益将得不到有效的保障。因此，建立合理的义利观是构成企业价值观的一个基本要求。

企业在追求“利”的过程中应当对员工保持“义”的责任观，将“义”渗透于企业的各个环节，不能重“利”忘“义”。企业发展的核心目标不应局限于追求企业利润最大化，而是依托于对员工责任的承担实现可持续发展。

2. 诚信价值观

中国儒家传统的诚信观，是把“诚”作为自然界和社会的最高道德范畴，是一个本体，是修身养性的道德要求，是道德的最高境界。而“信”是在“诚”的价值导向下对为人处世提出的道德要求。诚信观认为，人无诚信则不立，家无诚信则不和睦，业无诚信则不兴旺，国无诚信则不稳定。由此可见，我国自古就有对企业行为的诚信观要求。

人们在生产经营中提供的劳动，实际上也是契约，契约的履行既是经济行为也是道德行为。在市场经济中，诚信通过契约建立经济关系和资源配置，是维系市场交换活动的基本力量和基本手段，诚信原则被奉为契约道德的核心原则。从企业内部看，如果企业对员工不讲“诚信”、蔑视规则，那么员工与企业就不会产生信任关系。长此以往，将背信离心，企业的内部交易将无法继续进行。因此，需要建立企业内部诚信机制和外部监督机制，保障企业的长远发展。

3. 以人为本的和谐发展观

马克思在《资本论》中提出，一定历史时期经济、社会和文化的发展状况，最终的决定力量是生产力。而企业是生产力的载体，是发展生产力的物质承担者。以人为本，要求企业经营管理者不仅要关心员工的工作和生活，为员工创造更加人性化的工作和生活环境，而且还应关心员工的全面发展，帮助员工实现自身发展的目标，从而促进企业内外部的和谐，推动社会的发展。

和谐发展观认为，和谐与发展是和谐发展的两大构成要素，且互为因果。在企业的生产经营过程中，经营者需要尊重人的尊严和应有的权利，妥善处理与员工之间的责、权、利关系，并创造和谐的文化氛围，使不同层次的员工在各自的岗位上各司其职、各尽所能。

（二）对员工责任的内容

员工责任是指基于利益相关者理论的企业社会责任体系中企业对员工应承担的责任。根据企业社会责任关系的划分，企业对员工的责任包括经济责任、法律责任和道德责任。其中，企业对员工的基本经济责任和法律责任如保证员工的公平就业权、安全卫生权、教育培训权等是企业必须履行的道德底线，否则会受到法律和道德的双重制裁。具体来说，企业真正对员工的责任主要有以下四个方面。

1. 提供安全和健康的工作环境

提供安全和健康的工作环境、保障员工的生命安全和身心健康是每个企业的首要和基础任务。尤其是化工、采矿和深海作业，对于工作本身固有的伤害，企业必须严格执行有关规定、提供安全健康的工作环境，保障员工的健康与安全。

2. 提供平等的就业、升迁和接受教育机会

在提供就业机会方面，企业为不同性别、年龄、民族、肤色和信仰的员工提供平等的就业和职业升迁机会。此外，积极为员工创造良好的条件，定期进行职业培训，提高员工的科学文化水平和专业技能水平，促进员工的自我发展。

3. 提供民主参与企业管理的渠道，提供自我管理企业的机会

员工作为企业利益相关者的重要方面之一，具有参与企业管理的权利，并有权对涉及企业未来发展等重大经营决策提出建议和意见。企业要充分尊重员工民主管理企业的权利，为员工提供民主参与企业管理的渠道，重视员工的意见和要求，调动员工工作的积极性，提高管理的民主化和效率。

4. 尊重工会组织和工会组织的集体谈判权

在企业利益相关者契约关系中，员工往往是通过组建工会和集体谈判来约束企业承担社会责任，保护员工的利益。自 20 世纪以来，工会在世界各国迅速发展，集体谈判成为解决劳资问题的主要方式。

集体谈判是指劳动和资方通过工会进行谈判，订立平等的就业条件与待遇，保障劳动应有权益的方式。集体谈判的往往是代表工人利益的工会与雇主双方的谈判，主要关注点在于工作和就业条件、工资和其他待遇。通过调整雇主与工人之间的关系，达成双方都能接受并且愿意遵守的集体协议。历史实践表明，国家经济状况是集体谈判最大的影响因素之一，当国家经济形势好，劳资冲突就缓和，集体谈判的发生率自然就下降；反之，劳资冲突就会加剧，劳资争议数量就会上升，集体谈判发生率相应地会提高。

（三）员工对社会责任的需求

实现企业与员工和谐发展，一方面需要有共同的价值观和愿景；另一方面，管理者要去发现和理解员工的需求，加强有效的沟通和交流。一般来说，员工有八个方面的需求得到管理者的充分关注，才能做出最佳的工作表现（见表 3－1）。

表 3-1 员工对社会责任的八大需求

需求	含义
工作的意义	员工工作是否有意义和价值，是否与组织及更大的目标相连接
合作氛围	员工渴望在充满激励的环境下工作，员工之间相互合作，获得成功
公平	薪资、福利、工作量需要公平、平衡，员工之间相互尊重
自主	员工希望能自主完成工作任务，并有足够的能力和信息来参与有关自己工作的决策制定
认可	员工需要表扬，需要自己的功绩得到认可
成长	有机会学习、成长、提升技能来实现职业发展，是员工一项关键的需求
与领导的关系	员工希望领导者能与他们分享信息，并能与他们建立良好的伙伴关系
与同事的关系	同上述与领导者的关系一样，与同事之间的良好关系也将促使员工更加努力地工作

二、履行员工责任的必要性

（一）员工自由全面发展的需要

在现代社会中，社会发展和经济发展的最主要推动力是人力资源。社会进步的标志是人的自由全面发展。根据马克思辩证唯物主义思想，人的自由全面发展是衡量社会进步的标尺，社会发展的最高境界是实现人的全面自由发展。企业作为经济发展的基本单元和根本动力，对推动社会进步与人的发展起着不可忽视、无法替代的作用。因此，企业需要在法定范围内以合同契约等形式保障员工各项权利，包括充分自主权、隐私权、各项保险权、民主、劳动经济权和精神文化权。

对于“人”的认知，经历了由“经济人”到“社会人”再到“自我价值实现人”的不断深化。相应地，企业管理从最初的经验管理、科学管理、行为管理，已发展到文化管理阶段，“以人为本”管理成为企业的潮流。而以上的理念演化反映到企业层面，就是通过企业社会责任的履行，按照“以人为本”的思路对待企业的利益相关者，包括消费者、员工、股东、政府、社区、环境等。

（二）企业和谐发展的需要

从内部看，企业与员工间顺畅的沟通、和谐的关系是企业凝聚力的重要体现，更是企业竞争力的重要源泉；从外部看，只有获得社会认可的企业才能够得到长足发展。此外，在企业外部环境中，国家的政治稳定和相关政策环境、行业的技术水平以及社区的发展等都是影响企业发展的重要因素。

不仅如此，员工既是企业发展的第一资源，又是内部环境、外部环境衔接联系的纽带。因此，现代企业管理理论越来越注重企业对员工的社会责任履行，包括加强与员工的沟通、了解员工的需求、优化生产条件和工作环境、创造和谐的企业文化等，以实现对员工的关注与培养。

（三）企业可持续发展的需要

国务院国有资产监督管理委员会（以下简称“国资委”）发布的《关于中央企业履行社会责任的指导意见》（2008）指出：企业的社会责任问题首先是对职工负责；其次是通过对职工的负责来实现对社会的负责和对生态环境的负责，以实现可持续的科学发展。因此，员工的发展在企业的核心竞争力的塑造中不可忽视，员工的成长是实现企业可持续发展的重要方面（见图3－1），企业应树立员工优先的发展思路，充分调动各项资源调动员工积极性，充分发挥人力资本的财富和潜力，打造核心竞争力、实现可持续发展。

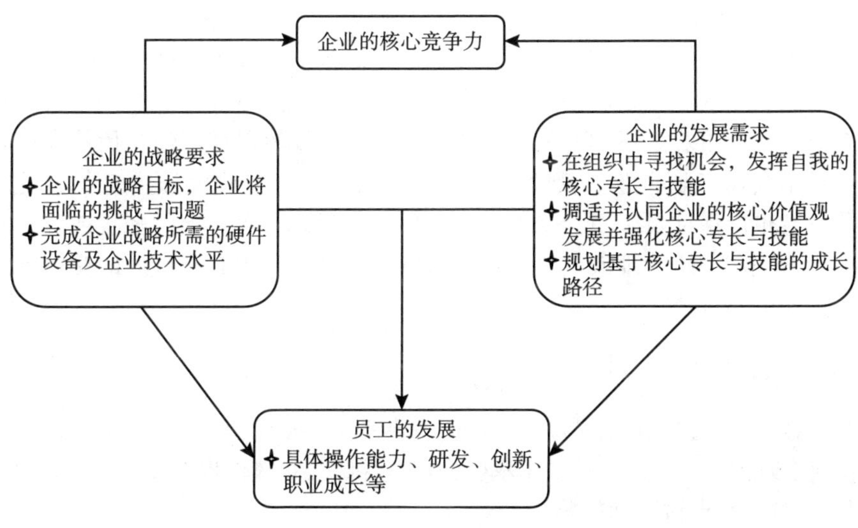

图3－1 员工发展与企业核心竞争力

三、员工权益保障

（一）员工基本权益

作为企业中的一员，企业应当让员工享有以下三个方面的基本权益。

1. 签订劳动合同

劳动合同是劳动者与用人单位之间为确立劳动关系，明确双方的权利、义务和责任而订立的协议，是确立劳动关系的法律依据。根据《劳动法》《劳动合同法》《劳动合同法实施条例》等规定，应当遵循合法、公平、平等、自愿协商一致、诚实信用的原则签订劳动合同，且劳动合同应当以书面形式签订，并具备工作时间、工作报酬、工作内容、劳动合同期限、劳动合同终止条件以及违反劳动合同的责任等内容。任何单位不得以结婚、怀孕、产假、哺乳等为由，辞退女职工或者单方解除劳动合同。

2. 工作时间与休息休假

中国实行劳动者每日工作时间不超过 8 小时，平均每周工作时间不超过 44 小时的工作制度。1995 年 3 月 25 日，国务院修改了《国务院关于职工工作时间的规定》，明确职工每日工作 8 小时、平均每周工作 40 小时，每周至少休息一日。延长工作时间需按国家有关规定执行。对于实行综合计算工时工作制的企业，因特殊原因需延长工作时间的，在保障劳动者身体健康的条件下延长劳动时间每日不得超过 3 小时，每月不得超过 36 小时，企业应当按照国家规定支付高于劳动者正常工作时间的工资报酬。

3. 禁止歧视与惩罚

员工不应当仅因其民族、种族、性别、宗教信仰、残疾、个人特性等客观原因而在招用、培训、晋级、薪酬、社会保险、解聘、退休等方面受到不公平的对待。企业应当尊重员工不同的风俗习惯和信仰，只要该风俗习惯与信仰在合理范围内并且不会伤害到企业或其他员工的合法权益。企业应保证员工不会受到体罚、殴打，也应保证员工不会受到人身、性、心里或者语言上的骚扰或虐待；企业也应当避免和制止管理人员要求员工以性好感作为获得有利待遇的交换或者作为保住工作的条件。

（二）员工的劳动报酬

员工在为企业提供自身劳动力的同时，奉献了劳动价值，企业有责任和义务为员工支付合理的劳动报酬，使员工享受到权益保障。具体体现在以下四个方面。

1. 按时足额支付劳动报酬

工资是劳动者付出劳动后，以货币形式得到的劳动报酬。工资的基本形式包括计时工资和计件工资。工资的辅助形式包括奖金、津贴和补贴、加班工资和特殊情况下的工资。根据《劳动法》《劳动合同法》《劳动合同法实施条例》等规定，劳动者工资分配应当遵循按劳分配和宏观调控原则，建立正常的工资增长机制，保障劳动者的基本生活需要，保证工资分配的公平合理。在市场经济条件下，用人单位可以根据生产经营特点和经济效益，享有工资分配方式和水平的自主权。工资应当以货币形式按照企业预订的支付周期直接支付给劳动者个人，不得克扣或者无故拖欠劳动者的工资。此外法律还规定，在安排劳动者延长工作时间，休息日安排劳动者工作又不能安排补休，以及法定休假日安排劳动者工作的情况下，用人单位应当按照一定标准支付高于正常工作时间的工资报酬。

2. 最低工资制度

《劳动法》第 48 条和第 49 条规定中国实行最低工资保障制度，省、自治区、直辖市人民政府规定最低工资的具体标准，并报国务院备案。用人单位支付劳动者的工资不得低于当地最低工资标准。具体来讲，员工在正常劳动的情况下，企业应当保证支付给员工的工资在除掉以下各项后仍然不低于企业所在地工资标准：以货币形式支付的住房补贴以及伙食补贴；延长工作时间产生的额外的报酬；夜班、高温、低温、井下、有毒有害等特殊工作环境和条件下的津贴。同时，法律规定劳动者在试用期的工资不得低于本单位相同岗位最低档工资或者劳动合同约定工资的 80%，并不得低于用人单位所在地的最低工资标准。因此，企业不得以学徒工、试用期等为借口，克扣员工工资。

3. 工资集体协商制度

工资集体协商是指用人单位与工会或本单位职工就劳动报酬、工资分配形式、保险福利等事项进行集体协商，并签订书面的工资协议。工资协议，是指专门就工资事项签订的专项集体合同。根据协商范围，工资集体协商主要分为企业工资集体协商，行业工资集体协商，区域性工资集体协商三种类型。企业开展工资集体协商，增加了员工在收入分配中的话语权，有效维护了职工的经济权利；改善了企业用工环境，进一步提高了企业的竞争力；减少和化解了劳动关系矛盾，有力促进了劳动关系和谐稳定。

4. 工资增长机制

劳动者与用人单位在平等协商的基础上建立劳动关系，工资增长机制为双方约定的重要内容，但中国法律没有规定企业向员工承诺工资的增长机制。而对于一般员工而言，企业发放的工资是其最主要的收入来源，承载着员工个人及家庭衣食住行、教育、医疗等各方面生存和发展的需要。而随着经济发展和物质生活水平的提高，考虑到物价增长和通货膨胀的压力，以及员工从事劳动的熟练程度和效率提高，企业应该建立合理的工资增长机制，通过提供有竞争力的薪酬为企业吸引和留住优秀人才。

（三）员工职业健康和安全

1. 安全生产和劳动安全卫生

中国《劳动法》第 52 条至第 54 条规定，用人单位必须严格执行国家劳动安全卫生规程和标准、建立和健全劳动安全卫生制度，建设符合国家安全的劳动安全卫生设施从而保障安全的工作环境，减少职业危害。同时，企业必须为劳动者提供符合国家规定的劳动安全卫生条件和必要的劳动防护用品，对从事有职业危害作业的劳动者应当定期进行健康检查。要建立和健全安全管理体系，完善安全管理制度，系统防范安全风险。此外，企业还需要制定应急管理体系，进行演练，确保在事故发生时迅速反应，减少损失。

2. 职业健康

根据《劳动法》《职业病防治法》《工伤保险条例》《尘肺病防止条例》《使

用有毒物品作业场所劳动保护条例》等规定，劳动者享有获得职业卫生教育和安全培训的权利，定期进行职业健康检查，了解工作场所产生或者可能产生的职业病危害因素、危害后果和应当采取的职业病防护措施等职业卫生保护权利。因此，企业应当对劳动者进行上岗培训，普及职业卫生知识，指导使用职业病防护设备和用品，积极采取职业病防治管理措施，建立、健全职业卫生管理制度和操作规程，对工作场所职业病危害因素进行实时监测和规范评价，建立职业病危害事故应急救援预案等。

（四）员工社会保障

1. 基本社会保险

根据《劳动法》《社会保险法》《失业保险条例》《工伤保险条例》等法律、法规以及国务院关于企业职工养老保险、基本医疗保险制度的相关规定，用人单位应该为员工办理医疗保险、失业保险、工伤保险、基本养老保险等，并按照有关规定及时足额缴纳社会保险费用。中国的法律虽对企业员工参加社保作了强制性的规定，但从实际履行情况看，企业不给职工上保险，通过降低标准、减少参保时间等方式少缴社会保险费用，不按时交纳等情况还时有发生。根据人力资源和社会保障部统计，劳动报酬、社会保险、解除终止合同类涉及经济利益的争议合计占到劳动争议总数的80.5%。

2. 其他社会保障和福利

在法律规定之外，一些企业也已经逐步认识到为员工提供法定之外的社会保障和福利等，对获得员工的信任、增进员工的归属感具有重要的作用。企业可通过企业年金、商业医疗保险等形式为员工提供更多的社会保障。

第三节 消 费 者

一、相关概念和准则

（一）消费者责任的概念

作为一个经济组织，企业服务的对象就是购买其产品或服务的消费者，目前国际上还没有关于消费者的统一定义。1978年，国际标准化组织消费者政策委员会（以下简称ISO/COPOLCO）在瑞士日内瓦召开的第一届年会上将“消费者”定义为“为个人目的购买或使用商品和服务的个体成员”。从中国的《消费者权益保护法》看，虽然该法并未对消费者进行明确定义，但是将“为生活消费需要购买、使用商品或者接受服务”的行为界定为消费者行为。根据 ISO 26000（国家标准化组织）的定义，“消费者”是指使用组织决策和活动产出的个人或团体，但这并不一定意味着消费者为产品和服务付费。ISO 26000 规定，组织对消费者的责任包括进行消费者教育和提供准确信息，采用公平、透明和有益的市场信息和合同程序，推动可持续消费，以及设计每个人都能得到并在适当情况下适用于弱势和不利群体的产品与服务。消费者的权利包括以下九项。

1. 安全

获得无害产品的权利，保护消费者在健康安全方面免受源自生产工艺及产品和服务的危害。

2. 知情权

消费者有权知悉相关商品和服务的真实信息，如生产日期、规格、有效期限等信息，从而避免受到欺诈，影响其根据个人需求做出购买选择。

3. 选择权

促进和保护消费者的经济利益，包括提高在一系列具有价格竞争力且质量满意程度有保证的产品和服务中做出选择的能力。

4. 倾听权

自由成立消费者团体和其他相关团体或组织，以及确保此类组织在对他们有影响的决策程序中，特别是在政府政策的制定与执行过程中、产品与服务开发过程中，有机会表达观点。

5. 补偿权

可以获得有效的消费者补偿，特别是公平地解决消费者的正当要求，包括对误导性说明、劣质产品或令人难以满意的服务的补偿。

6. 尊重隐私权

主要指每个人的隐私、家庭、住所或通信不受任意干预，其名誉和名声不受攻击。

7. 性别平等权利

主要指在营销和服务行为中，消除性别偏见，赋予妇女权利。

8. 结社权

主要指消费者有权依法成立消费者协会等社会团体，从而维护自身合法权益。

9. 监督权

主要指消费者有权对商品、服务和消费者权益保护工作进行监督，如有权对侵害消费者权益的行为进行检举和控告，有权对保护消费者工作提出批评、建议。

（二）消费者责任的相关规范

据不完全统计，世界上与社会责任相关的原则和规范多达400多种，绝大部分都源自发达国家。目前，专门针对企业对消费者责任方面的规范较少，仅是在保护消费者权益方面有所体现。

1.《联合国保护消费者准则》

《联合国保护消费者准则》是消费者保护领域十分重要的国际文件。这套准则的目的是为了确保满足下列合理要求。

（1）保护消费者的健康和安全不受危害；

（2）促进和保护消费者的经济利益；

（3）使消费者获得足够的信息和资料，保证他们能够按照个人需求做出选择；

（4）当消费者权益受到损害时，提供有效的赔偿办法；

（5）促进建立和发展相对独立的消费者团体，提供消费建议，维护消费者权益；

（6）促进可持续消费形式。联合国大会在1985年一致通过了这些指导原则，并于1999年进一步增加了可持续消费方面的条款。该原则号召各国采取措施保护消费者的安全、健康和经济利益不受损害，促进消费者做出知情的选择，并提供有效的消费者赔偿方案，促进可持续消费模式，以及保障其成立消费者团体的自由权。

2. ISO 9000产品质量国际标准

ISO 9000是保护消费者权益中十分重要的国际标准，由国际标准化组织（ISO）质量管理和质量保证技术委员会制定的国际标准，是在总结了世界各国特别是工业发达国家质量管理经验的基础上产生的。随着经济的全球化，为了提高品牌的知名度、加强品质管理、消除国际贸易壁垒、强化企业的内部管理，维护生产者、经销商尤其是消费者的权益，ISO 9000认证获得了极大的关注。ISO 9000是国家或政府认可的第三方认证，不受经销双方经济利益支配，公正科学地对各国的企业和产品的质量进行评价和监督，适应各行业质量管理的需求。这个标准要求一个组织建立并完善满足组织规定目标的质量体系，促使企业关注顾客需求、提高产品技术水平、完善质量管理系统，控制企业硬件、软件、生产材料以及服务的水平，预防不合格。因此，它适应了科技进步和社会发展使消费者把自己的安全、健康、日常生活置于“质量大堤的保护之下”的需要，是保护消费者权益的监督企业履行社会责任的有力工具。

3. 跨国行为准则

1976年，经济合作与发展组织制定《跨国公司行为准则》，34个国家政府签署了这一行为准则并使其逐渐在全球推广。该准则以自愿原则为基础，要求跨国公司应该充分考虑到他们经营所在国的既定政策，更加注重保护利益相关方的责任，切实关注环境保护、消费者利益、打击行贿、公平竞争等方面。跨国公司十项行为准则中第七条为消费者权益，它要求企业应尊重消费者权益，确保提供安全与质量优先的商品及服务。具体而言，该准则要求：跨国公司应根据公平的商业、营销和广告惯例行事，并应采取所有合理步骤，以确保其提供的商品或服务的安全性与质量，并列举了跨国公司应当具有和应当禁止的行为。

（三）消费者运动

在国际企业社会责任实践的发展过程中，消费者运动具有重要的推动和促进作用。消费者运动，是指在市场经济条件下，消费者或组织团体为维护自身权益、促进社会公平有序，同损害消费者利益的行为进行斗争的一种有组织的社会运动。消费者主要采取“用脚投票”的方式和拒绝购买的手段，促使企业为满足消费者需求生产商品和提供服务。特别是在买方市场结构下，消费者为联合维权对企业或产品的抵制活动对企业具有深远的影响。

1. 国际消费者运动

美国是消费者运动的发源地，以倡导消费者主权、维护消费者权利为宗旨的消费者运动早在20世纪就蓬勃发展。1891年，美国就成立了世界上第一个旨在保护消费者权益的消费者组织——纽约消费者协会；1898年，各州消费者组织又联合组成了世界上第一个全国性的消费者组织——美国消费者联盟；20世纪50年代、60年代，在消费者组织的领导下，消费者在与其关系最大、问题最多的食品和药品领域掀起了一场以争取洁净食品和药品为目标的斗争；进入60年代以后，消费者运动涉及的领域进一步拓展，开始从食物和药品等一般消费品逐步延伸到汽车等耐用消费品，进而触及公私机构对消费者受损事件的处理态度和方式、对环境的损害、服务质量、培养消费者自我保护和维权意识、垄断定价等众多方面，并从美国逐步延伸到世界各地；20世纪70～80年代，各国政府开始以法律形式保障消费者权益，国家消费者运动取得显著成效。如美国1972年通过《消费品安全法》并设立了消费品安全委员会，欧盟于1975年通过《关于共同体消费者保护和信息政策初步方案的理事会决议》、1985年通过《欧洲经济共同体产品责任指令》，英国于1987年制定了《消费者保护法》，德国于1989年通过的《产品责任法》给予了消费者直接起诉生产商的权利，在一定程度上为消费者提供了更有保障的法律救济手段。

2. 中国消费者运动

虽然诞生历史较短，但中国的消费者保护运动发展迅速。现阶段中国消费者协会是推动中国企业履行对消费者责任、引导消费者及社会公众树立责任消费理念和行动的重要机构，也是企业与消费者进行对话的重要平台。1982 年 12 月经我国国务院批准成立保护消费者权益的全国性社会团体——中国消费者协会，其宗旨是维护消费者权益，促进企业更好地履行对消费者的责任。在过去的 30 多年里，中国消费者协会已经从最初关注消费者权益、维护市场公平，发展到注重绿色消费，再到强调消费与责任，并且特别强调了消费者一方面要提高维护自身权益的意识，积极对商品和服务进行监督；另一方面，要树立健康和先进的消费理念和方式，科学合理地进行消费。

在推动企业履行对消费者的责任方面，中国消费者协会建立多种机制为消费者提供帮助，如设立号码为 12315 的电话热线。同时，中国消费者协会重视通过各种活动引导企业。如中国消费者协会于 2007 年发布《良好企业保护消费者利益社会责任导则》，倡导广大企业做到诚实守信依法经营、对价格标示要清晰明确、真实充分地披露信息、保证产品的使用安全可靠、合同规范公平竞争、提供方便快捷的售后服务、及时公正地化解纠纷、尊重人格保护隐私、开展教育引导消费、环保节能永续发展。一般而言，消费者权益保护的发展轨迹，大致可分为四个阶段：一是消费者保护的自发阶段；二是有组织的消费者保护阶段；三是行政和法律保护阶段；四是企业保护消费者利益阶段。从实践看，随着全社会逐步提高对消费者的保护意识，国内将迎来消费者权益保护的第四个阶段。

二、对消费者责任的内容

企业和消费者两者关系既对立又统一。企业生产的产品只有消费者进行购买才能实现利润，消费者购买力与企业的收益呈正相关的关系，当企业提供质优、价廉的产品以满足市场需求时，才会获得利润的增加；相反，如果企业只注重短期效益，忽略消费者口碑和社会评价，则难以实现可持续增长。因此，企业对消费者的责任集中体现为对消费者权益的维护，主要体现在以下四个方面。

（一）保护消费者安全的权利

首先，企业对消费者最基本的责任是提供安全、可靠的产品。若企业向消费者提供了有安全隐患的产品，不仅无法满足消费者的需求，还有可能造成消费者的人身伤害和财产损失，企业将受到法律的惩罚。

此外，企业应保护消费者信息的安全。企业在销售过程中经常会掌握很多消费者的信息，如购买信息和会员信息等。在日常生活中，消费者个人信息泄露的事件屡见不鲜，这不仅侵犯了消费者的隐私权，也促使了诈骗等严重的社会问题的出现。造成消费者个人信息泄露的原因主要来自企业对消费者安全责任的缺失，如记录信息的媒介丢失、员工离职带出等。现在是信息时代，用电子文档储存大量个人信息的方式已被企业广泛采用，只需拷贝或者病毒侵袭就可能使消费者信息和数据被他人利用。因此，企业对消费者的基本责任是保护消费者的信息安全。

因此，企业除了不得擅自泄露消费者信息之外，还应建立严格的信息管理制度，以建立企业与消费者的互信基础。

（二）保护消费者知情和自由选择的权利

尊重消费者的知情权和自由选择权是指提供真实、有效的信息，使消费者多方面了解企业的产品，并保证其自由选择权。任何消费者在购买产品之前有权对产品的可靠性、性能等方面的知识进行全面的了解，企业有责任通过真实的产品广告、宣传材料和产品说明书以及人员介绍等途径向消费者传递产品信息，以使消费者在琳琅满目的商品中选择到满意的商品。如果企业存在提供虚假信息，夸大产品功效、产品标示内容与实际不符等行为，将严重侵犯消费者的知情权和自由选择权，是对消费者不负责任的表现。

（三）保护消费者被尊重和公平对待的权利

尊重和公平对待消费者，建立良好的客户关系、提高客户满意度是企业履行消费者责任的重要方面。企业可以从以下三个方面和维度改进工作，完善客户管理。

1. 提供便利的获取产品途径

在销售产品和提供服务的过程中，企业应该保证消费者的知情权，提供切实可信的如生产日期、有效期限、产品配料等信息。同时，企业还应通过网络、免费热线等渠道确保消费者在购买产品后能够就使用方面遇到的问题进行咨询，提出意见。尤其是对于操作上有一定复杂性的产品，除了提供详细的说明书外，还应当专门设立客户服务机构。

2. 建立健全售后服务体系

售后服务是企业提高产品市场竞争力的重要手段，加强售后服务力量、建立健全服务网络、忠实履行对用户的服务、实现售后服务的规范化是当今市场经济竞争机制下对企业的客观要求。企业应当设立售后服务部门，并识别客户最重视的各项服务，制定完善的服务规程，训练服务人员，确保用户的利益不被忽视和歧视。

3. 妥善处理顾客的投诉

对企业来说，最宝贵的信息莫过于消费者对本公司的产品及服务的意见。因此，企业不仅要设置应对投诉的便捷窗口，也必须积极地对可能发生的投诉加以关注。一是企业应树立以消费者为中心的投诉处理理念，建立适应企业规模、符合消费者要求的投诉管理机制，配备高素质的管理和服务人员；二是制定公平、公开、简易、快捷的投诉处理程序，方便消费者投诉，解决消费者争议；三是企业在提供售后服务和受理投诉的过程中，认真听取消费者的建议和意见，不断改进和完善售后服务和投诉机制。

（四）保护消费者基本服务获取权利

企业应通过多种渠道了解消费者需求，提高生产技术，对产品、服务等进行升级和创新，满足消费者多样化和复杂的需求。在国家没有提供保护的一些公共设施领域，如电、天然气、水、污水处理、排水系统、通信设施等方面，企业同样应该做出贡献，保证消费者基本的需求得到满足。

为了提供基本服务，企业应该做到以下六个方面。

（1）在未给消费者或消费者团体提供机会使其在合理期限内付费的情况下，不因消费者未付费而中断提供基本服务。在不考虑具体的消费者是否已经付费的情况下，不宜采取中断集体服务的方式惩罚消费者；

（2）在定价和收费时，在容许的情况下，提供含有对有需要的人给予补贴的价目表；

（3）以透明的方式运行，提供有关定价和收费的信息；

（4）扩大基本服务的覆盖面，无歧视地向所有消费者群体提供相同质量和水平的服务；

（5）以公正的方式处理基本服务缩减或中断的情况，避免歧视任何消费者群体；

（6）维护并更新服务系统，以帮助防止服务中断。

三、对消费者责任的管理

（一）消费者责任管理原则

《联合国消费者保护准则》和《经济、社会和文化权利国际公约》所表述的原则可以用来指导有关消费者正当要求方面的对社会责任的做法。这些原则包括：满足消费者基本需求、人人有权享有必需的生活水准、人人有权享有生活条件的持续改善、促进经济社会公正、公平和可持续发展等。从消费者责任管理的角度来看，企业在履行消费者责任时应遵循以下四点基本原则。

1. 公平原则

公平原则是指企业在履行消费者责任时应做到公正平等。企业应以服务整个消费者群体为目标，公平对待不同消费群体，统一定价，不歧视特殊消费群体，公平保障每一个消费者的切身利益。

2. 公开原则

公开原则是指企业应透明经营，做到信息披露全面公开。企业作为社会公民，担负着创造价值、哺育社会的责任。作为负责任的企业，应全面披露信息，尤其是与消费者息息相关的生产、流动等环节的信息，切实做到企业经营公开透明化，以保障消费者的利益。

3. 尊重原则

尊重原则是指企业在履行消费者责任时应尊重消费者的各项权利。消费者作为买方，在市场经济活动中扮演着重要角色。企业应充分尊重消费者的人格，提供真实可信的信息，保证消费者的自由选择权，使消费者尽可能多地了解企业的产品和服务。

4. 可持续发展原则

可持续发展原则是指企业在消费者责任管理过程中，应着眼于经济社会和人的全面发展，以可持续发展为原则，指导企业经营，引导消费选择。这一方面要求企业在经营过程中应注意节能环保，为消费者提供绿色产品和服务；另一方面也要求企业应逐步承担起传播健康消费理念，引导可持续生活方式的任务。随着责任消费理念的逐渐兴起，消费者越来越倾向于购买企业社会责任履行较好的企业的产品和服务。因此，企业在考虑自身的实际情况下，引导消费导向，树立健康和谐的消费观念，不仅有利于促进企业更好地履行社会责任，而且迎合了消费者责任消费的理念诉求，实现企业利润和责任消费的双赢。

（二）消费者责任管理方式

消费者责任管理贯穿企业生产、销售和服务全过程。对于企业而言，消费者责任管理有很多方式，但比较常用的包括守法经营、责任披露、加入倡议并作出承诺、双向沟通、教育引导等。

1. 守法经营

企业经营要守法是企业生存的一个前提。消费者作为市场交易的重要主体，尊重和保护其利益是企业应履行的最基本的社会责任。目前，中国有很多消费者权益保护的法律、法规，其中一部分规范具有行业性特征，如食品、药品、广告领域的消费者权益保护规范。各类法律、法规能够指导和影响企业进行责任管理。

2. 责任披露

随着食品安全事件的不断发生，透明经营逐渐成为企业履行社会责任的重要方式之一。信息披露是企业以公开渠道向社会披露企业生产、经营业绩、服务质量等方面的指标，并接受公众监督。责任披露要求企业信息披露真实充分，不得选择性披露或披露虚假信息。它是公众尤其是消费者了解企业的重要渠道，也是企业履行消费者责任的重要方式。

3. 加入倡议并作出承诺

目前，国际上很多组织或协会都在社会责任领域发出倡议，希望旨在为全球企业履行社会责任提供工具或标准。加入相关组织倡议，通过相关标准认证，做出相关承诺，是企业履行社会责任的重要形式之一。

4. 双向沟通

企业和消费者作为市场的两大主体，其相互联系十分紧密。对于企业而言，双向沟通不仅是企业进行消费者管理的方式，也是企业更好地了解消费者需求的重要渠道。双向沟通包括两个部分：一是企业与消费者沟通，即企业将责任理念融入到产品或服务中，传达给消费者；二是消费者与企业沟通，即收集消费者的意见反馈，不断调整提高。通过双向沟通，一方面企业能主动出击，传递企业责任理念；另一方面，企业行为能及时得到反馈，便于企业及时调整。

5. 教育引导

教育引导是企业消费者管理的新兴方式。随着健康生活理念不断深入人心，消费者购买产品或服务时考虑的因素越来越多。企业履行消费者责任应从产品设计、营销推广等多方面引导消费者理性消费、健康生活，为建设和谐社会贡献力量。

（三）消费者责任管理工具

目前企业与消费者沟通的重要方式之一就是消费者责任管理。随着管理理念的发展，消费者责任管理的工具也不断丰富。目前，消费者责任管理工具主要集中在两个方面：一是产品质量方面，如 ISO 9000 质量认证标准、EFQM 业务卓越模型；二是客户关系方面，如 CRM 客户关系管理体系。

1. ISO 9000 质量标准

ISO 9000 是目前被全球 100 多个国家和地区认可。判断标准以企业是否拥有通过 ISO 9000 系列认证的证书为主。具体包括以下四个方面的质量管理。

（1）机构：明确规定了为保证产品质量而必须建立的管理机构及职责权限。

（2）程序：组织进行产品生产时必须制定规章制度、技术标准、质量手册、质量体系操作检查程序，并不断进行改进。

（3）过程：要求对生产的全部过程进行质量控制，包括确定产品、设计产品、规划、原材料采购、生产、检验、包装和储运等全过程，并要求过程具有标识性、监督性和可追溯性。

（4）总结：及时对质量管理体系进行总结和评价，不断地改进质量管理体系，使质量管理呈螺旋式上升。

2. EFQM 业务卓越模型

EFQM 业务卓越模型是欧洲品质管理基金会（European Foundation for Quality Management，EFQM）建立的用于组织自我业务评价和改进的工具，它是欧洲大陆使用最广的质量管理架构（见图 3－2）。EFQM 模型中包含八个主导概念，分别是：领导和坚定的目标、人员开发和参与不断学习、发展伙伴关系、过程和事实管理、以顾客为中心、结果导向、创新的改进以及公共责任。RADAR 理念是 EFQM 模型的核心要求，包括结果（Results）、途径（Approach）、部署（Deployment）、评估（Assessment）、回顾（Review），主要体现在以下四个方面。

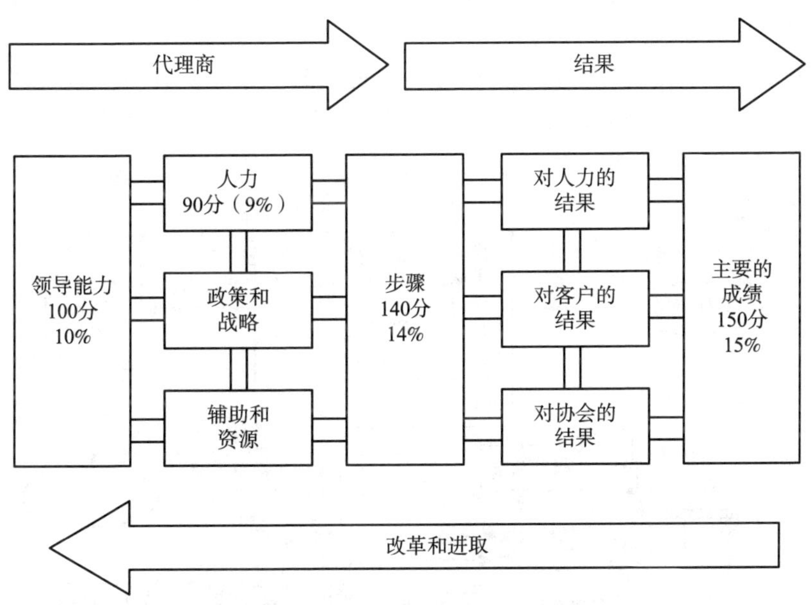

图 3－2　EFQM 业务卓越模型

（1）结果，即考核组织所要达到的目标。卓越组织的结果需要体现积极的发展趋势；结果和方案具有相关性、结果范围需要覆盖财务、管理模式等全部相关领域。

（2）方案，即考核计划和开发的一系列的行动计划。方案中需要明确：具体的结构内容、计划的原因、定义是否准备、开发流程是否完备、是否关注利益相关者的需求以及是否与战略和其他途径相协调。

（3）展开，即考核部署途径，以及是否用系统的途径进行方案的下达和彻底执行。

（4）评估和重审，在评估和分析组织相关活动已取得的成效和持续学习活动的基础上评价该方案的效果及被展开的程度。并根据评估方案结果和方案执行程度，修改计划和实施改善行动。

3. 客户关系管理体系

客户关系管理（Customer Relationship Management，CRM）是企业识别、挑选、获取、发展和保持客户的整个商业过程。CRM 管理系统是在客户生命周期内，综合营销、订购和提取客户服务，协调和整合客户互动的每一环节的系统。这个制度类指标是一个基本类指标和定性指标，它反映了企业对客户关系管理的重视程度。客户价值管理是该系统的核心。客户价值可以分为即成价值、潜在价值和模型价值。通过一对一营销原则，满足客户个性化需求、提高客户的忠诚度和满意度。随着 IT 技术的支持和大范围应用，客户关系管理已经从最初的一种战略发展为有效的管理手段与方式。

CRM 客户关系管理体系的过程为：首先，识别并分析客户；然后，跟踪客户需求及反馈，与客户保持良性接触；最后，根据客户反馈调整产品或服务以满足每一个客户的需求（见图 3－3）。

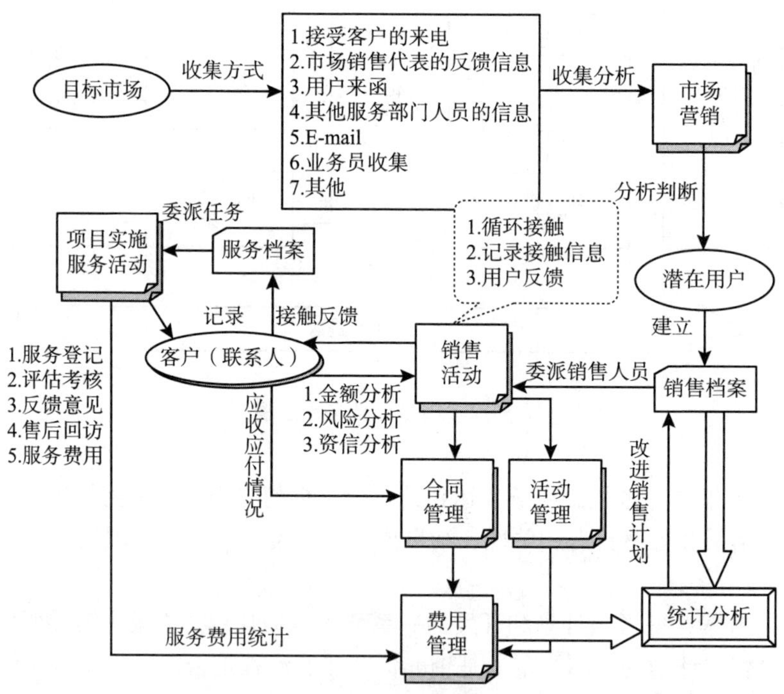

图 3－3 CRM 客户关系管理体系

第四节 环 境

一、相关概念和规范

（一）环境责任的概念

随着世界范围内的生态退化、环境污染、资源耗竭的凸显，企业行为带来的环境影响开始引起学术界和社会各界的广泛重视。R. 卡森（Rachel Carson）是企业环境责任理念的先驱，她在 1962 年发表的《寂静的春天》（*Silent Spring*）唤醒了公众的环境意识，并改变了公众对于企业提供优质产品和提高生活质量的传统社会角色的认识。随后，在 20 世纪 60 年代中后期兴起的环境保护运动，以及 70 年代兴起的消费者运动、劳动运动和新环境保护运动为主要内容的企业社会责任运动，给企业带来前所未有的承担环境责任的压力。

美国著名经济伦理学家 G. 恩德勒（George Endler）等人是较早提出企业环境责任概念的学者。G. 恩德勒认为企业社会责任范围应拓展为三个方面，包括政治和文化责任、经济责任以及环境责任。其中环境责任定义为：企业在生产过程中尽力减少自然资源和能源的消耗、减少污染物的排放来实现企业的可持续发展。1976 年经济合作与发展组织（Organization for Economic Co-operation and Development，OECD）在《OECD 跨国公司行为准则》中明确规定环境责任定义为：企业应该遵守其业务所在国家的法律、法规和行业惯例，并考虑相关国际协定、原则和标准等规定，开展相关活动来实现企业的长远发展，并在一定范围内满足公共健康、安全和环境保护的需求。环境责任经济联盟于 1989 年提出《瓦尔德斯原则》，后修改为《环境责任经济联盟原则》，并于 1992 年发布。该原则阐述了企业环境责任事项的主要内容，分别是：保护生态圈、永续利用自然资源、减少并处理废物排量、提高能源效率、减低风险性、推广安全的产品与服务、损害赔偿、开诚布公、设置负责环境事务的董事或经理、举办评估与年度公听会。原则中还对董事会和首席执行官应该履行的责任做出了规定，要求完全熟悉相关环境问题，并对公司环保政策的实施和执行负责。"全球契约"于 1999 年在瑞士达沃斯世界经济论坛上被正式提出，并于 2000 年 7 月在联合国总部正式启动。该契约要求企业应该主动承担环保的相关责任，预防环境污染，并发展技术开展和推广无害科技；2001 年《欧洲委员会促进公司社会责任欧洲框架绿皮书》认为，公司应该自愿将社会环境维护融入其经营活动中，以履行企业环境责任。

尽管对企业的环境责任的定义还没有形成，但是获得广泛认同的观点是环境责任是企业社会责任的一种，即企业通过合理利用资源、防止环境污染以实现企业的可持续发展。

（二）国际倡议和规范

1. 国际公约

企业环境责任的发展与国际环境保护的公约发展密切相关。在众多的国际环保公约中，有十几项公约中含有与贸易有关的条款。与贸易有关的环保法规经历了三个阶段。

第一阶段是19世纪70年代~20世纪70年代。在这一时期，一些国家为了保护生态环境，开始针对国际贸易产品颁布卫生检疫等法律规定，进而解决跨国界的环境问题。

最早的代表性多边协议出现于1900年，是关于保护非洲野生动物、鸟类、鱼类的公约；1906年，以瑞士为首的8个国家签订了禁止生产和进口使用白磷火柴的国际协议；1916年，英国和美国签订了保护候鸟的协议，规定禁止违反国家或省级法律的鸟类国际运输；1921年，意大利、塞尔维亚、克罗地亚以及斯洛文尼亚等签订了禁止使用有害方法捕捞鱼类进行贸易的公约；1933年，29国签订《保护自然环境中动植物伦敦公约》；1940年签订《西半球自然保护和野生动物保全的华盛顿公约》等。第二次世界大战后，出现了更多为保护生态环境的相关法规。如1946年的《国际捕鲸管制公约》、1950年的《国际鸟类保护公约》、1956年的《东南亚及太平洋地区植物保护协定》、1969年的《养护东南大西洋生物资源公约》等。这一时期的环境法规，关注范围较窄，主要针对当时的生态破坏，特别是动植物保护及对人类生命的影响，且主要采取限制性的规定或采用限制性的方法，较少涉及国家对生态的管理。

第二阶段是1972~1991年。该时期的特点是环境保护法规在世界范围内的大面积推广和实施。1972年召开第一次全球环境会议，对环境保护立法起到了历史性的影响，促进了如《关于消耗臭氧层物质的蒙特利尔议定书》、《控制危险废物越境转移及其处置巴塞尔公约》等法规的颁布。此外，如何运用市场的手段替代或补充法律规定以促进公众参与也得到了较多的讨论。

第三阶段是1992年至今。1992年联合国环境与发展大会的召开，以及《气候变化框架公约》的签署，体现了环境保护意识的世界性和重要性。环境问题开始成为各国政府高度关注的议题之一。

2. 国家标准

1991年7月，ISO成立了环境战略咨询组，开始探讨环境管理标准化问题。根据环境战略咨询组的建议，ISO于1993年6月正式成立一个技术委员会，专门负责制定环境管理方面的国际标准，即 ISO 14000 环境管理系列标准，其编号为 TC 207，即 ISO/TC 207 环境管理技术委员会。1996 年，ISO 颁布了首批与环境管理体系及其审核有关的 5 个标准。其中，ISO 14001 是环境管理体系标准的主干标准和企业环境责任认证的依据。通过认证规范和改善企业和组织的行为，减少其环境影响。ISO 14000 系列标准同 ISO 9000 标准有很好的兼容性，能够同时被采用，形成“双管齐下”的效果。

二、相关理论

（一）外部性理论

企业的外部性理论是指，一方面，企业的经营活动会影响企业外部某些相关者的利益或活动的效率；另一方面，企业外部相关者的活动也会影响企业的利益或经营效率。外部性理论是基于外部经济这个概念基础上的。当企业的活动能促进外部相关者的福利时，就称企业的这种活动是外部经济的，即正外部性。例如，企业修建一座桥，既减少了自身的运输成本，同时也便利了附近的居民。反之，如果企业的活动是减少外部相关者的福利的，就称该活动是外部不经济的，即负外部性。例如，企业向河道排放污水，为自己节省了成本，但是为附近居民的用水造成困难。企业的外部性理论说明，企业应该在经营活动过程中充分考虑到外部相关者和社会的利益，对他们承担一定的社会责任。

治理企业外部性，政府首先必须主动宣传企业的社会责任，其次要设定相应制度对企业加以约束。前者是政府有义务提高公民的各项环保意识，向各企业进行环保宣传，以开展各种形式的演讲、活动、教育、培训等形式，向社会推广“绿色环保”活动，少用污染大、形象不佳企业的产品，帮助企业以及社会全体公民提高环保意识。从制度方面讲，要加快新制度的建立，一方面要严厉惩罚那些排污大户、屡教不改的企业，另一方面要对环保治理工作搞得好的企业给予一定奖励，如《环境保护奖励办法》，在其产品上贴绿色标志，鼓励市民优先购买此类产品，将企业环保行动转变为之后的物质利益，并在社会上形成一种推崇“环保产品”的风气。这样，企业才会有内在动力提高环保意识，改善企业的相应设备，治理污染废水等。

（二）循环经济理论

循环经济最早是由英国环境经济学家 D. 皮尔斯（D. Pearce）和 R. K. 特纳（R. K. Tumer）于 1990 年在《自然资源和环境经济学》（*Environmental and Natural Resource Economics*）一书中首先正式提出。他们认为，循环经济实际上是对物质闭环流动型经济的简称。1996 年，德国颁布了首部循环经济法律《循环经济和废弃物处理法》，并在该法中率先使用了“循环经济”的概念。随着可持续发展战略逐渐成为世界的潮流，循环经济受到越来越多的关注，并得到了快速的发展。从不同的视角来认识循环经济的本质，形成了以下主要观点。

首先，从生态经济学的视角来看，经济发展必须尊重生态原理和经济规律，合理利用自然资源，实现经济发展和生态发展的协调性。由此可见，循环经济的本质是一种生态经济。其次，从环境经济学视角看，循环经济主张经济发展和环境保护的协调性，应将环境纳入生产要素中，实现经济与环境的协同发展。由此可见，循环经济的实质是将环境问题转移到经济内部并将其核心化。再次，从技术经济学视角来看，循环经济是物质的循环流动，将废弃物转化为资源；最后，从资源经济学的视角来看，循环经济本质上是通过废弃物或废旧物资的循环再生利用来发展经济的一种方式。

从不同的视角出发循环经济的本质形成了不同的观点，但关于循环经济的 3R 原则已达成共识。3R 原则即：减量化（Reducing）、再利用（Reusing）和再循环（Recycling）。其中减量化属于输入端方法，是指在减少进入生产和消费的物质，预防废弃物的产生；再利用属于过程性方法，是指通过延长产品和服务使用时间等多种方式使用物品，节约资源；再循环属于输出端方法，是指对废弃物尽可能多地再生利用，提高资源使用效率。其中减量化原则是 3R 原则中的第一原则。因为循环经济的根本目标是要求从源头上削减物质资源的投入和减少污染，来解决资源和环境问题。

（三）可持续发展理念

可持续发展思想首次于 1972 年 6 月在联合国人类环境会议上提出。1987 年，世界环境与发展委员会在其报告《我们共同的未来》（*Our Common Future*）中，全面系统地阐述了当前经济发展和环境保护工作方面存在的不足，并诠释了可持续发展的内涵，认为可持续发展不只重视经济的发展，同时强调经济、社会、资源和环境等多方面的协调发展。

首先，经济可持续发展。经济可持续发展要求改变传统的“三高一低”（即“高投入、高消耗、高污染、低效益”）的生产模式，实施清洁生产和科学文明消费，实现在提高经济效益的同时保护环境，更加追求经济发展的质量；其次，生态可持续发展。生态可持续发展主要强调两点，一是要合理适度地使用资源，控制资源和能源的消耗。二是强调环境保护，要求从源头上解决环境问题，转变发展模式；最后，社会可持续发展。社会可持续发展的核心和最终目标是社会公平。要求改善人类生活质量和健康水平，创造平等、稳定、安全、自由的社会环境。

可持续发展强调经济、生态、社会的协调统一，而不是独立、对立。经济可持续是基础，生态可持续是条件，社会可持续是终极目的，鼓励经济增长、保证资源的永续利用以及谋求社会的全面进步。可持续发展观克服了传统发展观的单一性、片面性，实现了发展理论的多样性和协调性，在人类发展史上具有重要的里程碑意义。

三、对环境的责任

（一）企业环境责任的内容

环境责任是团体或个人对于环境维护应该承担的责任。企业环境社会责任主要包含三个方面，第一，法律责任。企业环境法律责任主要指用法律、法规等规定的企业需要履行的降低生产污染物、合理利用自然资源等环境责任。企业环境法律责任是企业承担社会责任的底线，具有强制性的特征；第二，道德责任。企业环境道德责任是指在法律要求之外，企业自主履行的采用先进的生产技术进行清洁生产、加强废物的综合循环利用、预防环境污染等环境保护责任。企业环境道德责任是履行社会责任的较高要求，具有非强制性的特征；第三，企业环境社会责任的外延即企业经济活动责任，主要包括企业在决策中、生产经营活动中以及生产者延伸三个部分应该履行的环境责任。

1. 道德责任

（1）树立和谐发展观。企业在进行生产经营活动中必须树立人与自然和谐发展的价值观。该价值观强调对自然本身和自然规律的尊重、合理利用、有序开发。在全球工业化进程中，粗放式的增长方式与开发利用模式，造成了世界性的资源短缺和生态恶化的现象。因此，当今世界各国需要树立正确的观念，正确处理好人与自然的关系，加强环境保护。1990 年联合国环境规划署针对世界环境问题，郑重提出环境恶化的根源在于人，呼吁要从整体上转变人类中心主义的观念，深化对自然规律的认识，树立“绿色化”的价值观念，实现包容、可持续发展。

（2）以绿色价值观为指导。绿色价值观是建立在发展价值观、生态价值观等基础上，以“人与自然和谐相处”为宗旨的科学的价值观。以绿色价值观为指导，要求企业要强化绿色发展意识，提高技术含量，积极研发符合生态循环的绿色产品，降低污染物排放，科学计算社会环境成本，实施包括环境、生态等在内的绿色管理，倡导绿色消费。

（3）实施绿色审计。绿色审计是指在企业管理中增加环境和生态因素。绿色审计要求企业积极实施企业环境社会责任管理，不能被动地等着监督方来检查，而应当主动地、自觉地进行严格自律、自我监督和检查，防止危害环境行为的发生，并定期向社会公众报告。

（4）积极开展环境公益活动。企业还应在环保方面发挥带动作用，积极参与和开展环境公益活动。企业一方面可以积极参与环保宣传、支持环境教育等环境公益活动；另一方面可以参与改善业务所在地的生态环境等环境补偿活动，促进生态的良性循环，提高自然环境的可持续能力。

2. 法律责任

（1）节约资源与能源。节约资源和能源是中国的基本国策之一，因此企业的一项重要的社会责任是保护环境。2007 年，国家发展和改革委员会（以下简称“国家发改委”）颁布了《中国应对气候变化国家方案》，成立国家应对气候变化及节能减排工作领导小组，加强政府节能减排的力度，促使节能减排成为影响企业运营的重要因素之一。因此，中国企业必须落实“开发节约并重、节约优先”的原则，履行《中华人民共和国节约能源法》、《中华人民共和国可再生能源法》、《中华人民共和国电力法》、《中华人民共和国煤炭法》、《中华人民共和国水法》以及《国务院关于加强节能工作的决定》、《国务院关于做好建设节约型社会重点工作的通知》、《国务院关于加快发展循环经济的若干意见》等法律、法规的要求。

（2）减少污染排放和环境影响。企业的环境责任要求企业一方面要切实合理地利用资源、提高生产技术、减少污染物排放和环境污染，另一方面要求企业承担资源浪费和环境污染的相关治理费用。企业要认真履行《中共中央、全国人大、国务院、中央军委有关环境保护的综合性规定》中的“环境经济政策”、“环境影响评价与建设项目管理”、“排污费征收管理”、“污染控制”、“生态保护”、“资源保护”、“核安全”、“环境科技、标准和产业管理”、“环境污染治理设施运营”、“清洁生产”、“排放污染物申报登记管理规定”、“国家贸易与环境保护”、“国家环境公约”、“环境行政执法”、“其他环保相关规定”等规定，从投入、技术等多方面减少企业生产和运营造成的环境污染，从而减少企业活动的环境影响，履行相应的企业社会责任。

3. 企业经济活动责任

（1）企业经营决策中的环境责任。企业主要通过企业行为来承担企业环境责任，而企业行为受制于企业的决策，因此，企业需要把环境责任纳入企业决策的要素之中。社会环境为企业带来机会的同时也带来了威胁，所以经营决策中要关注社会环境因素，对社会环境与企业发展的各种关系加以分析，寻求降低成本的最佳方案，正确计算资源消耗和产品成本，在遵循环境法律、法规的基础上充分考虑人民质量需求和对环境污染的影响，把握和控制影响环境的多种因素，选择最优方案。

（2）企业生产经营过程中的环境责任。企业在生产经营过程中可以通过两条路径实现对环境责任的履行：一是从生命周期的视角出发，在原材料加工、产品生产、产品消费以至到废弃产品的回收、处置等各个环节，制定清洁方案，实现全生命周期的绿色化；二是从产品研发、规划、设计、建设到生产管理的全过程中，采取一定的清洁方案，实现物质生产全过程的绿色管理。

此外，应发展和推广无害或有利于环境的科学技术，使用清洁能源，注重资源的减量利用，降低废弃物的产生量。

（3）企业的生产者延伸环境责任。企业的生产者延伸环境责任是指企业在产品的生命周期内需要承担的环境保护责任，如产品的回收、循环利用或弃置等工作，从而改善生态环境。

（二）企业履行环境责任的必要性

1. 企业环境社会责任的外部需求

企业作为经济主体，其经济活动的目标是追求和实现经济利益的最大化。任何企业必然向自然界索取自然资源，同时排放出一定数量的废弃物和污染物。由于环境资源具有公共物品的性质，很多企业把对自然资源的损耗和环境的污染列为不用承担的社会成本。因此，毫不顾忌经济发展对资源环境的影响，以及对自然资源的过度索取和污染物的过度排放，引起了生态恶化与资源耗竭。

随着工业化的推进和经济规模的不断扩张，全球目前面临着气候变暖、水土流失、森林覆盖面积锐减、生物多样性破坏严重、工业废弃物的大量排放、空气污染等诸多环境问题的挑战和威胁。随着环保意识的兴起，社会对自然环境的关注提高，环保主义者加强对环境污染的研究工作，并通过公开演说、抵制运动等方式促进政府、社会组织和公众开始重视社会环境问题。而企业习惯以消极的心态响应环境问题，政府和相关利益团体开始借助各种规范和手段阻止企业对环境的破坏和污染。由此，对企业造成了一系列外部压力，主要表现在以下三个方面。

（1）政府加强对环境保护的规范力度。针对环境污染问题，政府制定了一系列的环境保护规划，从而规范企业经营活动。

（2）社会大众不断提高对企业社会责任的要求。随着居民收入和生活质量的提高，社会大众对企业的期望不再局限于创造和增加就业机会、促进周边经济发展，而是希望企业在追求利润的同时能够改善生活质量、履行相应的企业社会责任。

（3）国际社会加强对环境议题的自律与规范。随着全球化的发展，环境问题逐渐从单一的国家或地域问题发展成为人类社会需要共同面对的全球性的问题，如大气污染、气候变暖等问题。因此，国际社会自 20 世纪 70 年代开始制定了许多公约来约束各国的高能耗建设和企业的盲目扩张，迫使国家和企业重视环境的保护。

由此，外部压力使得企业不得不面对环境问题，重视社会环境成本因素，重视循环经济发展模式，以获得政府和公众的信任和外部发展环境。

2. 企业环境社会责任的内部需求

除了上述来自外部的压力外，企业履行环境责任也是企业实现长期利益的内在需求。企业主动承担环境责任，有利于树立良好的企业形象，提高产品的知名度，获得消费者的满意，提高社会认可度，实现企业的可持续发展。相反，企业不承担环境责任，将会造成资源的浪费和环境的污染，增加企业成本，甚至受到法律的惩罚。

综上所述，在全球经济一体化的市场环境中，企业要保持可持续发展，就要在企业内部形成“绿色”经营和管理，同时主动进行环境责任的宣传和推广，维护社会公众利益，并维持互利共生和可持续发展的社会环境。

第五节 本章小结

基于利益相关者理论，企业需要对其利益相关者负责，企业价值和企业对利益相关者的社会责任存在正相关关系。本章中主要对股东、员工、消费者、环境四个利益相关者进行说明。

一、对股东承担的社会责任

股东是公司存在的基础，也是公司的核心要素。从一般意义上讲，股东是持有公司股份或向公司出资者。公司需要对股东履行以下社会责任：知情质询权、决策表决权、选举权和被选举权、收益权、强制解散公司的请求权、股东代表诉讼权、对董事和高级管理人员的直接索赔权、优先权、临时股东大会的提议召集权、公司章程规定的其他权利。

二、对员工承担的社会责任

企业和员工是相辅相成的，且之间的关系主要表现在三个方面，第一是经济关系，即以契约为基础的雇佣关系，追求企业利益和个人价值；第二是法律关系，即建立在法律层面的经济关系，维护员工和企业的利益；第三是道德关系，即在经济关系和法律关系的基础上，增强员工对企业的认同感以及企业对员工的尊重和信任。

企业对员工承担的社会责任主要包括，为员工建立和完善工作环境，保证员工的安全和身心健康；为员工提供平等的培训机会，保证员工具有公平的升职加薪的机会；提供渠道促进员工积极参与企业管理，促进企业民主发展；对于工会组织，企业要尊重其集体谈判权，维护员工的利益。

三、对消费者承担的社会责任

“消费者行为”是指为了生活消费进行购买、使用商品和服务的行为，其行为主体为消费者。“消费者”是指使用组织决策和活动产出的个人或团体。企业对消费者的责任包括：保证消费者安全、知情权、选择权、倾听权、补偿权、尊重隐私权、性别平等权、结社权、监督权。

四、对环境承担的社会责任

随着环境污染、能源消耗问题的加剧，企业环境责任逐渐引起社会各界的高度重视，并成为企业社会责任的核心内容之一。尽管对企业的环境责任的定义还没有形成，但是获得广泛认同的观点是企业环境责任的一种，即企业对环境、资源的保护与合理利用，承担责任以实现可持续发展。

企业对环境的责任主要包括道德责任、法律责任、生产经营活动责任。道德责任主要包括：树立和谐发展观、积极开展环保宣传和环境公益活动、在企业管理中增加绿色审计；法律责任主要包括：提高生产效率减少能源消耗、减少污染排放，减少环境影响；生产经营活动责任主要包括：企业经营决策中的环境责任、生产经营过程中的环境责任、生产者的延伸环境责任。

第四章

企业社会责任报告

第一节　企业社会责任报告概述

改革开放以来，中国的经济得到了持续高速的发展。与此同时，以追求利润最大化为目标的企业运营方式所带来的员工福利、环境污染、产品质量问题也越来越引起社会关注。很多企业迫于内部运营需要以及消费者、投资者等利益相关者的压力，从而选择向社会发布社会责任报告，但是，更多的是作为一个企业公关的宣传工具，用来“粉饰”企业形象，没有发挥出防范风险和促进企业改革的功能。

经济全球化使得企业社会责任报告得到了越来越多的关注，企业社会责任报告的编写、发布、鉴证、评级，报告的研究与成果推介，媒体跟踪与分析报道等方面，已经成为了企业社会责任履行过程中重要的评价依据。企业定期发布社会责任报告，就如同企业定期发布财务报告一样，是从了解利益相关各方的社会需求入手，本着负责任的态度，履行其社会责任，并接受利益相关各方以及社会的监督。同时，随着我国改革开放的不断发展，中国企业也开始与世界接轨关注企业社会责任信息的披露。同时，在学术界也开始对“企业社会责任”这一议题进行讨论与研究。目前，在中国对外发布社会责任报告的企业已经超过700家，为了提升报告的编制水平和质量，一些公司还设立了专职的部门、配置了专职的员工来负责企业社会责任报告的编写。

国内的研究机构也针对“如何规范企业社会责任信息披露”进行了理论分析，从而帮助企业能够更加科学有效地编制社会责任报告，最终成为了培训咨询机构新兴的业务项目，进而形成了专业化分工。但目前仍存在着报告形式高于实质、披露信息无统一规范、信息真实度和完整度不够等诸多问题。

如前所述，在中国企业社会责任运动中，企业社会责任报告已经成为一道“亮丽的风景线”。相关部门通过对企业社会责任报告的评价、分级、评分等相关体系的不断完善，将会对我国企业的社会责任报告的质量水平得到有效的促进和提升，从而起到应有的作用。

一、企业社会责任报告的定义及其内涵分析

（一）企业社会责任报告定义

企业社会责任报告是企业将履行社会责任的理念、目标、内容、方法等有效结合并对外披露的媒介，是企业是否履行企业社会责任的一种声明和方法，同时也是企业利益相关与企业之间进行有效沟通的重要媒介，其性质不等同于企业年度财务会计报告，属于非财务会计报告的一种。企业因目的不同对是否履行社会责任的声明可有多种方法。从时间和频率上看，可分为定期声明、适时声明和紧急声明三种。

1. 定期声明

按照预先策划的安排，企业可以采用建立行为守则、原则、宣言、价值观的方法，及通过发布《企业社会责任报告》等手段来定期声明企业的社会责任履责情况。其中，以年度为单位定期编制取得《企业社会责任报告》并及时对外提供成为了企业最重要的活动。在对外提供《企业社会责任报告》前，企业都会经过自我评价程序，有些企业也会聘请第三方评价机构对企业社会责任报告的内容进行评估，以确保报告的相关性、客观性、及时性、可靠性及可信性。

2. 适时声明

在正常经营中，企业可能会发生经营活动、产品或服务等单方面或多方面的变化，这样的变化通常会对企业的利益相关方、社会责任带来影响，甚至可能存在不符合利益相关方期望和利益的因素。在这种情况下，企业可以通过适时声明的形式，来发布企业在履行社会责任中的宗旨、担责声明等。

3. 紧急声明

在某些特殊情况下，如紧急事件、突发事故的发生，企业的经营活动受到了严峻的考验时，事件的影响（往往是负面影响）可能会造成企业与其利益相关者以及社会责任之间的利益相冲突。此时，企业有权利也有义务发布紧急声明来表明愿意担责及补救的态度。

（二）企业社会责任内涵

关于企业社会责任报告的名称并没有形成统一的规定与要求，不同组织对各自的企业社会责任报告也有不同的称呼。关于企业社会责任报告的性质，理论界也有不同的声音，并形成了两种主流观点：一种观点认为，企业社会责任报告（简称 CSR 报告）指的是企业向利益相关者披露企业的经济、环境以及社会等方

面社会责任时用清晰、准确、持续和完整的方式对外提供的报告①；另一种观点提出，可持续发展报告是以可持续发展为目标，衡量及披露机构绩效，对内外部利益相关方负责任的实践。也有学者指出，企业社会责任报告是企业通过对外提供关于社会责任的内容、目标以及形式为内容的书面说明。通过这份说明架起了企业与社会公众以及利益相关者之间沟通的渠道，开启了其沟通的窗口。同时，社会公众以及企业利益相关者也可以根据企业社会责任报告来分析企业的各项指标，对企业做出评价，并做出相应的决策。

如前所述，企业社会责任主要包括。

（1）企业员工合法权益的保护；

（2）企业产品质量的保证；

（3）与企业有关的利益相关者的保护；

（4）社会环境的保护；

（5）社会公益事业的促进；

（6）其他相关内容。

发布企业社会责任报告是以企业及全社会可持续发展为目标，成为企业战略管理的重要方面，并已经成为国际社会对企业的普遍期望。因此，笔者将其定义为："企业社会责任报告是以明晰性、持续性和可比性为原则，反映企业自身价值和企业可持续发展能力，向利益相关者及社会公众披露企业在经济、社会、环境等方面履责信息的报告。"

二、发布企业社会责任报告的必要性

随着经济全球化、社会多元化的不断拓展以及企业自身规模的扩大，人们越来越关注企业对社会的影响。企业的社会问责制与透明度在与企业利益相关者的关注下得到了重视。同时，企业由于相关利益者要求的压力，也开始重视自己的社会行为，以利益相关者的利益为核心，履行社会责任。企业为了能提升企业的社会影响力，加强了与利益相关方和社会的沟通希望采取一定的措施向社会公众披露自己已经取得的成绩，获得更多的支持，从而促进企业可持续发展。对外提供企业社会责任报告成为了企业可持续发展的必由之路。企业社会责任报告的评价意义重大，其必要性体现在以下六点。

（一）发布企业社会责任报告已成为国际社会经济主流

定期对外提供社会责任报告，主动与利益相关方就有关信息进行交流和沟

---

① 于海丽．企业社会责任报告的质量研究［D］．北京交通大学，2013.

通，已经成为经济全球化大背景下重要的商业准则。国际权威社会责任报告资源网站的统计显示，截至2015年11月，全球共有11801家公司发布了61494份社会责任报告。在多重力量（如政府监管、资本市场、行业协会监督等）的共同促进下，中国的企业社会责任报告也从多角度（编制、评价、发布等）取得了跨越式的发展；截至2015年10月31日，全国共有1526份企业社会责任报告公布，相比2006年的32份增长了50倍，占2015年全球报告总数的约50%。由此可见，中国已经成为全球发布企业社会责任报告的重要力量。

（二）政府政策的推动

进入21世纪以来，中国政府开始逐步鼓励并要求企业对外提供社会责任报告，推动了社会责任的发展，也为构建有中国特色企业社会责任报告体系打下了良好的基础。2007年5月9日，深圳市人民政府发布《中共深圳市委深圳市人民政府关于进一步推进企业履行社会责任的意见》，该文件明确将“政府引导、社会参与”列为三大基本原则之一，提出“鼓励企业向社会发布企业社会责任报告”等倡议举措；同年7月，上海市浦东新区发布《浦东新区推进建立企业社会责任提议三年行动纲要（2007~2009）》，明确设立了“浦东新区推进建立企业社会责任”的工作目标，并预期到规划期末（2009年年末），浦东新区内至少要有300家企业要及时对外提供社会责任报告；在2008年国资委发布《关于中央企业履行社会责任的指导意见》的文件中明确指出，我们要鼓励国有企业接受社会公众的监督检查，定期向社会公众公开、及时、有效地发布企业社会责任的报告。

（三）资本市场的引导

上海证券交易所和深圳证券交易所（以下简称上交所和深交所）先后发布了关于上市公司履行企业责任的文件。2006年9月，深交所在2006年9月向公众发布了《上市公司社会责任指引》，第一次提出上市公司的社会责任内涵；深交所在2008年12月发布的《关于做好上市公司2008年度报告工作的通知》，明确提出上市公司应当发布企业社会责任报告。与此同时，上交所在2008年5月也发布《上市公司环境信息披露指引》，并于2009年1月再次发布《上市公司社会责任报告编制指引》，对社会责任报告编制进行了细化要求；同年12月，证监会向公众发布了《关于做好上市公司2009年年度报告及相关工作的公告》，旨在引导上市公司编制并发布企业社会责任报告。

（四）行业协会的推动

各个行业协会、行业组织对企业社会责任的发展起到了积极的推动作用。

2009 年 1 月，中国银行协会向公众发布《中国银行业金融机构企业社会责任指引》；同年 5 月，中国银行协会发布《中国银行业社会责任报告》。房地产、汽车、医药卫生、直销、体育用品等行业协会均发布了行业可持续发展报告或相关的调查研究；2009 年和 2011 年，中国工业经济联合会组织召开了中国工业经济行业可持续发展报告发布会；中国纺织工业协会随后也出台了《中国纺织服务可持续发展报告纲要》①。

（五）帮助利益相关方做出正确的决策

受到来自全球企业社会责任的影响，中国企业开始重视企业社会责任报告的发布，展示自己在社会责任履行中所做的贡献与取得的成就，体现企业的社会责任心，提高自己的影响力。一些具有前瞻眼光的企业，更是把企业社会责任报告从一种公关手段转向企业核心的商业价值与战略，把企业社会责任报告作为建设、维持和不断完善利益相关方参与的工具，向利益相关方传递出重要的信息，帮助利益相关方做出正确的决策。对投资者而言，企业社会责任报告可以把有效的投资信息反馈给投资者，帮助投资者作出正确的决策；对资本市场而言，企业社会责任报告可以帮助资本流向更优的企业；对企业职员而言，可以为其判断自身去留问题提供重要的参考依据；对消费者而言，获得了更多产品和服务的信息，使其在产品和服务中做出正确的选择。

（六）促进企业合法性要求

中国为了促进企业社会责任的发展，满足企业社会责任的社会需求，在很多政府部门以及研究机构都提出了企业社会责任披露的标准与要求。相关监管部门也依据行业制定出相关标准从而准确地对企业所发布的社会责任报告进行科学、有效的评价。从企业角度分析，越来越多的企业为了能保证社会责任信息披露的顺利进行，也开始发布高质量的社会责任报告，对企业自身的情况、标准的符合程度及期望作出规范及声明。正是由于全社会成员“齐抓共管”才使得企业社会责任报告得到了越来越多的重视与发展。

三、企业社会责任报告的发展进程

（一）全球背景下的发展现状

1. 在全球背景下的总体现状

（1）企业社会责任报告的数量持续增长；

---

① 彭华岗等．中国企业社会责任报告编写指南［M］．北京：经济管理出版社，2011，83.

（2）企业社会责任报告的类型日趋集中；

（3）企业社会责任报告在国别和地区的分布日趋广泛，但增长速度存在差异；

（4）行业分布越来越广，金融行业异军突起；

（5）企业社会责任报告关注的议题不断拓展；

（6）企业的价值创造成为报告日益关注的焦点；

（7）企业社会责任报告审验比例有所提高；

（8）不断扩大的报告的读者群和影响面；

（9）企业社会责任报告的形式的逐渐多样化。

尽管在过去的一段时间内一度不被看好，但是目前，企业社会责任报告得到了广泛的普及，多数的跨国公司都参与了发布企业社会责任报告的运动。可以说，企业社会责任报告已经成为现代企业发展的必然趋势。毕马威公司（Klynveld Peat Marwick Goerdeler，KPMG）对全球企业社会责任报告的调查结果显示，企业披露企业社会责任信息以及对外公布社会责任报告的数量自 2008 年以来不断增加。在全球市值最大的 250 家（G250）大型企业中，有 95% 的企业开展了企业责任（CR）活动。在这些企业中，欧洲诸国对外提供的企业社会责任报告率最高，同时美洲、非洲以及中东地区国家也开始逐步向欧盟看齐。即使是在相对落后的亚太地区国家也有近一半的企业开始向社会发布企业社会责任报告。同时，毕马威公司通过对来自 34 个不同国家（或地区）的 100 强企业社会责任报告进行的分析研究，结果表明：发布企业社会责任报告的较多行业主要涉及消费市场、制药以及建筑业等行业；较低的行业主要包括贸易、零售和运输业等行业。在对外企业社会责任报告的企业中，在上市公司中有 69% 的企业选择了公布企业社会责任报告。相较而言，100 强企业中合资企业对外公布企业社会责任报告的数量不到 45%，家族企业的数量不到 36%，专业投资公司的数量不到 46%。

毕马威公司的研究报告表明，世界范围内越来越多的企业开始重视和履行社会责任，并且把对外公布企业社会责任报告来作为企业发展的一项最重要的任务，编制和发布企业社会责任报告已成为企业发展要求。甚至很多企业把对外提供社会责任报告的正面效应视为企业可持续发展的宣传手段，从而增加自己的市场竞争优势。

2. 企业社会责任报告的“象限模型”①

从毕马威公司 1993 年第一次向全世界发布企业社会责任调查报告开始至今，企业社会责任报告的量化评价体系也在愈加成熟，毕马威公司建立的“象限模

---

① KPMG International Survey of Corporate Responsibility Reporting，2011.

型”走在了时代的前面。通过选取34个国家（或地区）和16个部门作为具有市场代表性的研究样本，毕马威公司创建了“象限模型”，设置了四个象限，象限的纵轴代表企业的沟通能力，横轴代表过程成熟水平，对一系列元素进行量化评估。具体元素包括：鉴证水平与范围、是否使用GRI标准、信息系统与流程、重新表述、多通道沟通以及整合报告。

毕马威公司“象限模型”中的四个象限分别为：“领先群雄（Leading the Pack）”、“起点落后（Starting Behind）”、“步入正轨（Getting it Right）”和“表面功夫（Scratching the Surface）”。基于企业所发布报告中阐明的企业情况，毕马威公司“象限模型”来评定企业所处的位置，并主要参考有效沟通和构建信息处理系统两项关键指标。有效沟通主要指企业向其利益相关者说明自身应履行的社会责任及完成情况；构建信息处理系统是指企业将其履行的社会责任进行记录、上传，可供其利益相关者进行审阅（见图4－1）。

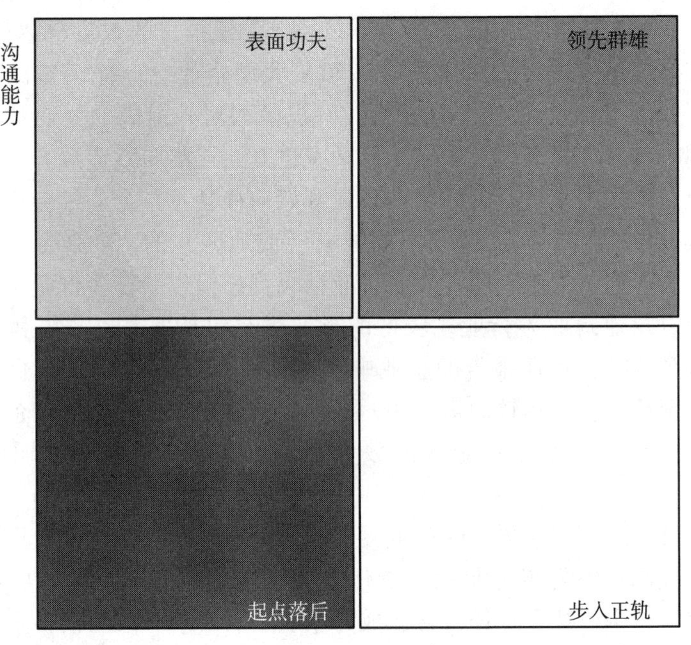

图4－1　象限模型

（1）领先群雄（Leading the Pack）。位于“领先群雄（Leading the Pack）”象限的行业和企业的信息沟通质量处于领先地位，并且在内部系统以及外部责任方面也都取得了很高的评分。这些企业由于通过信息系统的支持确保了信息的客观性与可靠性。同时，加入外部鉴证，使得这些企业的鉴证范围、模式以及水平都处于领先地位。在竖轴上，这些企业都能够以利益相关者为出发点，为利益相关者提供优质的服务，以 GRI 为指导方针获得了利益相关方的信任。不仅如此，通过多渠道获取客户的方式，将社会责任报告信息与年度财务报告相结合，形成全面综合报告模式。

（2）起点落后（Starting Behind）。位于“起点落后”象限的企业，在社会责任报告成果的落实和公布上更倾向于使用单一的媒介渠道。公布的情况、显示的结果也难以体现出该类企业在信息系统的搭建和处理等方面的成熟性，而且其获得的指导也十分有限。换句话说，“起点落后”象限的公司企业虽然通过鉴证服务对系统进行改进，但是还没有达到应有效果，客观上与领先集团的信息处理水平还存在一定的差距。

（3）步入正轨（Getting it Right）。企业位于“步入正轨”象限则表明其在沟通方面取得了一定的成就，已经开始专注于完善构建信息处理系统，并正在积极地向“领导”象限移动。因此，位于“步入正轨”象限的企业由于外部鉴证相对缺乏等原因并没有达到领先群雄（Leading the Pack）象限的水平，但是已经能够向其利益相关者表明自己具有能够控制好企业管理业绩的能力，并且十分重视对于企业的管理。此时，扩大外部鉴证的范围与水平是该类企业的发展方向。

（4）表面功夫（Scratching the Surface）。位于“表面功夫”象限的企业在象限模型中所获得的评价并不理想，该类企业有时会因为目标设立得过高，而无法实现在企业责任报告中的承诺，同时，也给投资者带来了较高的风险。该类企业善于利用多种渠道夸大企业社会责任的成绩，在定期对外提供的报告中会将企业社会责任已经取得的成果进行整合，使得报告呈现出一切向好的发展态势。虽然此类企业在接近客户方面表现得更加有效，但是也存在着获取利益相关方反馈信息难度加大的风险。

从大体的分布情况看，大部分欧洲国家均处于“领先”象限，这些国家的企业已经具备专业的沟通能力，已经建立完善的社会责任报告体系。为此作为发展中国家的印度的位置得到关注，表明印度企业严格按照政府的要求治理、控制和鉴证的实际情况以及对于社会责任报告对外提供的重视程度。美洲公司所处位置不太理想的原因主要集中在沟通方面。同时，形成鲜明对比的是一些贫穷落后的国家，由于经济的落后、物质的匮乏使其根本无暇顾及企业社会责任报告的制作与提供。另外，从中国和韩国企业在象限中所处的位置可以看出，中韩两国企业的未来需要提高沟通能力从而维护各自企业在全球的商誉与声望（见图 4－2）。

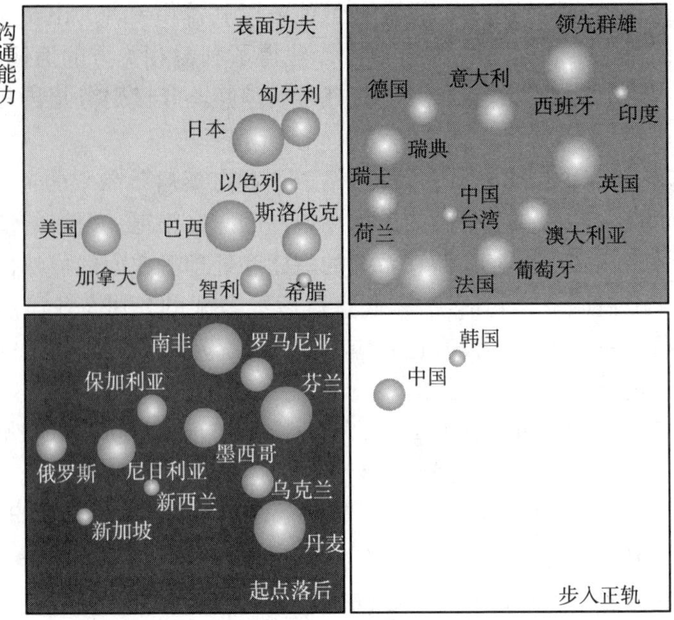

图 4-2　34 个国家（地区）的象限模型分布

（二）中国发布企业社会责任报告概述

从全球范围看，至目前中国企业社会责任报告发布仍处在起步阶段，且现行已发布的社会责任报告的质量和发布主体构成的差异显著，但随着中国企业社会责任意识的增强，对企业社会责任报告作为全球化商业语言价值认识的提高，中国企业社会责任报告发展的空间和潜力仍是巨大的。

2006 年是中国企业社会责任元年，在此之前，大多数的中国企业对社会责任报告一无所知，只有极少数企业开始关注并发布企业社会责任报告。在 2006 ~ 2015 年的 10 年间，我国企业社会责任报告发布的总量从 32 份增加到了 1703 份，实现了快速的增长。

1. 中国企业社会责任报告的发展趋势

（1）地域分布。从地域分布看，发布企业社会责任报告的主体地区在中国大陆，境外企业在中国发布的社会责任报告只有 71 份。由国内具体分析可知，北京市、上海市和广州市这三个城市占到了中国大陆企业发布的报告总量的将近四成。对境外企业而言，日、韩企业在中国发布的在华社会责任报告的数量最多。

（2）报告的发布主体。国有企业逐步成为了社会责任报告的发布主力军。在 2015 年，国有企业一共发布了 600 份报告，民企和外企发布的报告数量分别占总数的 33.2% 以及 8.4% 。另外，在 2015 年，上市公司占所有发布报告公司数量的3/4，其中上交所上市企业发布报告423份，深交所上市企业共发布297份企业社会责任报告。

（3）行业分布。2015年，我国共公布1027份企业社会责任报告，这些报告广泛地分布于47个行业之中，其中，机械设备制造业及混业企业占比略大。

（4）企业报告连续性。在所有企业中，有12家企业已经连续10次向社会发布了企业社会责任报告。同时，有192家企业已经连续7次向社会发布企业社会责任报告，占发布报告企业总量的23.4%。

（5）报告的参考标准。企业在编制报告时需要参考相关社会责任报告标准，这是确保报告质量的重要途径。在这些已公布的报告中，有64%的报告在编写时参考了相关的报告标准。已发布报告中的元素也成为后来企业发布社会责任指南的重要参考。在我国《中国企业社会责任报告编写指南》（CASS－CSR 2.0）（以下简称《报告编制指南》）是由中国社会科学院企业社会责任研究中心所编制的，也是我国企业编制报告参考最多的材料。同时，该《报告编制指南》也在不断地修订、补充和再版，自2009年以来，开始出版了第三版，并且对每一个行业进行区分和细化，分别制订了独立的《报告编制指南》，给企业提供了更加具有现实意义和操作性的指导。

（6）报告形式。社会责任报告的形式变得更加多样。中国十大股份集团，分别通过网络发布了页岩气开发治理专项报告以及报告摘要。很多企业也融入了这一潮流，鼓励更多的利益相关方接触到企业的企业社会责任报告。

在“2015年度中国企业社会责任报告”的评级中，获得五星级企业的共有23家，包括：中国南方电网、中国石油化工集团公司、神华集团有限责任公司、中国华能集团公司、东风汽车公司、中国兵器工业集团公司、中国电子信息产业集团有限公司、中国建筑股份有限公司、中国石油化工股份有限公司、华润集团有限公司、中国铝业股份有限公司、中国海洋石油、上海大众汽车有限公司、中国移动通信集团公司、中国建筑材料集团有限公司、中国华电集团公司、中国电子科技集团公司、中国电信集团公司、中国黄金集团公司、北京控股集团公司，还有两家外资企业分别是三星控股有限公司以及松下控股有限公司。

2. 相关法律、法规的发展历程

近年来，针对企业的可持续发展、社会和谐与稳定等方面，中国政府和一些社会责任组织正在推进各项相关工作，并已取得了显著的成绩。我国政府在2006年重新修订了《公司法》明确规定公司应当履行社会责任；2008年，国资委发布的《关于中央企业履行社会责任的指导意见》中明确规定：“所有中央企业必须按照规定发布企业社会责任报告，并指出其履行社会责任的理念、目标、内容和措施。”这些制度的出台，企业社会责任报告的编制和发布也已经被纳入企业经营的日常规范之中；中国社会科学院还围绕国有企业履行社会责任等一系列问题进行了讨论与研究并发布了《企业社会责任蓝皮书》（2009），强调了国有企业需要履行的社会责任及其重要性；深交所发布的《上市公司社会责任指引》（2006），上交所发布的《关于加强上市公司社会责任承担工作的通知》（2006）和《上海证券交易所上市公司环境信息披露指引》（2008）中都提出要鼓励上市公司按照相关标准，科学完善地披露企业社会责任的相关信息；我国商务部研究院在2006年2月发布了《中国公司责任报告编制大纲》，用以规范责任报告的编制。在编制范围上中明确规定企业的责任范畴；同时，一些媒体也对企业社会责任进行了关注与宣传，例如，《WTO经济导刊》杂志通过对企业社会责任报告进行宣传和探讨，并向社会发起投票，以评奖的奖励形式，引导督促企业更好地履行社会责任。

我国所公布的社会责任报告在广度和深度方面仍存在诸多问题，就其内容也多集中于对企业社会责任绩效的宣传，有时也会出现刻意隐瞒逃避环境责任等负面信息的现象。但我国必须正视现实中的问题，同时结合借鉴国际先进经验，不断完善我国企业社会责任的评价指标。努力使企业社会责任报告的编制水平迈上新的台阶。

（三）来自经济全球化的发展启示

1. 发布企业社会责任报告是企业履行社会责任的重要实践

（1）从地域分布分析，企业社会责任报告的发布运动逐步由欧美向世界各地扩展，不仅发达国家对企业社会责任报告高度重视，将其纳入管理实践，一些发展中国家也在逐渐学习和推广。

（2）从行业分布分析，各行各业都兴起了发布企业社会责任报告的运动。如前所述，在各行各业中发布企业社会责任报告的企业数量呈现了明显的快速上升状态，其中金融服务业的数量增速尤为明显，改变了过去工业领域起“领头羊”作用的状况。

（3）从企业规模大小分析，发布企业社会责任报告的企业的规模差异很大。最初是一些大型企业主要承担企业的社会责任，也是这些企业最先对自己所造成的社会、环境、经济负面影响进行反思。但是，最新研究表明，关注中小企业社会责任的议题已经走进政府、学术界和公众的视野，并被广泛讨论，企业权利和义务对等关系的存在，推动了更多的中小企业也开始关注企业社会责任。

企业社会责任报告正逐步成为除财务信息披露的另一个普遍载体，正在成为提升企业日常管理与服务水平、实现企业可持续发展的重要手段，也正在成为企业履行社会责任的综合反映。

2. 企业创造价值的新理念与新模式是编制企业社会责任报告

在21世纪企业社会责任报告经历了由简单变复杂的演变过程。在企业社会责任报告发表初期，企业普遍认为，发布报告可以有助于管理层“防患于未然”，控制企业经营风险，减少负面事件造成的声誉损失。但是，无论是出于法律强制还是自觉自愿，在此阶段发布的企业社会责任报告总体上都呈现出一种“防御”和“被动”的倾向。随后，企业依靠内外部约束推动现行管理制度与绩效的优化和突破，并且通过对企业社会责任报告的编制和发布，构建起与其利益相关者之间有效的沟通渠道。由此，社会责任报告也成为企业增强战略管理能力、强化责任竞争力、创造价值的一种新理念和新模式，正是此理念才成为推动企业社会责任的变革与发展的内部机制推动力。

3. 编制企业社会责任报告要将企业特点与国际标准相结合

企业社会责任报告的编制不是随意的，应当参考具有一定权威性的编制标准并结合自身特点来进行编制。许多优秀企业在报告的编制过程中不仅考虑了自身的实际情况，还充分借鉴了国际标准作为编制的理论依据，其中，《可持续发展报告框架及指南》① 对企业社会责任报告编制影响最为重要。因此，企业在编制报告时，既要充分体现自身的特点和特定议题，增加报告的灵活性和创新性，同时也要适当地参照国际、地区和行业标准，这将有助于提高企业社会责任报告编制的质量和水平。

4. 企业社会责任报告内容要平衡

企业履行社会责任需要向社会各行业披露真实的信息，并具有一定的连续性。企业要把握好平衡性原则，在对企业社会责任报告进行编制时，不仅要客观地反映出企业在履行社会责任时取得的成果，还应当真实地反映在社会责任履行过程中的不足，并提出改进措施，从而更好地促进企业社会责任的完善。

5. 企业社会责任报告的编制要听取利益相关者的建议

企业社会责任报告的质量参考标准并不是字数的多少、篇幅的长短，而是它的内容是否具备可读性。一份好的报告既能反映企业特点，又能促使企业与其利益相关者及时地沟通，并且使利益相关各方在进行决策时掌握足够的信息。当企业在编制企业社会责任报告时，应当鼓励和支持利益相关方的充分参与，从报告议题选择环节就开始征求并听取大家的意见和建议，充分在各个环节加大利益相关各方的参与程度，最终结合各方建议制定出一套完善、科学的内容体系以及相对应的考核评价指标，使利益相关方能够依据所披露的企业责任信息做出正确的决策。

6. 报告评价要引入第三方审验

提高企业社会责任报告的对外提供可信度的最佳选择就是经过利益相关各方进行评价，并且要由第三方中介机构对企业社会责任报告的真实性进行审验，并

---

① GR Initiative Sustainabitity Repertiry. Guidlines ［R］. Amsterdam，2002.

出具审验意见。审验过程不仅带动审验标准的逐步完善和推广，还可以带来相关议题管理质量的提高。目前，很多国家都根据自己的实际情况出台了自己的审核标准，这些标准的发布不仅能够使中介机构的审验效率有效地提高，而且能更好地发挥第三方审验的作用。

7. 企业社会责任报告发布效果的提高

企业社会责任报告的发布效果是企业在可持续发展中的最为关键的环节。影响企业社会责任报告的因素主要包括：篇幅、发布的周期与时间、载体、风格、内容、形式等。

首先，在编制企业社会责任报告时，应当选择适中合理的篇幅。此时，篇幅过短将会影响披露信息的完整性，不能准确反应信息质量。篇幅太长又容易使企业社会责任报告主次不分，使阅读者无法做出正确的评价。因此，应该编制篇幅适中的报告，使报告使用者能够有效地使用报告并做出决策。

其次，从发布形式上，应当选择纸质与电子版本相结合的模式。纸质版本一般篇幅较短，主要提供报告的概括；报告的全文则尽可能通过微信版、网络版等新媒体形势报告，使报告使用者可以根据自己的需求获得更多的内容。

最后，应当选择与企业社会责任理念相匹配的报告风格。企业所秉持的社会责任理念和行动不仅要通过报告的内容来展现，还要选择与企业形象一致的报告风格通过版面、字体、色调、图片等设计传递给读者更加直观的印象。如果将社会责任信息与财务信息相联系，利益相关各方往往会在两者间进行比较。有专家建议，企业社会责任报告与企业财务报告的发布时间间隔应少于两个月。同时，企业应尽早通过多种渠道公开企业报告，使得利益相关方能更为便捷地获得信息，增进对企业的了解。

第二节　企业社会责任报告编写

一、编写模式

对企业经济责任、社会责任和环境责任的关注逐渐演变成了全球趋势，迫于压力或出于自愿，越来越多的企业开始发布社会责任报告。但与企业财务报告不同的是，这种社会责任报告没有规范的统一标准，从而导致质量参差不齐。一些与社会责任相关的国际组织为了避免这种情况的发生，建立了相关的企业社会责任报告的编制标准。目前，社会责任报告模式的国际主流为：GRI 报告框架、SA 8000标准和 AA 1000 认证标准。这三个框架相互补充、各有利弊，为我国企业社会责任报告模式的选择奠定了良好的基础。

（一）GRI 报告框架

“全球报告行动”（Global Reporting Initiative，GRI）是由美国非政府组织“对环境负责的经济体联盟”和联合国环境规划署共同发起的，其目标是在全球范围内，建立起适用的可持续发展报告框架指南，利用一套完整的制度推动可持续发展信息的披露，最终可以帮助企业能够更加有效地、标准地披露企业在经济、环境和社会三方面所取得的成绩以及为之付出的努力，从而提高了可持续发展报告的完整性、有效性和实用性。2002 年，GRI 以联合国环境计划（United Nations Environment Programme，UNEP）官方合作中心的身份加入了联合国，并正式成为一个独立的国际组织。

GRI 先后发布了 2000 年版、2002 年版和 2006 年版的《可持续发展报告指南》。GRI 在 2002 年版中发布的《可持续发展报告指引草案》中所提供的关于经济、社会、环境“三重底线”的可持续发展报告框架，受到国际上的普遍接受。在后期的不断修订和完善下，《可持续发展报告指南》经历了从 G1 指引到 G3 指引的完美转变，最终《可持续发展报告指南》在不断地完善下成为了和企业财务报告一样有标准可循的全球性的通用报告指南。它的作用在于。

（1）适用范围广泛，涵盖了不同规模、行业和地区的各类组织机构；

（2）框架体系构成完善，其涵盖了编写者编写过程中遇到的诸多实际问题；

（3）可持续发展报告框架中不仅包含了适用于所有行业的内容，还涉及了专门针对特殊行业的部分；

（4）建立的可持续发展业绩信息披露框架体系被各种组织机构普遍认可。

《可持续发展报告指南》在企业社会责任报告领域得到了最广泛的国际认可。在《商业周刊》公布的 15 个全球领先品牌中，有 80% 发布的可持续发展报告是以 GRI 的《可持续发展指南》为标准进行编制的，另外，在全球范围内还有超过 1000 家组织自愿将其作为发布报告的基础，中国的一些企业也采用了这个标准。

GRI 框架包括 GRI 指南、行业补充指引和技术规范三个部分，规定了企业管理政策、战略方针以及绩效评价指标等三类披露内容。其中，管理政策反映企业在可持续发展中的管理政策问题；企业战略方针反映的是企业的整体方针路线；绩效评价指标包括经济、环境和社会三个方面的绩效评价。经过详细的分类和要求，GRI 框架已经像会计准则一样，逐步成为全球普遍使用的，具有一定约束力的准则规范。GRI 通过与联合国“全球契约”进行合作来保证框架的广泛应用，“全球契约”要求各成员在编制年度报告时要严格按照 GRI 制定的《可持续发展报告指引》的相关规定进行编制。

（二）SA 8000 标准

1997 年，社会责任国际组织（SAI）起草颁布了 SA8000 标准（Social Accountability 8000 International standard 的英文简称），其特征是可供第三方认证的社会责任标准，是全球首个道德规范国际标准。其于 2001 年进行了再修订。其主要关注狭义的社会责任，在 SA8000 标准中规定了如何保护员工的利益以及如何改善全球不同地域、产业和规模的企业中工人的工作环境。

SA 8000 标准的内容包括：一般说明和责任规定。其中一般说明主要介绍了包括歧视、工资报酬、童工、健康与安全、强迫劳工、管理系统等 9 个要素的相关定义、范围、标准要素、目的等核心内容。对于我国而言，SA 8000 对我国企业特别是中小型出口企业影响较大。企业实施 SA 8000 的方式主要包括以下两点。

（1）通过 SA 8000 认证，即获得与社会责任政策、管理和经营相关的证书；

（2）参加公司参与计划（Corporate Involvement Plan，CIP），即通过公司参加计划可以帮助销售企业或者是既有生产又有销售的企业降低外包装过程的道德风险，并在满意的工作条件下生产产品。

（三）AA 1000 认证标准

由社会和伦理责任协会（Institute for Social and Ethical Accountability，以下简称 ZSEA）研发的标准为 AA 1000 认证标准。该标准在实践中经常被用来评价社会责任报告的质量水平，并且为利益相关者提供一套公开的、有效的鉴定标准，从而使企业可以提高自身的业绩表现。

AA 1000 认证标准的内容主要涵盖 AA 1000 基础标准、指导方针和专业资格三个层次。AA 1000 认证标准与其他社会责任不同，其把对过程的控制进行了强化与侧重，并制定了责任管理中计划、会计、审计与报告、整合、利益相关者参与这 5 个阶段的标准。AA 1000 系列由目的和原则、融合框架、鉴证标准和相关利益者行为标准四个部分组成。AA 1000 鉴证标准的目的是通过改善社会责任报告的可信度来提高其有用性。为了能够保证 AA 1000 认证标准的有效实施，第三方机构会进行定期的培训，从而确保这些机构可以独立地、完整地、有效地为客户提供认证服务。

如前所述，GRI 报告框架、SA 8000 及 AA 1000 认证标准相辅相成、缺一不可。相同点在于：它们都以推动社会责任行动、提高社会责任报告质量为目标，极为重视相关利益者。不同点：GRI 报告框架主要是报告编制标准；SA 8000 的重点主要在于保障；AA 1000 认证标准是关于社会责任报告的审计标准。

基于此，中国社会责任报告标准和模式可以从对以上三种国际上的主要标准和模式的比较中得到启示：社会责任报告的快速发展使其亟须一个统一的标准来规范自身的内容、方法和质量。三种模式各有优势，互相联系、互为补充，都起到了提高社会责任报告质量的作用。但相对来说，GRI 作为目前全球使用范围最广的社会责任报告标准，包含一般应用框架和行业补充指引可以应用于任何地区、行业以及任何规模的企业，报告内容涉及了经济、社会和环境三个方面，更为全面和具体，具有极强的可操作性。经济全球化促使企业社会责任报告也逐步成为企业在全球社会经济交往中的“国际语言”。因此，结合国际和中国的实际情况，在披露企业社会责任信息时，采取当前主流的社会责任报告的标准和模式已成为一种必然。

二、编写原则

企业社会责任报告应当在满足相关部门制定出台的相关文件和指导意见的要求下选用适宜的方法来编写，并体现以下六个特征。

1. 准确性

应当在满足真实准确的条件下提供有用和适当的信息。

2. 平衡性

不仅要从好的方面做出评价，还要客观地反映履行社会责任中的不足之处。

3. 针对性

要提供体现社会和利益相关方期望的实质性信息。

4. 可读性

应当选择篇幅适宜、方式多样、便于阅读者理解的语言等方式和内容进行信息披露。

5. 可获得性

企业的利益相关者可以获得企业社会责任报告中相关的有用信息。

6. 时效性

为了帮助社会和利益相关方更好地比对企业的行为表现，报告信息应与财务信息结合。

企业社会责任报告是将企业的信息真实完整地传递给公众，用来与其他组织和个体沟通，报告内容包括企业依据自身角色定位确定的责任以及对利益相关方的责任和社会责任的履行情况等。为了提高报告的真实性以及可信性，在对外提供企业社会责任报告前应当由企业进行自我鉴定，同时，可以由利益相关者进行再次验证，最后可以委托具有第三方评价资质的机构进行评价。

三、编写流程

企业社会责任报告的编制是从社会责任范畴进行分析，对企业和社会之间的关系进行综合分析。目前，由于受重视程度不够，国内诸多企业并没有对社会责任报告的作用进行全面的探讨，一些公司将社会责任报告编制等同于财务报告发布，有些公司将报告视为公司的宣传册，只反映正面信息，对于企业的负面信息则不予以披露。报告的编制过程本身就是提高公司社会责任水平、展示企业社会形象的过程，报告只是这一过程的最终产品。GRI 将报告编制分为准备、沟通、界定、监控和发布五个阶段，需要在报告的编制过程中做好这五个阶段以提高公司的社会责任水平。

（一）准备阶段

准备阶段的关键是要制定好报告编制的流程。这一阶段要求完成三项主要任务：构想报告的最终成果、制定行动计划和召开启动会议。为达到构想报告的最终成果，需要对报告的最终内容和形式有深入的了解，立足于推动报告编制过程的顺利进行。具体的行动计划的制定，包括构建项目时间表和编制团队。

通常情况下，报告编制由一个部门主导，同时需要其他部门的协助。因此，报告编制团队需要包括以下成员：编制负责人、决策者（高层管理人员）和支持者（信息提供者）。在完成构建项目时间表和编制团队之后，可以召开启动会议。会议的主旨及流程策划对于整个报告编制过程来说至关重要，报告编制团队的成员都应该出席。会议上应传递的信息包括：编制报告是公司高层的要求、让团队成员了解报告的内容和实质、对实施方案的具体内容作出说明。通过准备阶段的工作，可以使社会责任报告的基本知识在公司内得到普及，有助于消除公司成员在认识上的误区。同时，高层管理者的参与会使各部门重视编制工作，有助于提高报告的质量。

（二）沟通阶段

沟通阶段的核心是与利益相关方进行对话。利益相关方是能影响公司活动或受公司活动影响的个体或群体。社会责任报告最主要的读者就是利益相关方，通过与利益相关方的交流对话，企业能事先识别其关注的议题，从而使报告更有针对性。另外，增强与利益相关方之间的联系，也可以帮助公司建立积极的外部形象。

（三）界定阶段

界定阶段的核心是根据 GRI 的实质性原则，确定应该在报告中披露的指标，以此作为公司管理和报告的重点。高质量的报告并不取决于篇幅的长短，它不需要涵盖所有可能的议题。GRI 为指标的实质性检验设计了一个表格，包括“该指标是否已被利益相关方定为重要指标”、“该指标是否能为公司带来机遇”、“该指标是否有可能促使公司出现重大风险”等8个问题。编制团队可以列出相关议题，根据问题的答案判断指标是否符合实质性原则，从而确定是否应该在报告中进行披露。相应的，公司界定出的不仅是报告中需要重点披露的内容，更为优化管理开启了思路，有助于提高企业社会责任水平。

（四）监控阶段

监控阶段应着重收集报告信息和数据。通过上面三个阶段，编制团队已经确定了报告的关键性议题，接下来则需要收集和分析所需要的信息。监控阶段反映的是公司的日常主要活动，要求及时掌握报告期内公司绩效的发展与变动，因此，它是报告编制过程中最长的一个阶段。在监控阶段，对于界定阶段所确定的关键性议题，公司必须建立相应的管理制度和信息收集机制，持续跟踪绩效的变化情况，以便在报告中进行披露并改进绩效。如果公司目前尚缺乏对某些议题的信息收集机制，说明管理还存在问题，应及时建立相应的制度进行妥善管理，尽量避免类似的风险。

（五）发布阶段

发布阶段关键是做好审查与宣传。前四个阶段的准备工作，使得报告撰写变得“水到渠成”。到了报告发布阶段，编制团队已经收齐了编制报告的必备信息，并在报告中将信息进行了整合。报告定稿之前，应对所有参与报告编制过程的人员进行审查。报告可通过纸质报告、电子版等形式发布。报告发布后有必要与利益相关方互动，收集反馈信息，如此才能避免报告出版后被“束之高阁”。

企业社会责任报告在编制过程中需要不断地探讨、识别、衡量和沟通。这个过程不应随着报告的发布而结束，它需要通过后续的跟踪及评估等来验证报告的实际影响和效果。如此，公司的社会责任水平才能得到提高。

四、内容体系

为了能够综合地反映企业的相关信息，国务院国有资产监督管理委员会在相关规定中明确规定了企业社会责任报告的内容范畴，其中包括：（1）企业履行社会责任的方式；（2）企业履行社会责任的范围；（3）企业履行社会责任的绩效考核；（4）企业履行社会责任的动力；（5）企业社会责任的可持续发展计划，即在原有业绩的基础上，企业制定的下一步有助于履行社会责任愿景的目标和行动方案（或称可持续发展计划，下同）。

首先，企业社会责任报告必须是综合的。它不仅要总结其履行社会责任的实践经验，还要体现企业确定的社会责任理念；不仅要反馈企业对社会有贡献的一面，还要反映其有对社会和环境带来负面影响的一面；不仅要体现经济和商业价值，又要反映隐含的社会价值和环境价值。

其次，企业社会责任报告必须是完整的。它要清晰地罗列企业与每一个利益相关方的互动关系；要明确企业在社会发展中的角色与定位；要系统地分析企业运营对社会和环境所造成的积极和消极的影响，从而让社会各方准确辨别企业是否切实履行了应尽的社会责任。

最后，企业社会责任报告必须是持续创新的。它要更多地从利益相关方的期望和参与的角度出发，寻找企业存在的问题并提出改进的方向，有助于重新全面理解企业角色、价值和使命，唤起履责的动力。报告的对外提供并不是终点，报告的修订是一个持续改进的动态过程，并且在这个过程中可以不断地总结归纳，不断创新。

第三节　企业社会责任报告评价

一、企业社会责任报告评价的意义

在社会与经济不断发展的同时产生了诸多社会问题，这些问题的出现阻碍了社会的进步。政府及社会作出资源配置决策时，要参考企业所发布的社会责任报告评价；投资者作出投资决策时要参考企业所发布的社会责任报告评价；甚至消费者作出购买决策时也要参考企业对外提供的社会责任报告来进行评价。这些细微的决策也在悄悄地影响着企业经济利益的积累。因此，社会责任信息披露的商业价值日益凸显。本书以各利益相关方为分类标准，总结如下。

（一）企业社会责任评价报告对投资者的意义

企业社会责任评价报告可以使作为企业资金提供者的投资者知晓企业的发展能力，并着重分析企业资本的保值增值能力、营运能力、收益能力和还本付息能力等，最终将资金投入到更优的企业当中。

（二）对消费者的意义

作为购买和最终使用企业产品和服务的人，消费者是否青睐一家企业往往决定着这家企业获利的能力。消费者与投资者不同，其更多关注的是产品价格和服务水平与质量保证。消费者通过查阅企业社会责任评价报告中的价格以及产品等质量和企业服务水平的信息，最终做出相应的购买决策。

（三）对企业员工的意义

企业员工已经成为了企业发展的核心，在利益相关者中占有重要地位。员工在企业对外提供的社会责任报告中更多关心的是其自身的薪资待遇、福利待遇以及是否拥有培训的机会。因此，员工可以通过报告所披露的信息做出评价来，决定是否服务于这个企业。

（四）对自然资源和环境的意义

如今可持续发展是全社会倡导的议题。因此，积极保护自然环境和节约资源的企业不仅可以树立良好的形象，而且其赢得的良好社会声誉会形成企业自身的商誉或无形资产，最终还是会为企业带来实际的经济利益。因此，各利益相关者都会关注在企业社会责任报告披露的有关资源配置和环境保护方面的社会责任信息。

（五）对政府、社会的意义

企业运行中所需要的社会资源的配给是由政府决定的。政府是企业获得国家资源的保证，企业受到政府的监督并获得国家的各项优惠政策。他们对企业是否为社会创造就业环境，是否能够积极纳税等方面进行评价，并根据评价结果给予企业更多的资源配置及优惠政策。因此，政府和社会所关注的是与这两点相关的企业信息的披露。

二、企业社会责任报告评价内容

随着社会的发展，企业的追求已不仅仅局限于经济利益，而是扩展到了与利益相关方进行沟通和交流、发布社会责任报告以及履行社会责任。及时披露社会责任信息有助于改善企业管理、提升企业形象、促进企业可持续发展，因此其是利益相关者进行决策时非常看重的依据，受到了各利益相关方的广泛关注。但现阶段我国只是在鼓励企业定期披露社会责任信息，并没有形成强制性的考核标准，因此，在质量上也出现了“良莠不齐”的现状。

（一）信息含量

企业社会责任报告作为企业社会责任信息的载体，既可以帮助利益相关者查阅并做出评价和决策，又可以帮助企业提升自身形象、推进社会责任管理。利益相关者的需求以及原则，什么信息需要在报告中得以披露，这些都是决定企业社会责任报告能否促使利益相关者做出正确决策的前提。笔者认为社会责任报告中应该包含以下五个方面的内容。

1. 企业对投资者的社会责任

由于企业设立的目的是盈利，因此实现企业利润即成为企业进行生产经营的首要目标。作为投资者，股东入股和债权人投资的根本目的就是获取利润。为了实现可持续发展，企业应该做到在满足自身利益的同时可以更好地承担投资者与股东的社会责任。因此，企业社会责任信息披露内容中不能缺少反映企业财务状况、经营成果的相关信息。

2. 企业对于生态环境保护的社会责任

我国自古以来都有“天人合一”的观点，也就是提倡人与自然和谐相处。这其中也包括企业与生态环境的协调发展。在经济利益的驱动下，过去相当长的一段时期内，企业一味地追求经济利益最大化，肆意排放污染物，污染事故频发，粗放、掠夺性地开发资源造成自然资源的浪费，从而导致环境污染，与“天人合一”的和谐社会背道而驰，违反了可持续发展的理念。笔者在对中国100家上市公司的企业社会责任报告进行比较分析后发现，几乎没有企业在报告中披露关于其二氧化碳排放量与全球气候变化的影响；50%的企业未对二氧化碳等温室气体减排进行说明，未涉及如何防止气候变化和节能减排等方面的信息。节能减排是企业在可持续发展中的重要措施。因此，在社会责任报告中不仅要披露在生产过程中所消耗的各种生产物料以及能源总量，并且要对生产过程中产生的各种废弃物的排放量和防治举措进行说明与规划。

3. 企业对于员工的社会责任

人才作为企业的核心资本应该受到保护。企业在社会责任报告披露时应该对自己在人力资源开发和保护方面的责任做出阐述。如保护劳动者的合法权益、各种劳动保护的实施、对职工的教育培训、创造的就业机会等诸多方面。

4. 对消费者的社会责任

在市场经济竞争日益激烈的背景下，消费者只会青睐那些产品和服务都安全可靠的企业。调查显示，食品企业很少发布可持续发展报告，或发布报告的质量不高，这主要表现为信息披露不充分以及没有对出现的事故和问题等情况进行说明等。因此，要想实现可持续发展，企业需提供质量过硬的产品给消费者，同时提供优质的服务，建立完善的产品售后服务体系，并对相关信息进行披露，最终保护消费者的合法权益。

5. 对社会公共福利的社会责任

作为社会成员的一部分，企业与社会密不可分，企业发展离不开社会支持，社会进步也离不开企业的推动，二者相辅相成，缺一不可。企业可以通过捐赠、解决就业、帮助弱势群体等方式参与到社会活动中，将这些内容包含在企业社会责任报告中，从而提升自身的影响力。

（二）信息质量

经济全球化在促进世界经济发展的同时，也带来了很多的负面影响。为了给子孙后代创造一个更美好的未来，应积极推动企业加入履行社会责任的团队，并提高报告信息质量。这样不仅符合全球企业的共同行动目标，还可以有效解决经济全球化所带来的负面影响。

1. 总体质量

在信息披露的过程中，一般企业对于经济、社会、环境三方面的管理和绩效都能较好地进行陈述，但对治理、战略方面只是简单地阐述愿景而未能提供具体的计划，从报告的总体质量看，整体水平偏低。

2. 信息内容

从企业社会责任报告披露信息内容上看，有关员工培训信息的披露最多，解决失业员工的安置和社会就业方案最少；在环境信息的披露上，有关绿色办公和节能减排最多，环境治理方案最少；在资源信息的披露上，有关节约资源的口号最多，具体解决方法最少。此外，很多企业披露绩效信息时报喜不报忧，不提出具体可行的方案来对企业进行责任管理和战略管理，信息质量方面有待提高，总体披露内容不够全面。

3. 企业特点

一般情况下，由于央企控股、金融类或国有背景的企业，掌握较为广泛且优质的社会资源，并且直接接受国资委等相关部门的严格监管，其企业社会责任报告内容大多全面、完整、科学，处于领先和榜样地位，能较为有效地带动其他企业发布高标准的社会责任报告。

总之，为了提升报告的质量水平，应当对严格按照法律要求全面披露相关信息，勇于披露负面信息的企业给予表彰奖励，并鼓励他们对不足之处提出改进措施。在披露企业的愿景及战略规划时，摒弃以往仅停留在宏观层面上的简单陈述，而是要做出详细的计划。那些发展已经较为成熟的国有大型企业等应积极为带动全体企业共同发展贡献一份力量，从而提高企业社会责任报告的整体水准。

三、企业社会责任报告的评价构成

（一）企业社会责任报告评价的标准

企业社会责任信息披露受到越来越广泛的关注，但要得知企业实际履责的质量和程度，就需要一套标准来客观地评价不同企业所提供的社会责任报告的有效性。该标准可以帮助利益相关各方充分了解企业社会责任的履行情况以及发展水平，从而促使企业能够不断自省，提高自身的社会责任报告质量。

1. 企业社会责任报告的内容界定

（1）内涵分析。企业社会责任报告的内涵是企业社会责任内容的必要前提。国内外学者对企业社会责任报告的内涵有着不同的理解。本书经过总结之后，认为企业社会责任的内涵就是企业对各利益相关者所承担的责任，其目的在于促进全社会和谐和可持续发展。作为社会的经济细胞，企业是一个商业组织，它为了实现利润最大化、股东权益最大化的目标并实现自身的长期发展，就必须承担相应的环境责任、经济责任以及社会责任。

（2）内容的界定。企业社会责任报告的内容应该包括企业已经履行、正在履行或者计划履行的社会责任活动。在这里企业作为一个商业组织和社会的经济细胞，它在创造利润的同时，还要考虑到各利益相关方的关系，具体来说就是要保护规范投资者的回报、消费者利益以及员工生产安全和相关的合法权益。同时，促使企业能够主动地遵守商业道德、保护生态环境、合理利用资源、支持参与公益事业、承担社会责任。本书根据我国国情并结合 GRI 在 2011 年 3 月，基于“可持续发展报告指引”草案修订并发布了 G3 指引中的相关内容，认为包含在企业社会责任报告中的内容主要包括：一是员工薪酬福利、生命健康和安全等相关问题；二是社区问题；三是政府及社会问题，即关注犯罪、支持公益及慈善事业；四是投资者，即资本保值增值、还本付息能力；五是环境及资源，即污染控制、环境恢复、节能减排；六是客户供应商及合作伙伴；七是消费者即产品质量、产品价格；八是其他类。

2. 企业社会责任报告的质量特征

大多数企业为了向社会公众展示自己的社会责任感，选择通过对外提供社会责任报告向公众展示其社会责任的履行情况，从而利用企业良好的社会形象来获得更多经济利益实现可持续发展。但是要想实现可持续发展，企业对外披露信息必须有助于利益相关者使用与决策，而社会责任报告的信息是否有效，就取决于以下五个方面的质量特征。

（1）报告的相关性。相关性是指信息使用者的决策结果是否可以被企业社会责任报告决定。本书参照美国《财务会计概念公告》（*Statements of Financial Accounting Concepts*，SFAC）第 2 号中相关定义，提出社会责任报告应当具有一定相关性。当企业对外提供的社会责任报告的信息能够使信息使用者，即利益相关者根据现有的数据来评估企业未来可能发生的事件。例如作为股东最关心的问题就是自己的投资是否能够得到回报，因此，股东会实时了解企业资本运行情况；债权人关心的是资本是否可以按时回收，因此，他们会更重视企业还本付息的能力；员工关心自身工作的回报和安全性，因此，他们会注重其薪酬福利及健康安全；作为购买者，消费者则关心产品或服务的质量价格等。各利益相关方在做决策时都会依据企业发布的社会责任报告寻找与自身密切相关的信息。

（2）报告的客观性。客观性是指企业社会责任报告内容应当真实、完整并保持中立。其中，内容完整强调报告应包含全部正面信息和负面信息，不能为了维护企业形象而忽略负面信息；客观真实的强调在反映企业状态时应以企业客观情况为依据；保持中立是要求企业在披露信息时要实事求是，不偏不倚，不得出现有意曲解、掩盖事实的行为。

（3）企业社会责任报告的及时性。企业社会责任报告具有一定的时效性，企业在对外披露信息时不能提前、不能延后，要及时地将所披露的信息对外公布，促使信息的使用者能够及时掌握相关信息，从而能够及时地为其所用。

（4）企业社会责任报告的可比性。企业社会责任报告的可比性分为横向可比和纵向可比。所谓横向可比就是在同一行业内不同企业之间的绩效对比，前提是这些可比的企业的编制标准具有一致性；所谓纵向可比是企业内部在编制企业社会责任报告时要前后各期保持一致，并且相互具有一定的可比性。这样可以促使信息使用者有据可循，从而通过对比找到自己的需求，并帮助利益相关者作出决策。

（5）企业社会责任报告的清晰性。清晰性所提供的企业社会责任报告要保证清晰明了、容易理解。企业对外提供社会责任报告的目的就是为了让社会公众读懂并且做出相应的决策。如果所提供的企业社会责任报告使得利益相关者根本无法读懂，那么则丧失了企业社会责任报告的意义。因此，企业对外提供的社会责任报告应当清晰、明了、可理解，最终使得使用者可以根据报告做出判断，保护自己的合法权益。

（二）企业社会责任报告评价的方法与指标参数

1. 评价的方法

（1）专家评估与大众评估。根据评估人身份划分可以划分为专家评估与大众评估。报告发展初期，由于读者积累不够、相关知识缺乏等原因，一般采用专家评估法；待社会大众普遍拥有相关知识后就可以采用大众评估的方法来对企业社会责任报告质量进行评估。

（2）全面评估与专题评估。根据评估范围可以将评估方法划分为全面评估与专题评估。报告发展初期，由于经验的缺乏，对企业社会责任报告很难做到深入全面的评估。因此，在今年出现了一种可以在某个专题或者领域中深入评估的专题评估方法。

（3）内容评估与原则评估。根据评估对象可以将评估方法划分为内容评估与原则评估。顾名思义，这两种方法分别从报告的内容要点与原则两个角度出发。前者具有客观性，但多数评估项目会采用内容与原则相结合的方法。

2. 评价指标

我国企业社会责任报告评价指标包括以下四个方面。

（1）参与性指标。作为社会责任报告信息使用者的利益相关者，会根据自身利益有重点地关注企业社会责任报告。其参与形式包括调查、书面交流、公司顾问小组、信息反馈、社区小组等。利益相关者对企业社会责任报告评价参与性指标可以反映企业在编制社会责任报告的过程中是否考虑了利益相关者的诉求。

（2）经济绩效指标。利益相关方要想了解一家企业及其可持续发展能力，就必须关注其经济绩效，因此，该指标也是评价社会责任报告的重中之重，更是考核企业在社会可持续发展中所做的贡献。

（3）环境绩效指标。环境绩效指标侧重企业自身行为是否会对诸如空气、土地、资源、水、能源等环境带来影响，以及是否可以全面阐述在发展中企业对环境的威胁与未来改进措施（包括能源和物料的消耗及节约）等。

（4）社会绩效指标。社会绩效评价报告的四个方面的质量主要包括：劳工措施、人权、社会及产品。具体如下：劳工措施方面主要涵盖劳动安全、劳动健康、劳动者培训等方面；人权方面主要包括劳动者的自由选择权、消除就业歧视，保护女职工和未成年的合法权益；社会发展方面主要涵盖披露与贿赂贪污行为的反映，改进措施及改进措施的质量是建立在存在这些问题的基础上的；产品方面主要包括是否影响消费者的健康及其个人隐私权利的保护，同时包括产品及其相关服务等信息。上述指标作为评价企业绩效的重要标准，可以客观反映出现代企业的管理水平，并对企业发布的社会责任报告做出评价。

第四节 本章小结

改革开放后，中国的经济发展迅速。但与此同时，经济与社会、环境之间的矛盾也日益凸显。作为社会的经济单元，很多企业只关注自身的经济利益，逃避应该承担的社会责任。随着政府对企业社会责任的关注度日益提高，其出台的社会责任方面监管措施使中国企业被迫或自愿地开始发布报告，目前发布报告的公司已经超过 700 家。很多企业为了能更好地编制报告，设置了关于企业社会责任的专门管理机构并且配备了专职人员，从而能够更有效地处理企业已经发生或即将发生的相关事务。经过努力，企业社会责任报告已经逐步成为以评价、衡量企业是否如实履行企业社会责任的重要标准。

一、企业社会责任报告概述

企业社会责任报告是企业对社会责任履行的一种声明方法。从形式上，可分为企业社会责任报告、企业治理报告、企业可持续发展报告、价值观声明、行为守则、担责通知/声明，或信函等；从时间上，可分为定期声明、适时声明和紧急声明三种。

发布企业社会责任报告的原因包括：（1）发布社会责任报告已成为国际主流；（2）政府政策的推动；（3）资本市场的引导；（4）行业协会的推动；（5）便于利益相关者据此作出正确决策；（6）促进企业合法性要求。

国际上市值最大的250家公司（G250）中有95%披露了企业责任（CR）活动，大约一半的亚太地区公司也开始披露企业社会责任活动。可见，企业责任报告已在世界范围内成为企业的一个基本要务。而对于公司而言，发布企业社会责任报告可以创造出更大的市场竞争优势。

二、企业社会责任报告编写

在全球，社会责任报告根据不同的编制标准逐渐形成了GRI报告框架、SA 8000标准和AA 1000认证标准三种标准相结合的模式。这三个框架相互补充、各有利弊，为我国社会责任报告模式的选择奠定了良好的基础。企业社会责任报告应当选用适宜的方法进行编写，在遵循一定原则和满足国资委、中国工业经济联合会等的相关文件和指导意见要求的基础上，保持报告的针对性、准确性、平衡性、时效性、可读性和可获得性。

企业社会责任报告的编制过程是提高公司社会责任水平、展示企业社会形象的过程。GRI将报告编制分为准备、沟通、界定、监控和发布五个阶段，需要在报告的编制过程中做好这五个阶段，最终可以提高公司的社会责任披露水平。

企业社会责任报告从形式上能够综合反映企业所应当对外承担的社会责任。笔者就内容分析将其划分为：企业社会责任报告的内容分类、企业社会责任报告的形成方式、企业社会责任报告的考核业绩、企业履行企业社会责任报告的动力驱动和企业社会责任的未来可持续发展规划。

三、企业社会责任报告评价

伴随着经济的发展，企业的社会责任也受到了广泛关注，社会责任信息披露的商业价值日益凸显：投资者可以通过了解企业披露的相关社会责任信息来作出更加准确的投资决策；消费者可以通过报告显示的产品和服务信息作出正确的购买决策；员工可以通过了解企业提供的人权等保障来做出是否服务企业的重要决策；企业可以通过环境保护等形成自己的商誉或无形资产，落脚点还是会为企业带来经济利益；政府可以通过报告分析调整社会资源的配给和优惠政策的实施。

通过前述研究，社会责任报告的内容应当包括：企业对投资者应当履行的社会责任、企业对社会可持续发展的社会责任、企业对生态环境保护的社会责任、企业对员工的责任、企业对消费者的社会责任、企业对社会公益事业支持的社会责任。

同时企业社会责任信息披露在国际上也受到越来越广泛的关注，但要得知企业实际履责的质量和程度就需要制定完善的标准体系来客观地评价企业对外提供的社会责任报告。笔者认为社会责任报告评价标准中应包含以下六个方面的内容：企业社会责任报告的内容界定和内涵分析，报告的相关性、可靠性、及时性、可比性、可理解性。

企业社会责任报告评价的方法有内容评估和原则评估，采用的指标有利益相关者参与度指标、经济绩效指标、环境绩效指标、社会绩效指标。

第五章

社会责任投资

第一节　社会责任投资界定

一、伦理投资

（一）伦理投资的含义

伦理投资（Ethical Investment）的讨论最早可以追溯到 17 世纪。G. 福克斯（George Fox）在英国创立了贵格会（The Quakers），由于他们明确拒绝以武器和奴隶交易的方式获取利润，因此，他们被认为是伦理投资者的前身；18 世纪，J. 卫斯理（John Wesley）的卫理公会（The Methodist Church）的建立使人们意识到了剥削他人和罪恶贸易的危害。贵格会和卫理公会开启了伦理投资的现代形式，他们都认为投资是包含价值观在内的，不可能成为一个中立的活动；20 世纪 60 ~ 90 年代，经过环境保护、反战、反种族主义等一系列的社会运动，投资的社会影响得到了广泛的认识和重视，这也标志着现代意义上的伦理投资拉开了序幕；1971 年，为了反对越南战争，避免基金投资于武器承包商，美国成立第一个现代伦理投资共同基金——派克斯世界基金（Pax world fund）；20 世纪 90 年代，伦理投资开始更多地关注环境问题；进入 21 世纪，在伦理投资途径和增长量上出现了转折。这一时期的特点是伦理投资逐渐向专业化转变，主流投资界普遍非常认可伦理投资。

学术届对伦理投资也有不同角度的认识。有的学者认为，伦理投资作为一种投资活动和行为，通常以社会伦理道德为基础来推动社会不断地和谐发展；有的学者认为，从广义角度看，伦理投资是指整合了经济因素、社会因素和个人价值的投资决策；也有学者认为，伦理投资通常是由公司的股份构成的投资证券组合，可以被界定为应用伦理或社会标准来选择和管理。

尽管以上定义有些是以经济性投资为出发点，有些是以金融性投资为出发点，但不论其出发点是什么，它们的本质都是相同的。也就是说，伦理投资不仅是一个产品范畴，更延伸到了实践领域。笔者认为，从狭义角度看，以投资主体持有或变更公司债券、股票及经济要素为基本，包含涉及社会、环境和管理伦理价值的投资产品就是伦理投资；从广义角度看，建立在伦理理念（公平正义、诚实守信和科学发展等）基础上的，投资主体（包括政府、企业、机构和个人）就投资对象和投资产品进行划分的这一实践过程为伦理投资。

（二）伦理投资的内涵

目前就伦理投资内涵的界定也较为模糊。有学者认为，伦理投资属于新型投资术语的一种，在不同国家有不同的名称，如社会责任投资是美国青睐的术语，伦理投资是英国常用的术语;① 有学者认为，伦理投资有别于常规金融投资，其是以社会伦理价值衡量作为运用方法来选取并管理投资组合;② 有学者认为，伦理投资是指结合了社会因素、经济因素和个人价值的投资决策;③ 也有学者认为，伦理投资是建立在道德伦理基础之上的、不断促进社会和谐前进的投资行为及其活动;④ 还有学者提出，伦理投资的范畴覆盖了社会事业、⑤ 创造性、⑥ 目标⑦、有争议的、⑧ 绿色、战略性投资⑨等相关术语，绿色投资和社会责任投资是出现较多的词汇。

对此，笔者认为，区分清楚伦理投资与其他相关术语的概念是讨论伦理投资的第一步。社会责任投资，从其称谓就可体现，其关注点在金融投资对社会的回报。进一步来讲，“卡罗尔结构”关于企业社会责任的界定会在一定程度上影响社会责任投资的概念，将伦理责任归属于社会责任范围中。按 A. B. 卡罗尔的文

---

① Grant Michelson, Nick Wailes, Sandra Van Der Laan, Geoff Frost. Ethical Investment Processes and Outcomes [J]. Journal of Business Ethics, 2004: 521.

② 安德里斯·R. 普林多. 金融领域的伦理冲突 [M]. 北京：中国社会科学出版社，2002：172.

③ Grant Michelson, Nick Wailes, Sandra Van Der Laan, Geoff Frost. Ethical Investment Processes and Outcomes [J]. Journal of Business Ethics, 2004: 521.

④ 李树. 伦理投资及其动向 [J]. 经济论坛，1999：12.

⑤ Bruyn S. T. The Field of Social Investment [M]. Cambridge University Press. Cambridge, 1987.

⑥ Roy A. Schotland. Divergent Investing for Pension Funds [J]. Financial Analysis Journal, 1980, Sep. - Oct: 29 - 39.

⑦ Simpson A. The Greening of Global Investment: How the Environment, Ethics and Politics are Reshaping Strategies, Economist Publicatons, London, 1991.

⑧ Power C. W. Social Responsibility and Investments [M]. Abingdon, Nashville, 1971.

⑨ Wokutch R. E., K. F. Murrmann and J. D. Schaffer. Targeted investing: A Survey of Policies and Practices of State Public Employee Pension Funds. [M] Research in Corporate Social Performance and Policy. 1984 (6): 93 - 113.

章内容架构及其说明，他没有在伦理道德的角度上去规制企业，而是通过阐述伦理责任的重要性来着重说明企业行为不仅要符合法律规定，还要符合伦理道德规范。所以，简单的“社会责任投资”一个词不能完全概括投资的含义。相反，从根本上来说，伦理投资能够综合规范投资行为。绿色投资与低碳生活、环境保护息息相关，尽管在投资初期要对投资主体实施环评，但其并非真正意义上的伦理投资。对绿色投资产品销售和绿色金融产品投资，目的均是回报（利益回报或金融回报）。因此，只有那些拥有社会价值目标而不仅是以达到商业目标为目的的投资才真正属于伦理投资。另外，投资伦理也不等同于伦理投资。投资伦理是每个在资本市场中活跃的角色都需要遵守的普适性道德准则，即强调投资活动需要注意的伦理道德问题。

此外，考虑到其他学者对伦理投资内涵的划定，有必要区分伦理投资和常规投资。金融投资是现代常规投资的主要部分。西方学术界的众多学者都用常规投资来代指金融投资，这一点在西方的许多投资学著作中都有体现。为了单方面获得利润最大化，金融投资在实施决策过程中难免会被利益蒙住眼睛，忽略产品和方向的伦理意义。伦理投资则着重强调投资者的伦理实现程度，既要实现常规金融投资的条件，还要衡量对环境及社会造成的影响。实践过程中人们很容易就会对伦理投资产生价值认同。例如安德里斯·普林多等说明，“在确定范围内伦理有一定的确定性，其行为规范受到了该范围内大多数人的公认。”[①] 即使是基本信仰和价值观有很大差异的人，也能够在低收入社会融资、毒品行业、环境保护等具体问题上达成共识。

综合以上观点，笔者认为伦理投资是一种顺应科学发展的新兴投资模式，其最终价值追求为改变世界、创造美好社会。它以投资效应的实现及长期价值的产生作为起点，重视人与自然间的和谐共处及社会的自由平等，切实保证了伦理精神的实践，是综合了经济、伦理、社会之间的相互关系而得出的一种投资模式。这种投资模式，会对生态环境、生活质量以及社会公平产生积极影响，在保证长期投资收益的基础上形成稳定的、可持续的经济发展。

（三）伦理投资的特征

首先，创造长期价值是伦理投资相关术语的共同目标。从可持续性引申出长期价值，即一定要以不危害子孙后代的生存发展为前提条件，使用现存的环境条件来满足当前的需求，也可以说利用当前投入到有限投资中的资本总量来获得长期收益。大多数人认可并运用“可持续性”也是因为其包含了经济、环境和伦理的最低要求。伦理投资实践特别重视以上三个方面的价值，因为，它们是引导资

---

① 安德里斯·R. 普林多. 金融领域的伦理冲突［M］. 北京：中国社会科学出版社，2002：172.

本的生产和使用以及刺激企业内部实现可持续发展的重要引擎。伦理投资的目的在于投资过程中对于长期价值的实践，它可以启发个体对社会问题充分的道德思考。它意味着从公众的利益出发，抛开个人的既得利益、短期利益和传统的道德观，重新考虑投资的作用和影响。经济活动为公众带来利益的前提是合乎道义，而公众从经济活动中受益的前提也是对其的承认和接受。

其次，伦理投资在一定程度上是投资主体的价值观的体现和反映。在现实生活中，对“应该做哪些”这种伦理判定进行仲裁是非常难的事。随着各国传统道德观念的复兴以及日益增长的全球化趋势，社会逐渐变得多元化。由于个人和所在共同体的影响，每个主体都可能具有不同的伦理偏好。个体的角度，比如教师出于对年轻人的考虑，认为投资酒精制造业就不太合理；而环保主义者则认为合理的投资方式一定要建立在支持环境保护的基础上。机构的角度，比如宗教机构不会投资与自己信仰的信条不符的公司、呼吁和平的机构或组织不会对生产武器装备的公司进行投资、文化机构也不会对只重视娱乐活动的公司进行支持等。伦理投资考虑投资主体的价值观是否与自身相符合，在进行投资决策时既应结合投资者的收益需求，也应充分重视诸如自由平等、和谐发展等这样的价值信条，从而实现短期目标与长期价值相一致。

最后，伦理投资的本质精神在于，在投资的过程中创造性地利用重要的资源来解决社会问题和改变世界，受益范围扩展到全世界，这是所有资本持有者在其能力范围内应当承担的责任及义务。特别是 21 世纪以来，贫富差距不断扩大，阶层之间的摩擦不断加剧，环境和社会中的挑战剧烈增加，当前的热点问题再一次落到了对财富进行合理管理上。而伦理投资则是解决该问题的手段之一。一种既能增加资本，又能产生更大更持久影响的盈利方式，不但解决了当前的社会问题，还会产生比单纯捐款更长远的效益。由于常规投资的安全性往往会被社会问题的产生所影响，伦理投资解决社会问题的重要性就凸显了出来，它能保障整个市场的稳定发展。但不可否认的是，自由经济理念的发展在一定程度上制约了政府的影响和控制力，在处理社会问题时可能出现滞后。因此，在解决社会问题中，需要伦理投资者确定自己与政府的关系，用伦理投资使整个社会的力量充分调动起来，并帮助相关问题得以妥善处理，同时作为一项积极探索，伦理投资可以帮助政府得出一些治理模式。

二、绿色投资

（一）绿色投资的概念

绿色投资的出现最早可以追溯到 19 世纪 70 年代，当时西方社会积极反对南非种族隔离政策。当时社会一些有社会良知的人士为了维护有色人种权利，对南非跨国设厂这一行为坚持抵制，其范围甚至波及一切和它有生意往来的企业，这个运动直接导致南非种族隔离政策瓦解。但是，这不能代表运动已经结束，而是孕育了绿色投资的萌芽；1981 年成立“社会投资论坛”（Social Investment Forum，SIF），其中包括烟草、武器装备和环境等标准成为了部分企业家及投资者与南非进行贸易往来和投资的基础，并进一步形成了苏利文准则（Sullivan Principles）。凡是有不良记录的企业，一律无法进行贸易和投资活动；1989 年，环境责任经济联盟（Coalition for Environmentally Responsible Economics，CERES）为了反对艾克森石油瓦德兹原油槽漏油污染事件，与社会投资论坛结盟，想要通过投资大量人力来反对对人类社会有害和污染环境的投资行为；2005 年 2 月 16 日，《京都议定书》（*Kyoto Protocol*）正式生效，成为重新塑造工业体系的划时代性文件。不管一个国家是否与之签约，《京都议定书》都会对其投资举措进行指引及限制，进一步改变企业投资观念及行为。

随着世界绿色发展理念的兴起，绿色投资的内涵得到广泛地讨论和推广。从狭义上看，绿色投资重视人与自然和谐相处，生态环境投资诸如生态维护、循环利用、环境保护及污染治理等为其内容；从广义上看，绿色投资的指导方针是可持续发展，其发展理念是促进社会和谐发展，发展核心是保护资源和环境，基本准则是承担社会责任，促进人与自然和谐发展的同时兼顾经济、环境和社会三个方面，是顺应绿色经济发展的要求，加快实现人与自然可持续发展的投资活动。

（二）绿色投资的主体

依据绿色投资的决策手段、风险担负、利益分配和资金出处等划分，其主体包括政府、公众及其他社会组织、国际组织和机构。

1. 政府

相对于当今多数企业追求短期利益，绿色投资具有收益高、投资量大但见效慢的特性。因此，政府的政策支持和主体参与性对于绿色产业投资推行的初始阶段非常重要，这也直接导致了绿色投资常表现为政府行为的主体性。随着工业化前进及人类消费多元化，世界资源环境承受越来越大的压力，面对这样的情形，政府应当担负起更多保护资源与环境的责任，主动承担起组织、决策、导向的职责，积极推动绿色投资的发展，这是每个国家和地区政府的责任。

2. 企业

企业的生产行为是当今社会环境污染的主要来源。在生产经营活动中，企业不仅耗用大量资源，而且排放出大量有害气体及废水、废气、废渣（以下简称“三废”）等污染物。因此，在治理“三废”、预防环境污染和节约资源的过程中，企业作为绿色投资的最重要主体，是名副其实的首要承担者。不可小觑的是，企业绝大部分的投资活动与行为都是在利益的驱使下进行的，自发的环境保护通常较少。因此，要出台相关政策、法律制度来支持绿色投资发展，目前“谁污染，谁治理”为我国主要处理方式。在绿色投资的兴起与发展过程中，企业在缴纳环境税费后，开始进行“生产、污染、治理”和“先污染，后治理”。为了减少资源的消耗和废物的排放，要求企业把污染控制在生产阶段，在生产源头进行预防。

3. 公众和其他社会组织

在绿色投资活动中，公众和其他社会组织发挥的作用越来越重要，其地位也得到了进一步提升。公众方面，绿色投资的方式主要包括增持生态股票、基金份额等；社区组织方面，除了对环境方面进行直接投资外，还会积极融资开展环保活动。低碳出行、节水节电、购买绿色产品等“绿色活动”的开展，不仅鼓励了公众及其他社会组织的积极参与，而且在一定程度上促使企业及其他经济利益组织减少环境污染，增加了在环保方面的投资力度，进而达到绿色生产链的要求。

4. 国际组织和机构

绿色产业的形成在于推动人类社会和谐健康发展，因为发展趋势良好、投资吸引力强、效益高等特点，近年来社会资本大量进入这一产业。国际资本也开始转向绿色产业，并对绿色产业给予了大力支持。在此过程中，国际组织和机构也采取了相应的措施，比如鼓励发展清洁生产和清洁技术、提供资金支持等。

（三）绿色投资的原则和特征

1. 绿色投资的原则

除了经济效益，社会、环境效益也达到最大化是绿色投资的最终目的。因此，要想实现人与自然环境的可持续发展，就必须符合环境保护、资源节约和“三重效益”的原则要求。

首先，环境保护原则。企业在经营发展过程中除了要满足经济效益最大化，对生态环境的维护也非常重要，两方面都要抓、两方面力度都要大，要将经济投资与环境保护放在同等位置上，为保护我们生存发展所必需的生态环境系统做出必要的努力。

其次，资源节约原则。有效节约开采的自然资源及能源，可以提高其利用率，满足循环经济发展要求的同时，也遵循着“可持续性”，促使经济发展健康前进。

最后，“三重效益”原则。“三重效益”也称为“三重盈余”原则。其中，经济效益的高低是投资的基本目标，可以用来判断所有经济活动的价值；社会效益是对投资者的最高要求，它是指利用有限的资源最大限度地满足人们日益增长的物质文化需求；环境效益是投资活动社会效益的外在表现形式，要想实现社会效益和经济效益，就要充分衡量人类社会的活动对环境会产生何种后果。

2. 绿色投资的特征

绿色投资不仅具有时间长、风险大和收益高的特点，与传统投资相比，它还具有以下三个特点。

第一，可持续性。绿色投资的首要基础是可持续发展，其重视自然、经济及社会的统一关系。具体表现为：一是投资过程中形成满足人与自然和谐相处及发展的绿色生产力；二是投资过程中的绿色资本能持续升值。换句话说，在产品生产的过程中要充分注意节约资源，利用与维护并举，将可持续发展理念融入其中，从而在经济效益最大化的同时实现生态平衡。

第二，技术性。进行绿色投资必须具备的核心条件是先进的科学技术。在追求经济利润的过程中，要把生产投资与防治环境污染密切结合起来。要想达到消除负面影响的目的，在长期中必须用更高的科学技术来支撑环保效益。所以，绿色投资是以较高的科学技术为条件的。

第三，协同性。绿色投资不仅要追求经济方面的效益，还要充分考虑可持续性，即实现经济效益与生态效益相结合。经济、社会和生态环境三者的协调同步发展和综合效益的最优化是它追求的目标。

三、社会责任投资

社会责任投资（Social Responsibility Investment，SRI）起源于“圣经时代”。“圣经时代”的道德价值就是犹太人心中投资的标准。在16世纪，乔治·福克斯（George Fox）与美国创立了贵格会教派，这个教派被认为是第一批的道德投资者，因为，他们将信仰人权平等及反对暴力战争等社会标准用来规范投资行为。近代的社会责任投资起源于20世纪初美国的宗教运动。一些宗教信徒投资者为了使投资选择与自己的宗教信仰相一致，拒绝投资于酒类、烟草、赌博、军火等行业，但限于数量和社会背景，影响力很小。自20世纪后半叶以来，环境问题日渐突出，人们的环境保护意识开始增强，“可持续发展”和“绿色消费”这些理念也逐渐产生并被接受。如今，欧美等发达国家中许许多多的消费者纷纷对那些破坏环境的产品表示抵制，人们逐渐将资本投向那些在环境保护和社会问题等方面表现突出的企业。又因为国外机构投资的先进性，所以，在进行投资组合选择时，普通投资者通常会考虑符合自身价值观的基金，由此欧美各个国家的社会责任型投资基金开始逐渐发展起来。

社会责任投资主要是通过精准的财务分析，考虑投资对环境及社会正、负两方面效应的投资。投资者在进行社会责任方面的投资决策过程中，不仅要考虑传统的财务指标，还要非常重视投资过程对环境及社会等领域造成的正、负面影响。社会责任投资是一种新兴投资模式，它拥有三种考量模式，即投资获利、社会问题与环境问题。

社会责任投资的投资主体涉及企业、个人、宗教机构、卫生保健机构、文化机构、服务机构及其他一些非营利机构等。在运用自有资本开展投资的过程中，一方面他们想要自身经济效益最大化，进一步满足社会环境的可持续性，另一方面他们也希望其利益相关者的需求能够得到实现。

社会责任投资的目的在于通过投资者行为促使企业在关注其盈利能力的同时也更多地承担起环境保护等社会责任，迫使企业社会责任被提上管理层关注“名单”。当然，社会责任投资需要在经济、社会和环境三个方面对收益进行平衡，绝不是单纯地要求投资者以放弃自身收益来实现其社会目标。社会责任投资的理念认为当投资者的投资方式发生改变时，社会环境或许能够实现有效改善。如果投资过程中，投资者非常重视社会责任的担负，那么该投资者的投资活动绝不会只为投资者带来经济上的利润，更会在不知不觉中使大部分人的生活环境得到改善，进而使其生活水平得以提升。

从投资者的角度看，社会责任投资是为满足某些社会要求而进行的，在决策时加入了个人价值观和信念。在投资决策过程中投资者不仅考虑了投资回报，即传统金融问题，又关注了诸如环境保护、自由平等等方面的社会影响。

从企业的角度看，社会责任投资在分析传统的财务报表的同时，还会考虑企业行为与环境的关系，从而选择投资那些具有可持续发展前景的企业。要想实现社会和环境的可持续发展，企业必须在尊重伦理道德、提高职工待遇、进行环境保护和加强社区建设的基础之上建立自己的社会责任。

从投资过程的角度看，社会责任投资不再只重视经济效益，而是将经济、社会和环境利益结合起来，逐渐形成可持续发展的市场机制。社会责任投资方式更加灵活，因为其在进行投资决策时可以使用财务数据以外的信息。

第二节 社会责任投资发展历程

社会责任投资这种投资方式能够保证在追求经济利益的同时实现可持续发展，但这并不是现代社会才有的新兴事物。事实上，自从人类社会“诞生之日”起，便发生了很多依靠商业合作来为人民谋福祉的事情。早在公元前 262 年，古印度的统治者阿育王便倡导人们仁爱慈悲，行善积德，放弃战争，多做有益公众的好事。以实现国民需求为出发点，他在修建公共设施的同时将崇尚和谐的佛教在本国制度化；18 世纪中期，宗教团体已积极地提出了当今时代所谓的“人权问题”；1758 年，在英国的伦敦和美国的费城召开的教友派信徒大会的正式会议记录中，就已经催促教友们释放他们的奴隶，并禁止从事奴隶买卖的人们参与社团事务。从这些例子可以看出，社会责任投资是人类社会一直致力于实施的投资方式。但是，现在所涉及的社会责任投资，更多地还是源于传统宗教形成的投资理念，如犹太教、基督教和伊斯兰教等。中国是在 2005 年前后引入社会责任投资这个概念的，至于其究竟遵从什么样的原则，目前从公开的材料还不能做出归纳，只能说其沿着宗教驱动型准则的可能性很小，沿着环境社会治理（Environment Social Governance，ESG）原则发展的可能性较大。

社会责任投资的发展历程分为以下三个阶段。

一、滥觞期（20 世纪 60 年代以前）

乔治·福克斯（George Fox）于 17 世纪创建贵格会教派，其分属于基督教新教。贵格教徒被认为是道德投资者的前身，该教派的教徒信仰人权平等，提倡自由和平，崇尚非暴力，并将这些社会标准用作投资行为的规范，例如：绝不在武器和奴隶交易中获取利益。18 世纪中叶，约翰·卫斯理（John Wesley）作为卫理公会主义的创始人之一明确提出：教导人们如何做投资是新约圣经的第二大重要任务。在著名教义《金钱的使用》（*The Use of Money*）中，约翰·卫斯理特别提出，作为商人要妥善增加财富、防止商业活动伤害社区和环境并做到节约不浪费。

换句话说，商人应该成为世界财富的“善良管理人”。第一，约翰·卫斯理指出，不要在物质上伤害我们的邻人，例如通过赌博、通过从事不公平的商业往来和有损于他人的借贷活动的方式；第二，不要在身体上伤害我们的邻人，特别是通过从事酒精行业而从中获利；第三，他提出不要在精神上伤害我们的邻人，不从事那些使他们直接或间接受到不良影响而趋于放纵的商业经营。[①] 约翰·卫斯理还进一步劝告人们，应避免超高强度和超长时间地使用劳动力，并选出了当时新生的化工行业作为“完全和彻底的不健康”的典型行业，希望以此让他的信徒们意识到从事污染环境和通过行贿来谋利的行业的危害。

长期规避投资于有害产品的宗教团体并不止卫理公会教派一个，同时期要求教徒的投资选择要与自己的宗教信仰相一致的宗教团体也有一些。例如，伊斯兰教国家要求其成员不能将资本投向烟草、猪肉制品、酒精和高利贷等企业；“疾病可以透过信仰、祈祷和领悟而治愈”是基督教科学派教徒深信的信条，因而医疗保健等行业会被尽量规避；佛教徒会规避肉类公司，因为佛教教义的首戒即不

① 李小天. 社会责任投资：通过投资，你也可以改变世界［DB/OL］. http：//www. psw. net/fund/jj-ru/200803/t1538435. htm.

杀生；美以美教派也反对人们通过剥削他人或参加犯罪交易而获取利益。

长期以来，那些心怀和平、非暴力传统的宗教投资者，总是避免投资于那些从事生产和制造有害产品的行业，最普遍的过滤方法是规避酒精、烟草、赌博和武器军火等行业。作为初期社会责任投资，这些宗教投资者的理念成为了之后社会责任投资发展的基础。

二、形成期（20 世纪 60 ~90 年代）

20 世纪 60 年代末 ~70 年代形成现代西方社会责任投资基金。该时期为了抵制种族不平等而进行的民权运动刚刚在美国社会落下帷幕。为了消除种族歧视，促进民族平等，民权运动中的投资者基于善意而成立了一些能够帮助少数族裔，特别是居住在城区的非裔美国人进入美国主流社会的基层社会投资机构。此外，该时期也恰值越南战争，人们的反战情绪日益高涨，军工产业得到的投资越来越少，大企业集团更被认为是“军事工业的联合体”的代名词，反战主义渐渐成为美国社会热点。因为抵制越南战争，所有与其相关的企业都不是投资者的选择对象，正因为如此，第一个社会责任投资基金——帕斯全球基金（Pax World Funds）在美国诞生。此外，面向小团体和社会项目的现代小型信贷开始受到重视。这些小型信贷一直以来都被传统经济政策和发展援助所忽视。随着一些社区信贷组织的出现，社区发展金融机构的现代架构也在逐渐形成，如美国的芝加哥南河岸银行、孟加拉的格莱珉（Grameen）银行等。

此外，随着普遍提高的世界教育水平和日益严峻的环境破坏形势，人们开始越来越多地关注自然生态环境。著名的海洋生物学家 R. 卡森在她的著作《寂静的春天》中列举了大量关于杀虫剂和化学药品的使用是如何危害人类环境的实证资料。随后，投身于有机农业和质朴生活方式的社区形式不断涌现出来；1970 年第一个地球日后，与核动力相关的公司股票在关爱环境的投资者们的投资选择中的占比逐渐下降；日常生活中，许多消费者开始抵制那些对环境造成破坏的产品。这一系列环境保护运动加快了具有社会责任性质的投资的发展。20 世纪 80 年代后期，环保主义运动盛行，英国由于深受其影响，便推出了梅林生态基金（Merlin Ecology Fund），这是英国历史上第一只可持续发展基金。

同一时期，关于公司参与南非业务的大争论应该算得上是最为知名的社会责任投资运动了。在种族主义者的统治下，南非长期实行种族隔离制度，成千上万的黑人和其他有色人种受到不公正的待遇，过着非常艰苦的生活。此时的宗教团体已经关注到了这一点，开始利用各种方式帮助南非人民摆脱苦难。普世圣公宗就是这些宗教团体中的一股重要力量。此外，美国圣公会也决定利用他们从通用汽车计划中观察到的方法来改变美国公司对于种族隔离的支持态度。

1971 年，通用汽车公司不仅公司份额在美国市场中占比最大，也是位于南非的美国雇主中最大的一家。美国圣公会大主教约翰·海因斯（John Hines）参加通用汽车公司年度会议时提出，由于南非动乱要求通用汽车离开这个国家。这一问题引起了通用汽车公司新当选的董事会成员 L. 苏利文（Leon Sullivan）牧师的强烈注意。1976 年，索韦托骚乱后，L. 苏利文立即制定了通用汽车公司在南非开展业务的行为准则，要求公司每年实施一系列针对性的管理层审计，并须提供详细报告。这些年度审计报告涵盖了以下主题：（1）保护全球人权（特别是员工）、团体、小区、商业伙伴；（2）员工之间自由平等，不在乎种族、宗教信仰、性别等的差异，禁止凌辱女性、生理惩罚、强迫性劳役及其他形式的虐待行为；（3）充分尊重团体及其中员工的行为想法；（4）不仅要实现员工基本需求，还要对其加强培训，提升能力水平；（5）职场环境舒适安全，保护人体健康，提倡可持续性发展；（6）提倡交易公平化，例如信息完备、拒绝贿赂；（7）积极参加政府和小区活动，使小区生活质量得以提升，例如：通过文化、教育、经济等社会活动，来为那些不幸人士提供得到训练和工作的机会；（8）将原则与企业各种运营层面相融合；（9）实行透明化原则，及时向外界提供信息。以上就是著名的苏利文原则（Sullivan Principles）①。

19 世纪 80 年代中期，反种族隔离运动逐步升级。为了表示自己的抵制和抗议，许多高校、宗教团体和养老金计划纷纷从在南非开展业务的公司的股票投资上撤资，并开始拒绝购买该类公司所提供的产品和服务。该运动使美国、欧洲经济共同体和英联邦在一般的贸易制裁之外，彻底禁止了在南非的新投资，南非的资本流入因此而急剧下降。

在南非人民的反抗和强大的国际压力下，南非白人领导层最终宣布进行选举。1994 年，N. R. 曼德拉（Nelson R. Mandela）在南非人民辛苦盼来的第一次投票中当选南非首任黑人总统，反种族隔离制度的运动宣告了确定性的胜利。在各地人民的长期努力下，种族隔离政体终于被彻底废除。在 N. R. 曼德拉的呼吁下，美国和欧洲的投资者立即响应了这一号召，重新开始了对南非的投资。

伴随着南非反种族隔离运动的进行，一直以来为人们所熟知的投资范围开始发生变化。投资标准不再局限于经济效益，还包含了以道德为中心的标准，和以处理企业在员工政策、环境等方面问题为目的的投资策略。作出修改后的投资模式被视为社会责任投资。随着社会责任投资影响力的延伸，包括企业在内的各个组织开始强调员工、客户、政府、竞争者、合作伙伴和自然环境这些利益相关者。同时，投资人在传统消极筛选基础上，开始运用积极筛选法，即更倾向于投

---

① [1] Malek K. Lashgari, David R. Gant. Social Investing: The Sullivan Principles [J]. Review of Social Economy, 1989: 471.

资那些在行业内较好地履行了社会责任标准的公司。

在这场运动中出现了很多关注种族运动的投资机构，这些机构如今也成为了社会责任投资领域的支柱。许多宗教团体如普世圣公宗一致要求公司避开南非开展业务，即便对南非进行投资也需要签署苏利文原则。在这种宗教团体的联合之外，跨宗教公司责任中心逐渐发展起来。直到今天，对股东积极行动者来说，跨宗教公司责任中心仍然至关重要。事实上，1972 年以来的每一次社会或环境问题的股东协议，都得到了跨宗教公司责任中心中经验丰富的宗教倡导者的帮助。

苏利文原则的成功实施使人们发现，将公司对社会的影响公开化可以更好地鞭策公司的行为。在社会责任的表现上有进步的公司会受到称赞，股东对其的投资就会不断增强。反之，在社会责任的表现上没有进步的公司，就会被公众掌握证据，通过股东积极行动或者其他方式来进行纠正。另外，许多像图书馆理事会、教育捐赠基金、养老金受托人等投资机构和投资者对于在南非开展业务的跨国公司应扮演何种角色进行了激烈的争辩。正是由于这些争论，促使人们对公司社会角色的理解发生了巨大转变。在此背景下，旨在对社会责任投资的问题进行评估的各种理事会纷纷成立，他们为所有理事会成员提出建议。许多理事会到今天仍然存在，他们向其成员机构的理事就提交给股东的社会责任问题上可能采取的立场提出了广泛的建议。

南非反种族隔离运动中出现了许多早期的社会责任投资基金，如巴那塞斯基金（Paunasus Fund）、德来福斯第三世纪（Dreyfus Third Century）、帕斯全球基金、卡尔弗特社会平衡基金（Calvert Social Balanced Fund）和新替代能源基金（New Alternatives）。为了满足投资者的投资要求，通常情况下，这些基金既要抵制将资金投向酒精、核动力、军事武器、烟草、赌博的行业或企业，以及在南非开展业务的美国公司，还会根据利益相关者等理论，试图找出那些更具有社会责任的企业。在某种意义上，南非反种族隔离运动在很大程度上促进了社会责任投资的演变和进化，这与后来社会责任投资快速发展有着密切的联系。

由此可见，在 20 世纪 60 ~ 90 年代政治事件频发的背景下，机构和个人都逐渐重视经济发展、社会公平与环境保护等问题之间的关系，人们开始强调道德投资。各类社会责任投资产品及相关的社会责任投资机构在市场上逐渐出现，如前文涉及的在反种族隔离运动中设立的基金。除此以外，还包括梅林生态基金、荷兰三极管银行（Triodes Bank）、澳大利亚责任投资信托（Austrilia Responsible Investment trusts）、友人养老准备基金（Friends Provident Stewardship Furd）等，它们共同为社会责任投资的全方位发展打下了坚实的基础。

三、发展期（20 世纪 90 年代至今）

20 世纪 90 年代后期，全球经济的高速发展提高了人们的生活水平，但也伴生出了诸多负面影响。随着环境保护、人类和平和社会公平等问题日益突出，更多的投资者开始接受并接触社会责任投资的理念。越来越多的个人和机构投资者认识到他们选择的投资方式不仅与个人经济效益有关，还对社会发展有着重要的影响。看似简单的投资可以为少数人获取利润，也能够为多数人创造一个更加舒适的生活环境。

近年来，社会责任投资在西方发达国家中得到了快速地发展，在亚洲的部分国家和地区，社会责任投资的概念一经引入，便得到了投资者们的高度关注与认可。投资者希望通过自身对企业承担社会责任的关注及其履行程度的重视来促进企业提升其社会责任感，并通过采取行动来履行社会责任，进而使整体的社会生活环境得到进一步改善。在西方发达国家，在人们逐渐认可社会责任投资理念的过程中，责任投资的外部环境不断得以改善和提升，同时，在金融市场上责任投资成长为主要投资力量。在社会责任投资领域，美国一直走在前列。到目前为止，美国是世界上社会责任投资最主要且规模最大的市场，其在发展过程中总结出来的理论基础和实践经验极大地帮助且促进了其他国家社会责任投资的不断发展；加拿大、澳大利亚和一些欧洲国家的社会责任投资也逐渐走上正轨，展现出良好态势。然而，对于大多数亚洲国家和地区来说，社会责任投资依然是一个新兴概念。在亚洲地区，社会责任投资获得较多关注源于 2001 年亚洲可持续社会责任投资研究会公布的年度研究报告。在近 20 年的发展中，各个国家不断加强认识社会责任投资，其基金数量也持续呈高速增长态势。社会投资论坛 2005 年研究报告中指出，当前全世界投资于社会责任投资产品的资产总额已逾 3 万亿美元。与此同时，更多的投资者逐渐选择通过股东建议的形式参与社会责任投资，在与公司直接对话的过程中影响公司的社会行为。社会责任投资在美国、欧洲和亚洲的发展过程具体如下。

（一）美国社会责任投资的发展

美国诞生了帕斯全球基金，这是全世界上第一只社会责任投资基金。美国既是全球最早拥有社会责任投资理念的国家，也是世界上最大的社会责任投资市场，且具有发展迅速和经久不衰的特点。美国社会责任投资基金从 20 世纪 90 年代中后期开始进入了快速发展阶段，表现如下：2005 年由美国社会投资论坛公布的研究报告显示，美国的 SRI 从 1984 年的 400 亿美元迅速增长到 1995 年的 6390 亿美元，增长了将近 15 倍。1999 年年底，其社会责任投资总额较 1995 年增长了 238%，达到 21590 亿美元，资产总额净增长了 15200 亿美元；2007 年的研究报告显示，2001 年其社会责任投资达到了一个发展的最高峰，总计 23230 亿美元，换句话说，在机构投资者的总资产中，社会责任投资平均占比达 1/8。接下来几年随着股票市场的回落，美国社会责任投资总额略有下降，在 2003 年降为21640亿美元。随着股票市场的回暖，2005年社会责任投资总额上升为22900亿美元，占当年美国基金总额的9.4%。随后，美国社会责任投资基金总额在2007年达到了另一个新高峰——27110亿美元。与1995年第一次发布美国社会责任投资报告时的6390亿美元的资产总额相比，2007年美国社会责任投资的资产总额增长了324%。而在这段时期，所有专业管理的资产总额仅增长了不到3%，而社会责任投资的资产总额却增长了18%。到2010年，这一资产总额已高达3.07万亿美元。由以上分析可见，社会责任投资的发展速度明显比传统专业投资更迅速。

当前，美国社会责任投资基金中的大部分用于投资养老基金，如果一个资金管理公司想要在养老市场的竞争中取得胜利，没有社会责任投资的相关基金产品是绝对不行的。社会责任投资只是将通过选择性购买来实现某种社会目标的过程扩展到资本市场里，因此，消费者在面对零售市场和资本市场时，同样能够依靠选择商品来达到其社会目标。这种趋势又促使更多的公司提供相关数据资料，供社会责任投资者做出选择。还有一些公司，如因诺维斯特（Innovest）等级机构，他们根据各公司的财务和环境保护业绩将其排名，为投资者提供更充分的信息。

例如，1989年3月24日，埃克森美孚公司的一艘油轮与阿拉斯加威廉王子海域的一个暗礁相撞，造成了美国历史上最严重的一起石油泄漏事件。该事故导致成千上万的海洋哺乳动物和鸟类死去，石油带覆盖了1100英里的海岸线。虽然埃克森美孚公司被判定赔付50亿美元以示惩罚，但事实上埃克森美孚公司支付的赔款还不足1%。根据此次石油泄露事件，许多社会责任投资者和环保人士共同编制了环境责任经济联盟原则，并请关键的社会责任投资者对公司提出议案，要求其说明公司在环境方面的问题并签署协议作为保障。除了环境问题，劳工问题也是社会责任投资者所最关心的问题之一，“血汗工厂”就是其中的典型表现。1996年，由于在越南滥用劳工，耐克公司成为了争论焦点。许多志愿者组建了越南劳工监督组织，就滥用劳工问题与耐克公司管理人员展开讨论，最终揭露了耐克公司“血汗工厂”的本质。这件事情使其产品遭到了消费者的联合抵制，并丢失了许多拥有社会责任投资理念的共同基金的投资。在“血汗工厂”的问题上的股东对话，不仅迫使耐克公司改善其工人的工作条件，还形成了各种相关问题的评价标准。

（二）欧洲社会责任投资的发展

政府在欧洲社会责任投资的发展中占据着重要的地位，其主要是通过将社会责任投资法制化来加快各国发展社会责任投资。在欧洲，机构投资者诸如保险公司、年金基金、慈善团体等组成社会责任投资者的很大部分。2006年《欧洲责任投资研究报告》表明，就社会责任投资市场的不同发展态势而言，当前社会责任投资包括两类，即广义的和核心的。其中，前者所使用的投资方法主要包括股东参与、简单筛选及在投资时整合环境、社会与企业经营标准；而后者核心社会责任投资所使用的筛选方法包括行业最佳法、道德筛选法和主题筛选法。2012年“欧洲可持续和发展投资论坛”在其报告中指出，就社会责任投资，欧洲总额大约为11.7万亿欧元。

对投资总额占比分析得出，欧洲社会责任投资总额的70%来自于法国、英国、瑞士和意大利。其中，英国是仅次于美国的世界第二大社会责任投资市场。1984年，英国设立了“友人养老准备基金”（Friends Provident Stewardslip Fund），这是英国的第一只社会责任投资基金。1989年，英国仅有1.993亿英镑用于社会责任型投资的衍生基金；到2000年，投资规模已发展到37亿英镑；同年，社会责任投资的理念第一次出现在英国的法律之中。英国立法表明，凡是养老基金，都必须通过正式途径发布其在伦理、环境和社会问题等方面的投资标准。英国社会责任投资论坛统计表明，到同年10月，英国养老基金数量占其总量的80%；2002年又规定所有年收入超过100万英镑的慈善机构在其投资政策报告中一定要明确表明其在社会、伦理以及环境问题方面是如何考虑的。此外，更多的大型机构投资者开始逐步向社会责任投资领域投入资金；到2005年末，英国在其7810亿欧元的社会责任投资总额中，有305亿欧元为核心社会责任投资资产总额。

法国社会责任投资产品数目在2000～2001年就从4只迅速增加到17只；2005年末，德国只有53亿欧元社会责任投资资产，而法国其总额高达138亿欧元，其中核心的为82亿欧元。

阿万齐（Avanzi）与思瑞（SiRi）基于对英国、荷兰、西班牙、比利时、意大利、法国、瑞士、瑞典和德国9个国家的302位基金经理人与财务分析师的访问，于2002年发布了关于《欧洲的环保、社会与道德理想型基金》的调查报告。该报告显示出在欧洲范围内社会型投资市场的增长非常迅速：33%的人表示所在企业提供了相关的社会责任型投资产品，15%的人表示所在企业在未来会引入并推荐这些产品，50%的人表示市场中应当有与社会责任投资相关的产品。那些提供了与社会责任投资有关的产品的人士中，只有15%的人会系统性地推荐给所有的客户层，而60%的人会选择把这些产品推荐给固定的客户群。30%的人表示，一家公司的社会与环保绩效只会影响其短期的市场价值，而86%的人认为这也将对公司的长期市场价值造成一定的影响。倘若社会责任投资基金的长期绩效与传统型基金相差无几，即使短期绩效会略差，也仍然有77%的人表示会选择支持社会责任投资基金。由此可见，社会责任投资的理念已经在欧洲得到了广泛认同，并得以快速发展。

（三）亚洲社会责任投资的发展

相较于在欧美等国家的社会责任投资市场，亚洲社会责任投资尚处于起步阶段。尽管SRI对于大多数亚洲国家来说还是较新的概念，但已经得到了广泛关注和迅速发展。

日本是亚洲国家中起步最早的社会责任投资基金市场，也是目前为止发展最为成熟的市场。1999年，日本率先创立了具有社会责任投资理念的基金——日本日兴生态基金（Nikko Eco Fund）。它在选择投资对象时主要考量了环境保护，并未考虑其他社会因素，是一只以基本“社会责任投资”理念为基础的环保型基金。日本经济团体联合会还颁布了一份名为《提高日本企业投资的社会责任》的报告，要求日本企业在投资决策时更多地关注社会责任问题。2007年，日本的社会责任投资基金仍然持续稳定增长，从38只社会责任投资基金增长到50只。日本大部分的社会责任投资基金倾向于关注环境问题，并通过组合筛选的方式来选择投资目标。

随着社会责任投资理念在日本的不断发展，马来西亚、新加坡、韩国和中国香港、中国台湾以及中国大陆地区也相继出现了社会责任投资基金。截至2008年5月，亚洲共拥有243只社会责任投资基金。其中：马来西亚是亚洲拥有社会责任投资基金数量最多的国家，总数量达到83只；仅次于马来西亚的就是日本和韩国，日本拥有的社会责任投资基金共60只，韩国拥有45只；值得关注的是，仅在2007年的一年内，韩国的社会责任投资基金就由14只迅速增长为31只。

2000年，中国香港设立了“视野全球可持续投资基金”，将社会责任投资的理念引入了中国大陆。2001年，亚洲可持续责任投资联合会于中国香港成立，该事件对中国香港和整个亚洲地区的社会责任投资的不断发展起到了强大的促进作用。截至2008年5月，中国香港地区拥有社会责任投资基金20只，中国台湾地区拥有3只。中国大陆地区也于2006年和2008年先后发行了中银持续增长股票型证券投资基金和兴业社会责任投资基金，这标志着社会责任投资的理念被正式引入中国大陆市场。2011年3月29日汇添富社会责任基金发行，其投资方极其重视社会责任的履行。顾名思义，其主要投资于积极履行社会责任的绿色科技产业的上市公司，投资标的更偏重于环境主题。截至2012年8月，中国的资本市场上仅存在上证责任ETF这一只指数型社会责任基金以及汇添富基金、兴全基金和兴全绿色基金这三只股票型社会责任基金。①

社会责任投资基金经过了十几年的发展，在欧美已经形成了较为成熟的市场，并得到了投资者的广泛关注与认同。在人们对社会生活环境要求不断提高和全球经济不断发展变化的过程中，社会责任投资一定会发展成为将来主要的投资方式之一。

---

① 夏丹．我国社会责任投资基金的发展研究［D］．武汉理工大学，2013.

第三节　社会责任投资策略

为了同时获得投资回报和实现社会目标，社会责任投资者在关注公司经济效益的同时，还要与自身社会价值相结合。

投资者实现社会责任投资主要通过投资组合筛选、股东倡导和社区投资这三种方式。三种方式各有优势，但都能促进实现投资者预期的社会目标，目前使用最频繁的方法是投资组合筛选。此外，因为三种方法并不相互独立，所以投资者在实现社会责任投资时可在同一时间采用多种不同的方法。

一、筛选策略

投资组合筛选是指将社会道德及环境标准作为前提条件，对投资组合或共同基金投资范围进行扩大或缩小的行为。为了实现确定投资的目标，社会责任投资基金在确定投资对象过程中，不仅要在使用传统分析方法的同时严格遵守收益原则来分析各个公司在未来一段时间内的盈利能力，也要采用定性分析方法来研究备选公司的经营方式、产品、服务和企业文化对社会可能产生哪些影响，进而找出对社会或环境产生积极影响的企业。

投资组合筛选方法在实践中得到了广泛的运用，教会投资者最初在进行社会责任投资时所采用的就是该方法。教会投资者们依照自身的价值取向，只将资金投入到那些他们认为具有社会伦理道德的企业中去。不论是什么行业或领域都应当认真遵循社会的道德伦理标准，绝不能做出违背社会道德的举动，金融投资领域也是如此。随着人们的社会意识不断提高和投资领域的不断发展，投资者对社会责任投资的认知水平也在不断增强。初期投资者仅仅强调伦理道德规范，后期时其开始重视供应链的每个环节。现今投资者主要就产品及服务、供应商和经营活动等多种因素对其潜在投资对象进行筛选。社会责任投资的投资组合不仅会避免对与烟草、酒精、赌博和武器相关的公司进行投资，还会对注重人权、环境保护和劳资关系好的公司产生偏好。

使用投资组合筛选方式的社会责任基金随着美国社会责任投资资产总额的增长不断发展。美国 2007 年社会投资论坛研究报告表明，1995 ~ 2007 年，与投资组合筛选方式有关的社会责任基金数量出现大幅增加，由最开始的 55 只增长到 2007 年的 260 只，一共增长了 373%。除此以外，净资产总额在该期间也有了较大幅度的增长，由 1995 年的 120 亿美元增长到 2007 年的 2020 亿美元。根据美国社会责任投资论坛的分类，目前主要有消极和积极筛选两种投资组合的选择方式。

（一）消极筛选

消极筛选一直都是社会责任投资中非常重要的一种投资方式。它是指当筛选投资对象时，最大可能剔除对社会产生负面影响的公司。

早期社会责任投资者经常借助上述方法来剔除对社会有负面效应的公司。社会发展的过程中，随着各种道德、社会及环境问题逐渐凸显，社会责任投资者会规避更多的不良问题。人们运用消极筛选法时采用的标准主要为烟酒、赌博和武器等行业。之后，消极筛选标准又加入了与滥用劳工、侵犯人权、环境污染、色情、南非种族隔离、动物实验等有关的内容。社会责任投资者们认为，将资金投入到这些存在问题的公司，与自己亲自做出破坏社会道德和环境的行为并无差异，这严重背离了社会责任感。

2005 年美国社会投资论坛调查了 201 个社会责任投资基金，结果显示作为最初消极筛选标准的四个行业依旧位列前四。

（二）积极筛选

20 世纪 80 年代积极筛选方法开始被更多社会责任投资者应用。积极筛选是指在选取投资组合或共同基金投资范围时，投资者只挑选会对社会环境产生正面影响的企业，目的在于促进自然环境恢复、改善人们生活水平。投资者虽然通过消极筛选方式对社会责任进行了履行，但却没有重视好的产品、企业及环境。因此投资加入了积极因素作为筛选标准，主要有公共交通、医疗、安全、保护、废物处理和环境保护技术等。在投资组合筛选方式逐渐得到推广和接受的过程中，更加独立严格的环境、社会和治理（Environment Social Governance，ESG）的方法以及改进公司 ESG 的报告制度也逐渐形成起来。为了达到 ESG 评估系统更加全面的目的，越来越多为投资者所关心的问题加入进来。2008 年，Kinder、Lydenberg 和 Domini Co.（KLD）研究与分析公司对其进行了改进，将公司生产与销售酒精、烟草、军事、民用武器、核能以及赌博产品与服务对社会及环境产生的影响加入到 ESG 的评估体系之中。

2005 年，美国使用投资组合筛选策略的社会责任投资基金中，有 64% 的基金使用的是 5 个以上筛选标准，同时包括了积极筛选和消极筛选。投资组合筛选方法尽管得到了投资者的普遍应用并得到了一致认可，但在实践中依然有许多问题存在。例如：积极因素的范围还没有得到普遍认可、筛选标准无法统一、评估所需数据不够等。所以，当机构投资者对企业投资时，他们更愿意通过自己的经济实力来直接影响企业行为。企业在评估本身经济效益时有一致的标准非常重要，故一些社会责任投资指数开始在欧美等发达国家的社会责任投资机构存在，主要有以下六种。

1. 多米尼400社会指数（Domini 400 Social Index，DSI）

1990年KLD研究与分析公司创立了DSI指数，展示了如何应用社会责任型投资准则来对投资绩效产生影响。DSI以标准普尔500指数为蓝本以达到提供一支美国普通股票的市值加权指数的目的。该指数选取400家已通过社会鉴别和选拔的企业，并不断监督其财务状况。这400家企业均不涉及酿酒、烟草、赌博、军工或核能发电等行业，且在平等机会、雇员关系、社区、产品安全及环境等方面有良好表现。此外，该指数不包含股价低于5美元的企业。

2. 卡尔弗特社会指数（Calvert Social Index，CSI）

这一指数作为又一标准，对美国大型社会责任企业进行评价估计。在最初编制过程中，该指数选取全美最大的1000家纽约证券交易所和纳斯达克上市公司，依据他们的季度平均市值的大小从高到低排列。并且，在每年的9月，都要根据当年5月底最新发布的前1000名企业排名对该指数进行重新编制。作为指数编制工作的负责人，卡尔弗特集团将每家公司的社会表现公布在其网站上。

3. 道琼斯可持续发展指数（Dow Jones Sustainability Indexes，以下简称DJCGI）

1999年9月初，道琼斯可持续指数由道琼斯和瑞士苏黎世的可持续资产管理等两家公司一起作出。在道琼斯全球指数中最大的2500多家公司中，DJSGI全球指数选取各行业在可持续性方面表现最好的前10%的公司纳入指数，以对支持可持续性的企业继续保持关注。在当今社会，15个国家的数十家基金管理公司社会责任投资基金在选取股票时均依据DJSGI全球指数。

4. FTSE4Good系列指数

金融时报与伦敦证交所的合资公司（FTSE）同联合国儿童基金会共同发起了这项计划，其中儿童基金会将因此而获得该指数创造的各种收费中所得收益的40%。FTSE4Good系列指数分别针对英国、欧洲、美国和全球四个地区。该指数所选用的企业在环境、人权和社会等问题上的记录非常可靠。FTSE国际所做的初步研究表明，每个地区中将会有一半以上的企业被淘汰。DJSGI和FTSE4Good的创立对于社会责任投资的发展起到了里程碑般重大的意义。

5. 道德可持续指数（Moral Sustainability Index，MSI）

道德可持续指数是1992年由比利时的一个非政府组织（NGOs）组建的，在最初仅限于促进环保与和平、研究发展中国家的问题。该公司从2002年6月开始，选取在具有可持续发展潜力的记录中股票市价总额较高的企业编制该指数。

6. 市民指数（Citizen's Index）

编制这一指数的参考对象是美国前300家上市企业的普通股票，将其市场价值进行加权来编制。这300家企业中有200家也是S&P500指数编制的对象，它们都是通过财务、社会和环境甄别选拔而来。

二、股东倡导

社会责任投资的第二种实现方式是股东倡导（Shareholder Advocacy），它指股东在发挥自身价值的过程中，就某一方面与企业进行有效的探讨进而影响企业举措的行为。例如，直接和公司管理层交谈沟通、代理投票、参与企业的年度股东大会、直接与上层管理人员进行对话、提交股东决议案或对企业直接提出诉讼请求等以促使企业践行社会责任。其中，直接对话、股东提案、代理投票和公布黑名单是经常采用且较为有效的方式。

（一）直接对话

企业管理层在其股东提交正式提案以前都会主动与投资者进行交流和沟通。在初期阶段，对于机构投资者，股东会提出他们极其重视的社会责任议题。在与企业管理层对话沟通的过程中，股东无须劝服其他投资者实施共同战略。直接对话在节约成本、时间等方面相比其他方式优势突出，故其得到了很多投资者赞同。因此，当沟通非公开且异常敏感的社会责任时，这种方式会被首先采纳。不断壮大的机构投资者对企业造成了重要影响，因此，股东及管理层要务必强调重视机构投资者非常关注的社会责任方面。如果两方面就相关议题未能达成一致意见，其解决提案就会由社交代理交至企业年度股东大会，投票得出最终方案。由于提交社会代理会使公司形象受损，并使最终的解决方案变成股东所期望的方式，所以，通常情况下在企业年度股东大会收到方案之前，就会被有关方面终止撤销。因此，股东直接对话可作为战术性方式，有非常显著的作用。

（二）股东提案

股东提案是指在股东管理层进行交谈与沟通之后正式提交的方案，该方式比较正式，也代表股东行为。股东倡导相关内容由美国证券交易委员会来精确制定。每一个股东都可以同企业的管理层和董事会就某一问题进行沟通和协调。假如提议者至少持有公司1%的股份（或价值2000万美元的公司股份）且持有该股份至少满1年，就具有提交方案的权力和能力。社会责任、公司治理单方面提案和二者相互作用的重叠性提案常被作为股东提交方案的主要内容。提交的方案可表明企业对其行为或政策进行改变或要求管理层提供所需信息。

如果方案未能通过协议或未能成功得到解决，公司年度股东大会上会出现该方案，投票做出最终决定。与投票选举时不同，股东方案的投票是否成功不能仅以是否能够赢得多数投票进行衡量。如果股东方案仅得到少量投票，也还有可能实现其要求，原因在于公司经理人很明白投票过程受多方面的影响制约，即使股东方案只得到了少部分的投票，也能说明股东提出来的问题足以引起企业的关注和重视。年度股东大会前提交的社交代理从 20 世纪 70 年代的低支持率到 90 年代的 10% ~25% 支持率都体现了社会责任问题的快速发展。尽管这无法代表提案者获得了成功，但公司董事也会在日渐增长的压力下，对代理提出的企业社会责任问题作出积极的反应。无论企业对社会代理表示肯定还是决定将代理撤销，都代表着股东行动取得了胜利。并且与股东倡导相比，股东提案有以下优点：一是后者更公开化、透明化，是一种民主行为；二是其符合公司的相关规章制度，严格按照公司治理的程序解决问题；三是投资者会充分利用他们的投票权利，推行政府的政策目标。

（三）代理投票

股东提案得到普遍重视及强调，不仅需要提交者支持，更需要年度股东大会上的关注者有很大投票权。美国证券交易监督委员会（U. S. Securities and Exchange Commission，以下简称美国证监会，SEC）1992 年实施的改革政策中准许股东之间进行联系，并给予股东一定的征集代理投票权。该政策一经推出，很多社会责任投资者联合起来进行游说活动，通过各种途径征集代理投票权。社会责任投资者的这种征集活动给企业管理层带来了非常大的压力，它不仅能确保那些无法出席股东大会的股东能够继续行使自己的权利，也实现了投资者们之间的进一步联系，对重视社会责任的提案投出支持票，从而促使企业对社会责任主动承担，真正影响企业行为。目前，为了使投资者更加清楚其操作过程，很多机构投资者和公共基金会在网页上定期发布代理投票信息，来将其代理投票政策公布出来。

（四）发布黑名单

20 世纪 80 年代末，美国加州公共雇员养老金为了利用媒体的力量给表现不好的企业施压而倡导了黑名单行动。该基金每年出版一本业绩落后公司的目录，来给管理层施加压力。劣迹公司曝光是该方式的另一种称谓。但为了防止单个机构投资者或基金经理人因曝光劣迹公司而遭报复，通常是由机构投资者协会处理。一般情况下，如果企业被纳入黑名单，管理层还是希望能够与机构投资者沟通以达到解决问题的目的。

股东作为积极行动者去监督企业主动履行社会责任的一个重要方式就是股东倡导。调查表明，采取这种方式的社会责任投资额正在迅速增加。美国社会责任投资论坛的数据显示，1995 ~1999 年，采用股东建议方式的社会责任投资额从 4730 亿美元增长到 9220 亿美元，呈现出快速上升的趋势。但在 2003 年，股东建议方式的投资额出现了较大幅度的下降，较 2001 年的 8970 亿美元下降 4490 亿美元，但随后又表现为较为平稳的增长趋势。目前，越来越多的美国投资者开始了解股东建议方式的优点。2005 年，赞成解决社会和环境问题的股东平均人数为 9. 8%；到了 2007 年，该股东平均人数已达到 15. 4%，并且该年机构投资者用来解决社会和环境问题的资金总额较 2005 年增长了 5%，达到了 7390 亿美元。

目前已经有很多成功案例可以体现股东倡导在企业社会责任中的作用。例如，2000 年通用电气公司（General Electric，GE）因为股东施压，支持使用更环保的清洗机器。众所周知，严格而有效的洗衣机标准对消费者大有好处，但对于 GE 公司来说，却意味着高额的成本。因此，该标准开始受到了公司的抵制。因此，一批包括卡尔弗特集团、跨宗教公司责任中心、公司治理协会、地球之友协会等积极行动组织，联合向通用电气的股东呼吁。GE 公司只有统一会见了环保主义者并与之达成协议。结果是，所有洗衣机的效率提升了 35%，消费者在未来 30 年中预计可以节约 300 亿美元，11 万加仑的水，超过 4000 万 BTU（热量单位）的能量（相当于 2100 个家庭一年的能源消耗量），以及减少了 3. 1 万公吨的二氧化碳的排放。

从以上实践总结中可以看出，由于重视社会责任投资和企业社会责任，股东会更加有效地完善公司内部的治理结构并维护股东利益，对公司的治理起着重要的作用。而在股东主张方面，基金、基金会以及银行等机构投资者开始作为社会责任投资主导组织机构，发挥的作用越来越突出。又因其强大实力，这些机构投资者渐渐对企业行为产生深远影响。在参与公司经营治理时，他们不仅考察企业的经济效益，更加重视企业对社会、环境责任的承担程度。由此企业要实现经济、社会及环境三方面效益的统一。基金、基金会以及银行等若不仅能充分实施自己的经济行为，而且有效行使企业股东权利，并且通过股东倡导的方式对企业施加一定压力，那么机构投资者将会对企业产生更强的影响力。

三、社区投资

社区投资（Community Investing）是指投资者为支持某个特定目标或特定活动而进行的投资融资，又称社会方向投资或目标投资。这类责任性投资包括为社区机构提供就业机会，为儿童护理等社区服务机构提供资金，为社区开发银行、基金、信用社和风险投资基金提供资本等。

社区发展金融机构的现代架构形成的时期可以追溯到 20 世纪 60 年代后期和 70 年代早期。在这期间，发生了许多社区倡导运动。与前两种投资方式相比，社区投资方式起步和发展较晚，在整个社会责任投资中所占比重相对较小，其形式也与前两种有一定差别，但同样是社会责任投资的重要组成部分。21 世纪以来，社区投资资产规模增长非常迅速，从 2001 年的 80 亿美元到 2005 年的 195 亿美元再到2007年的258亿美元，此外社区投资对于产品数量和种类也在持续改进。社区创建金融机构的初期通常需要吸引大量投资。因而社区发展金融机构可以作为中介物，以实现投资者与需要帮助人群的相互交流合作。在有效开展活动的过程中，该机构还通过与社会资源诸如政府部门、非营利机构、支持市民等积极合作，利用其他途径来增加储蓄。

1973年，一些反对种族不平等的投资者，为了将他们社会公平的共同信仰与服务于社区的实际行动相结合，成立了第一个专门致力于社区发展的银行——芝加哥南河岸银行（The Southbank of the Chicago River）。作为一项社会实验，该银行在成立之初主要是想要了解芝加哥南河岸地区能否通过街坊邻居获得贷款而变得更加稳定。然而，因为缺乏存款，芝加哥南河岸地区的需求远远超过了银行的放贷能力。于是，芝加哥南河岸银行向全国民众求助，以此积极寻求存款，提高自己的放贷能力，再向处于困境的社区提供贷款。如今芝加哥南河岸银行已成立40余年，而芝加哥南河岸地区也已经发展成为一个主体为非洲裔美国人的、社会经济多样化的、富有活力且舒适的适合人们居住的社区。芝加哥南河岸银行的成立和运行产生了积极的影响：贷款给穷人使他们可以创造自己的财富，并有助于建设一个健康的社区，其贷款还款率甚至比国家平均水平还高。1975年以来，芝加哥南河岸银行每年都产生盈利，因此，这一社区金融发展机构的创设成为一个可行的商业机会。这个模式也激励了美国、欧洲和新兴发展中国家如巴基斯坦、肯尼亚和孟加拉国成立类似的机构，例如扎伊尔的国家小额信贷联合会。1987年，该联合会通过刚果北沃基地区的消费者合作组织开始运转，加上1989年扎伊尔银行提供的融资，用以支持那些有利于社会经济发展的工业、农业及其他类型企业。扎伊尔的国际小额信贷联合会基本上按照类似信用合作社的方式运营，向合作组织的成员发放贷款用于提供住宅、植树造林项目、妇女团体、营养中心和养老院等建设。

社区发展贷款基金、社区发展银行和社区发展信用合作社是社区发展金融机构的三类主要机构。

社区发展贷款基金（Community Development Loan Funds，CDLFs）是非营利组织，其从事的活动主要是通过多种渠道取得借款后再进行相应的贷款业务。通常情况下，它经常向那些无法以其他形式进行借贷的人群进行融资，而后在提供房屋建设、预算以及可以保证项目成功等方面为借款人提供帮助。美国国家社区资本协会（National Community Capital Association，NCCA）是一个社区发展贷款基金的国家性组织。该协会于1986年成立，支持建立健全社区贷款人全国网络，以更好地把商业行为和社会与经济上的公平原则结合在一起；社区发展银行在某种程度上回到了银行业最开始兴起时的形态。社区银行最初支持储蓄和节俭。随着社会的发展进步，该银行开始鼓励人们不断创新和激发潜能。前文提到的芝加哥南河岸银行就是社区发展银行的代表。

社区发展信用合作社（Community Development Credit Unions，CDCUs）是非营利性组织。该类型合作社通过规模较小，发展程度受到低收入地区的教堂或社区的影响。然而，绝大部分穷人在需要获得金融服务时首先想到并选择的就是这些民间组织。如今，美国的社区经济发展倡导运动仍然为很多人所热衷，社会投资者们经常在他们的投资组合中持有一部分社区发展机构的股票，如芝加哥南河岸银行。社区金融发展机构给予投资者们接触那些基层积极行动者的机会，这些基层积极行动者往往能够切实体会到公司行为对这个国家弱势人群的影响。这种做法既扩充了筛选策略，又为新股东主动投资开辟了一条新渠道。

在社会责任投资不断发展的过程中，投资组合筛选、股东倡导和社区投资三种方式作为实现社区责任投资的基本方式也得到快速发展，其中投资组合筛选的比重明显高于其他两种，社区投资的规模相对较小，但近年来增长速度很快。三种实现方式各有优劣，相互补充改进，对社会责任投资的较快发展提供了积极的促进作用。

第四节　社会责任投资的影响

一、社会责任投资对企业社会责任行为的影响

（一）消费者的消费选择促使企业积极履行社会责任

由于通信和网络技术的发展，人们可以通过电视、报纸、网络等多种途径去了解任何一个他们感兴趣的企业，并了解他们所从事的活动。同时，媒体也会对企业所从事的危害环境、社会或伦理道德的行为进行披露和调查。为了践行社会责任投资意识，消费者可以通过对其购买产品的选择，对那些危害社会的企业进行抵制，从而支持那些积极履行社会责任的企业发展。消费者对于某个公司产品的抵制行为不仅影响其产品的销售，也对其公司品牌形象造成一定的损害。因此，消费者的消费选择能够对企业改善其社会责任的履行状况、树立良好社会形象起到重大的推动作用，企业社会责任随之不断发展。

2008 年，戴尔公司（Dell Computer）在中国的代工厂被爆出违反中国《劳动法》的有关规定，存在“血汗工厂”行为。来自中国香港的 7 所高校的调查小组披露：戴尔公司位于中国南方的三家代工厂严重违反了《劳动法》的有关规定。为了抵制戴尔公司的“血汗工厂”，该小组发起了抵制戴尔公司电脑的活动。

此后，中国香港7所高校联合争取在校园采购政策内加入“企业社会责任”条款，戴尔公司电脑被排除在高校学术采购清单之外。

在上述提及的戴尔公司代工厂，工人每天整班的工资只有17元人民币，平均时薪2.1元，加班工资时薪也只有3.5元，远低于国家规定的4元，而上班时间每日却长达16个小时。并且，工人的用餐时间一般只有15分钟。工厂内工作条件恶劣，工人既无劳动合同，又没年假、产假，有事难以追讨，厂房也没有对部分较危险的岗位提供任何保护措施，严重违反了中国《劳动法》的有关规定。调查小组认为，戴尔公司的采购及外包制度是造成这一现象的主要原因。戴尔公司一直以来的零库存策略使他们的电脑不会因滞销而出现折旧，即当收到客户订单后，将在36小时内完成生产装配，5天内送货到客户手中，因此，戴尔公司电脑的成本较其他对手低8%左右。但这种风险却被转嫁给了零件供应商，并最终由工人来承担。

（二）投资组合筛选的投资方式促使企业积极履行社会责任

投资组合筛选是机构投资者最广泛使用的投资方式。在过程中投资者会按照最初设定的那些与企业社会责任有关的标准进行筛选。达到该机构投资标准的公司将被包含在该投资组合之中。反之，未达到该投资标准的公司就得不到该机构的投资。因此，为了自身的长远发展，越来越多的公司开始提升自身的社会责任感，主动履行其担负的社会责任，进而满足投资者的投资标准。Portfolio21（证券投资组合，以下简称Portfolio21）全球股权基金在进行社会责任投资的过程中，其筛选标准之一就是其潜在投资对象在环保方面履行的社会责任。在2009年，包括彪马集团（PUMA）、丰田汽车公司（Toyota）、维萨（VISA）在内的几家公司均未通过Portfolio21有关环保的筛选。

彪马集团是著名的体育品牌，其生产的体育用品及配件在全球120多个国家销售。虽然该公司采取了一些环保措施，并在此方面起到了一定的带领作用，但它忽略了环境生命周期分析，也没有倡导皮革生产和制革方面的供应商进行环保工作。此外，该公司缺乏一个全面的温室气体政策，有的只是一个与其部分业务相关的温室气体减排目标。因此，彪马集团在环保方面的表现没有达到Portfolio21的标准，没有进入Portfolio21的投资组合。

丰田汽车公司是最早生产混合动力汽车的公司，但也被Portfolio21排除在外。丰田汽车公司宣布到2030年时，将在整条生产线上安装混合动力技术，同时希望可以尽快开始大规模生产混合动力汽车插件。而丰田汽车公司所在的汽车制造联盟（Alliance of Automobile Manufacturers），一直反对有利于减少汽油和柴油排放废气的环境立法。Portfolio21公司在充分考虑了丰田汽车公司这两方面的情况以后，认为丰田汽车公司作为汽车制造商联盟的成员，必将导致其提倡的环保政策与公司其余的商业模式相矛盾。因此，Portfolio21 公司将其排除在投资组合之外。

维萨卡为持卡人、商户和金融机构提供了一个支付网络，使得他们之间的支付更加便捷、可靠和安全。但维萨卡没有认识到环境效益和其行为的利弊关系，尤其是它推动以电子为基础的贸易和加工中心的发展的行为。迄今为止，维萨卡仍没有认识到其产品和服务的能源和在环境方面产生的影响。因此，Portfolio21 认为维萨卡缺乏环保意识，放弃对其进行投资。

当这些公司没能入选 Portfolio21 的投资组合时，Portfolio21 会加以告知，并对其未入选的缘由进行解释。Portfolio21 认为这样可以提高公司的环保意识，并希望通过这样的方式，可以影响并激励那些被排除的公司，重视他们对环境的影响。

（三）股东的监督促使企业履行社会责任

股东倡导对于企业实践社会责任投资具有重要的影响力。股东监督有利于帮助企业增强社会责任感，并积极承担社会责任。在不断发展的过程中，社会责任投资被采用的也越来越多。

股东在对其投资公司的经营管理进行监督的过程中，会发现其中存在的有悖于企业社会责任的问题。为了促使公司进行必要的改进，进行沟通交流时股东可采取股东倡导或股东提案等方式。若企业对股东的建议不予理睬，不积极回应其提议，该公司会被从投资者名单中剔除出去，因为，它没有按照投资者的要求履行社会责任。同时，企业为了获得更多的投资而使其自身发展壮大，也会积极参与利于社会和环境可持续发展的行动，进而使自身满足社会责任投资者的投资标准。

多年来，开展董事会多元化一直是卡尔弗特社会责任投资基金（Calvert Social Investment Fund）的重要目标。卡尔弗特（Calvert）提出，挑选投资对象时种族多元化、性别多元化应着重考虑。2002 年，萨班—奥西里法案（the Sarbanes - Oxley Act）顺利通过后，卡尔弗特开始提升公司董事会中少数民族和女性的比例。卡尔弗特还设计了一个模型，用以确保在提名的候选人中有个适当的多元化比例。由于卡尔弗特一直致力于将这点制度化，因此，许多公司的董事会除了包含了女性和少数民族之外，还包含了更多来自不同背景的代表。迄今为止，卡尔弗特已向 40 余家公司提出了相关的股东建议。受其影响，大多数公司修改了其章程，强调多元化的重要性，或者在他们的董事会中任命了女性或者少数民族成员。卡尔弗特将多元化董事视为一种良好的管理方式，并将在以后的代理投票中，反对那些董事会中不包括女性或者少数民族成员的公司。

由此可以看出，社会责任投资与企业社会责任关联紧密。前者以后者为基础创建，社会责任投资市场之所以能够形成，离不开企业积极地履行其社会责任和推动社会责任投资的发展。凡是拥有良好社会责任感的企业，会在融资方面占据优势，这非常有利于自身的长远发展。所以，社会责任投资能够依靠不同的途径来对企业履行其社会责任形成一定的“倒逼机制”。

二、社会责任投资对公司治理的影响

随着社会责任投资运动的发展，投资人越加重视投资标的公司对企业社会责任的重视程度和执行力度。可持续发展是未来企业的主要发展趋势。企业与投资人在可持续发展方面投资越多，将来收获的益处就会越多。因此，在要求公司公开财务绩效的同时，越来越多的社会型投资人也要求企业公开社会与环境绩效。

由于可持续发展与社会责任投资在经营公司上的目标是一致的，两者都强调要将传统的利润要求与社会和环境需求相结合。因此，社会责任投资非常重视公司的可持续性。从公司治理的角度来看，投资者更倾向于那些公司治理好的企业，因为，这是投资者判定一家公司是否值得投资的关键因素。随着企业社会责任运动的发展，企业在治理公司的同时还需兼顾环境治理和社会治理，公司治理的范围已经扩展到企业社会责任领域。如果一家公司开始关注其企业社会责任，说明该公司是一家具有良好治理结构的企业，善于运用企业社会责任塑造并维护企业在可持续发展和劳动保护等方面的良好形象，社会责任投资者一定会从中获得丰厚的投资回报。从竞争力的层面看，M. 波特（Micheal Poter）提出从竞争力角度来解决社会问题，并讲述了企业竞争是怎样和社会问题融合在一起的。企业将追求自身利益与社会利益相协调是一种双赢策略，倘若某公司十分重视社会公平、劳工保护和清洁能源等方面的社会责任，那么该公司持续对社会责任领域投资的收益性会以持续经营的方式反映在后期表现中。很多社会责任投资产业都在企业研究报告中提出了对公司治理议题的思考。一些欧美的社会责任基金公司，如帕斯全球基金、卡尔弗特集团（Calvert Group）及公民基金（Citizens Funds）等，都在筛选准则中加入了公司治理的议题。在选择投资标的的过程中，将财务报表透明度充分考虑进去，同时，也希望通过实施更加严格的法规以推动其透明度进一步提升。没有将公司治理归入筛选准则的基金也开始对其进行考虑。比如作为股东，社会责任投资企业会就公司治理相关议题进行认真探讨。现今社会，很多丑闻与公司治理有关，故一些社会责任投资企业将更多的准则纳入到了其公司治理筛选系统中。例如，英国企业在选择投资标的或进行投资决策时，会考虑更多的环境风险因素，尤其是企业活动对环境责任带来的冲击。

企业若想实现可持续发展，其中一个关键的金融市场机制就是吸引更多的社会责任投资。社会责任投资运动在很大程度上是企业社会责任运动和公司治理的组成部分。

三、社会责任投资对企业绩效的评价

社会责任投资的快速发展说明，人们已普遍认可了基于社会责任和可持续发展的公司行为。社会责任投资不仅改变了投资信念，而且对公司的绩效评估也提出了转化。传统企业在进行投资组合时，仅重视经济效益，而从实际出发投资者更应该对企业经济、社会、环境等的整体效益进行评价，即注重企业财务效益的同时还要关注其社会责任的履行。根据社会责任投资的要求，传统绩效评价模式存在以下缺点。

第一，理论基础不充分。传统绩效评价方法将公司看作是投入产出的生产单位，侧重于企业经济绩效的评价，这是典型的新古典经济理论思想。而现代企业理论则建议，企业签订合同要实现股东利益及利益相关者的综合利益最大化，并且着重关注企业社会责任的承担。

第二，绩效评价指标体系不完善。传统经济绩效指标主要包括财务指标，社会绩效则主要由非财务指标体现。

第三，绩效评价内容缺乏。传统绩效评价指标体系主要包括财务指标，而企业应履行的社会责任等不能及时有效地得到反映和体现。

第四，绩效评价缺乏及时性和动态性。传统的绩效评价不利于决策者对企业绩效的连续判断和动态决策，因为它的绩效信息滞后，缺乏及时性，是一种阶段性的静态评价。

第五，绩效评价缺乏前瞻性。对于企业行为的监测及预警，传统效果型绩效评价是不能进行的，而社会责任投资在关注企业前期绩效的同时，也注重企业的绩效是否具有可持续性，监测预警作用良好。

英国可持续发展公司总裁 J. 埃尔金顿（John Elkington）为了弥补传统绩效评价模式的不足，在其著作《拿叉子的野人：二十一世纪企业的三条底线》（*Cannibals With Forks*：*The Triple Bottom Line of 21st Century Business*）中提出了基于“三重底线”的企业绩效评价模式。其基本思想是：一个健康的企业在追求持续发展的过程中，在经济、社会和环境三个方面都要做出突出成绩，即“三重盈余”绩效模式。企业完备的“三重底线”绩效模式基本特征如下。

第一，多重主体。古典经济理论提出，企业开展的活动要以企业所有人即投资者的相关利益为中心。利益相关者理论认为，合约在利益相关者之间签订，那么企业利益代表的就是利益相关者的整体利益。K. W. 克拉克森（Kenneth W. Clarkson）认为利益相关者分为主要的和次要的。前者以股东、投资机构、客户、员工、政府机构及供应商为代表，后者则是指社团、媒体、民间组织和一些非营利机构组织等。

第二，多重目标。上述的“三重底线”绩效模式要求企业不仅要关注利润指标，而且要关注生态效益和社会责任，实现企业由经济效益最大化向经济、社会和环境三重绩效最大化方向发展。

第三，多重资本。“三重底线”绩效模式表明，在重视财务资本基础之上，企业还要关注自然资本，比如生态环境、资源能源；社会资本，比如公平正义、诚信合作以及人类资本，如知识资本等。

第四，多重内容。经济、社会、环境是“三重底线”的三个方面，因此，绩效评价也包括这三个方面的内容。其中，相比于环境、经济，社会的内容较为宽泛，界限比较模糊。

第五，多重方法。综合量化方法和评价指标体系是绩效评价的两种方法。前者不仅包括传统意义上的定量化方法，又包括定性资料的定量化方法。但企业的“三重盈余”绩效评价模式则要求创建的是综合评价指标体系，需把财务指标、非财务指标相统一。

第六，多重公平。社会公平正义与社会责任履行是现代企业极其重视的两方面。“三重底线”要求企业代内（Intra-generation）公平和代际（Inter-generation）公平结合起来，其中后者涉及公平就业、公平竞争环境、公平资源享有等。

第五节　本章小结

中国社会责任投资尚处于起步阶段，可以通过加大宣传力度来提高人们的社会责任意识。此外，也可以从西方发达国家的社会责任投资经验中得到以下四点启发。

一是，机构投资者要积极并充分发挥自身作用。根据安联集团发布的报告显示，中国当前机构投资者的经济实力雄厚，近十年来在亚太地区中国养老金市场发展最快：未来 8 年里中国养老金资产复合率平均每年将增长 23. 1%，扩张了至少 6. 5 倍；未来 10 年里中国将有望成为亚太地区除澳大利亚、日本外第三大养老金市场。欧洲政府把养老金投资领域法制化，这一成功经验值得中国借鉴，因此，中国也应该积极发挥机构投资者的作用，改革养老金的运用方式，推动中国社会责任投资的发展。

二是，充分发挥利益相关者的协同作用。要想实现社会责任投资在中国的盛行，首先要求政府机构、社会组织以及客户、供应商等利益相关者协同合作，进一步地使投资者生成社会责任信念和策略。

三是，丰富社会责任投资的投资方式。虽然社会责任投资在中国还是一个陌生的概念，但中国的很多企业都已经满足了社会责任投资的投资标准。不论是在社会还是国家层面，企业的社会责任开始受到普遍关注。在这种情形下，应该设计出多种社会责任投资的产品来迎合投资者对不同的社会、伦理和环境问题的关注。

四是，进一步使中国金融投资市场得到完善。相对于其他市场，中国金融投资市场起步较晚，各方面的规章制度都很不健全。社会责任投资对于企业的伦理、环境和社会方面的信息要求非常高，针对社会责任投资的这一特点，中国证券管理机构不仅要及时公布企业的相关信息来保证社会责任投资基金运作过程中的高度透明化，特别是企业在伦理、社会、环境以及公司治理等方面的相关政策与信息，还要保障股东参与企业决策的权利。

第六章

社会责任消费

第一节 社会责任消费的内涵

消费是社会再生产过程的最终环节，也是相当重要的一个环节。涉及消费行为的环节包括产品、服务的分配、使用等，均与交易中的重要参与者——消费者密切关联。因此，这些环节中都包含一定的伦理成分。随着研究的完善和深化，企业社会责任理念已然渗透到方方面面，“责任消费”也逐步成为研究和推行社会责任的新视角。本书将从狭义和广义阐明社会责任消费的内涵，并且追溯社会责任消费的起源与发展。

“理性人”假设是经济学经典假设，即消费者、生产者等行为主体都力图以最小的成本去获取最大的经济利益。然而在现实生活中，分享、帮助、合作等行为处处可见，志愿活动、捐助活动也时有发生，这些都似乎与“理性人”假定背道而驰。有时候甚至多数时候，行为主体在决策和行动时并非完全利己，并且表现出一定的正外部性。当这种正外部性偏好渗透到消费领域时，一种新的消费模式——社会责任消费（Socially Responsible Consumption，SRC）便呈现出来了。

“社会意识消费”（Ken Anderson，1972；Margaret Webster，1975）、“责任消费”（Peter Fisk，1973）和“生态意识消费”（David Henion，1976）等都是与责任消费相关的理念或概念。而“社会责任消费”这一定义直到 1984 年才由 A. 安蒂尔（Allen Antil）和 W. 贝内特（William J. Bennett）依据社会心理学理论进行了全面的表述。早期对于社会责任消费行为的研究仅限定为与保护环境、资源和生态相关的消费行为。随着研究的不断深化，社会责任消费的研究领域由消费决策阶段向整个消费过程逐步扩展，其范围已由最开始的单一环境责任逐渐扩展至社会道德责任，并且在不断深化。根据关于社会责任消费的不同界定，可以把社会责任消费分为狭义和广义两种内涵。

一、狭义社会责任消费

20 世纪 70 年代、80 年代，西方掀起绿色环保运动的浪潮。受此影响，该阶段社会责任消费主要关注的是环境责任消费，涉及环境保护、生态、循环使用等方面。狭义社会责任消费者在购买或使用商品或劳务时，不仅考虑个人需求，还会考虑由消费行为带来的对资源环境的影响。一般来说，他们会避免购买对生态环境有危害的企业的产品，承担环境责任的企业所生产出来的产品则受到消费者的喜爱。

另外，从狭义角度看，社会责任消费的研究领域侧重于消费决策环节，强调消费决策的外部性。从这个意义上说，社会责任消费者在做购买决定时，应当形成比较、分析和判断的意识，拒绝采购那些不负责任的企业所生产的产品。

总的来说，狭义社会责任消费可以从两个方面理解：一是主要关注消费行为对生态环境的影响，环境责任消费即社会责任消费；二是认为社会责任消费的研究领域主要集中于消费决策阶段，鼓励消费者在购买前斟酌损益。

二、广义社会责任消费

社会责任消费的界定范围和研究领域随着研究的不断深化而不断拓展，其内涵已不能完全用环境责任消费（狭义社会责任消费）来解释。对广义社会责任消费的研究有推动性作用的学者有 M. 韦伯斯特（Margaret Webster）、J. 罗伯茨（Jim Roberts）和 L. 莫尔（Lois Mohr）等。

作为较早研究社会责任消费的学者之一，M. 韦伯斯特提出了“社会意识消费者”概念，认为当消费者拥有社会责任意识时，他们会将自身消费与对环境生成的正负效应综合考量，或者说是用购买权力来改善社会环境①。“个人消费”与“公共结果”在社会意识消费理念中是相互联系的，个人消费不仅会对个人产生影响，还会影响公共结果。而公共结果的领域显然比生态环境更为宽泛，由此，狭义社会责任消费发展到了广义社会责任消费层面。

在 M. 韦伯斯特的研究基础上，J. 罗伯茨认为社会责任消费行为是指个体消费时充分考虑对社会及环境的影响②，也就是说在社会和环境意识两个维度上考量社会责任消费。此外，他还将美国消费者分为绿色消费者（Greens）、棕色消

① Webster, Frederick E. , Jr. Determining thecharacteristics of the socially conscious consum-er [J]. Journal of Consumer Research, 1975, 2 (12): 188 –196.

② Roberts J. A. Profiling levels of socially respon-sible consumer behavior: A cluster analytic ap-proach and its implications for marketing [J]. Journal of Marketing Theory and Practice, 1995, 3 (4): 97 –116.

费者（Browns）、中间消费者（Middle Americans）和社会责任消费者（Socially Responsible）四种类型。2006 年，J. 罗伯茨等人进一步完善定义，指出消费者将自身消费和其对相关利益者的利益效应结合考虑的行为就是社会责任消费行为。在此“利益相关者利益”要比 M. 韦伯斯特提出的“公共结果”更明确、也更易于衡量。

基于社会营销的思路，L. 莫尔（Lois Mohr）等认为社会责任消费行为是指消费者在其决策过程中，会考虑对社会危害最小化甚至完全消除，即实现社会利益最大化的长期贡献性行为①。L. 莫尔等突破了前人对社会责任消费的研究领域，认为社会责任消费问题不仅是消费决策阶段的问题，更是获取、使用和处置等各个环节的问题，进一步拓展了社会责任消费的理念。由此，学界对社会责任消费行为的认知逐渐成熟。

综上所述，从广义上看，社会消费责任指消费者会根据自己的购买行为是否对他人、环境、社会等利益相关者的利益产生影响为依据来选择产品。比如他们在考虑产品外观、价格、功能等因素的同时，还会注重企业在采购、生产、销售等环节有无坚持环境保护，有无慈善活动及有无员工福利等。事实上，社会责任消费存在于产品或服务的购买、使用、保存、处理、回收或销毁等各个环节。

社会责任消费行为是一个多层面架构，它包含着多种消费行为，其研究领域从最初的消费决策阶段逐步扩展到消费全过程，研究领域由环境责任问题逐步向多样社会责任问题延伸。无论是狭义还是广义，社会责任消费都是一种消费态度和心理。消费者的购买意愿无形中就是对企业产品的投票支持，其根本上是由企业对社会责任履行的实现及程度决定的。换句话说，通过采取有正面效应的购买行为，消费者也对遵循可持续发展的企业给予了积极回应，同时，也惩罚了不负责任的企业。而随着“责任消费者”的增多，无论是出于自愿还是被压迫，企业都会履行自身应当承担的社会责任。

三、国外社会责任消费的起源和发展

早期消费行为研究中，虽然部分人会就其消费行为对社会产生的正面效应、负面效应进行考虑，但更多消费者还只是侧重于思考生态问题。随着社会责任运动的不断发展，社会大众和研究者开始关注童工、贸易公平及员工待遇等问题。大致说来，国际上对社会责任消费的研究经历了以下四个阶段，即一般社会性意识的研究阶段、环境责任消费研究阶段、伦理消费研究阶段、社会问题多样性研

---

① Mohr Lois A, Webb Deborah J, Harris Kather-ine E. Do consumers expect companies to besocially responsible? The impact of corporatesocial responsibility on buying behavior [J]. TheJournal of Consumer Affairs, 2001, 35 (1): 45-72.

究阶段。

（一）一般社会性意识的研究阶段

随着自然生态环境恶化、能源危机等可持续问题的凸显，绿色消费、低碳消费等消费模式也日益受到关注，社会责任消费理念随之兴起。

对一般社会性意识的研究从20世纪50年代持续到20世纪70年代。这一阶段分析的主要工具是社会责任消费行为量表的开发。例如，M. 哈里斯（Milton Harris）与S. 高夫（Shackley Gough）等均将在校学生作为研究对象，从社会责任态度和社会责任个性两个方面对其进行研究，分别开发了儿童社会责任态度量表和社会责任个性量表；基于M. 哈里斯的量表，L. 伯科威茨（L. Berkowitz）开发出社会责任指数量表（Social Responsibility Scale，SRS），对国家、政治、工作、公众、朋友的态度，关注他人等八个角度出发衡量一般社会责任；K. 安德森（Ken Anderson）在社会意识消费研究中运用了L. 伯科威茨的SRS量表。认为当消费者拥有一般社会责任时，其决策行为会以社会责任意识为基础，以改善生态、增加福利为参照。然而由于无法对社会责任消费行为进行精准测度，该量表被A. 安蒂尔（Allen Antil）和R. 克雷默（Robin Kirmear）所否定。

可见，在初期对社会责任消费行为进行测量及研究时，一般社会性意识或一般社会责任态度为其主要对象，对社会责任消费鲜有体现。尽管如此，社会责任质量表等相关研究成果仍然为之后在消费领域的研究提供了很多借鉴。

（二）环境责任消费研究阶段

20世纪70~80年代，环保主义理念在西方国家开始兴起，实践领域的绿色环境保护运动大量出现。在这个阶段，社会责任消费行为的研究对象多以美国消费者为主，研究内容以环境保护、生态、循环利用等领域为主。

T. C. 金尼尔（T. C. Kinnear）和J. R. 泰勒（J. R. Taylor）于1973年在研究生态意识消费时，首次从行为和态度两个维度选取了8个测项开发出ECI量表（Ecological Concern Index，以下简称ECL），不再局限于态度维度的研究①。虽然，此量表在研究行为时仅包括两个测度项目，但因为它是首次尝试测量社会责任消费行为的量表，其里程碑式的意义不可忽视；基于社会、生态责任消费的研究内容，K. 安德森（Ken Anderson）等人选择美国消费者进行研究，从一般社会责任行为和回收利用行为两个维度进行测量（Anderson，Henion & Cox，1974）。但其研究环保行为时，仅限于对回收行为的研究，针对消费者行为的也

---

① Kinnear，Tomas C. and Jame R. Taylor. The effect of ecological concerm on brand perception [J]. Journal of Marketing Management Research，1973（10）：91-97.

较少。M. 韦伯斯特基于消费者行为，以新西兰消费者为研究对象研究社会责任意识消费指数，从抵制道德缺失企业和保护环境两个维度开展研究（Margaret Webster，1975）。其虽着重考量了生态改善行为，却未对环境以外的责任展开探讨；B. 乔治（Brooker George）则主要研究美国消费者的环保行为，从购买无磷洗涤剂和无铅汽油两方面来研究环境意识消费（Brooker George，1976）；M. 贝尔奇（Michael Belch）从社会、健康、生态、能源四个维度来探讨社会意识消费（Michael Belch，1982）；A. 安蒂尔则从环境保护角度出发来研究社会责任消费行为（Allen Antil，1984），但其并没有研究直接行为，而是只涉及环保行为。综上所述，该主题的研究视角在这一时期开始从意识或态度的单一视角向态度和行为的双重视角转变，研究对象也在由一般性的社会性意识向具有针对性的生态和环保研究扩展和转变。

（三）伦理消费研究阶段

伦理消费从20世纪80年代中后期开始逐渐兴起。消费行为中道德的提出，表明在购买决策和产品使用过程中消费者开始关注企业道德问题。例如不购买和使用剥削不发达国家人民的、非公平交易的产品以及不购买和使用雇佣童工生产的产品等。有学者提出，除了关注环境和资源，消费者在消费行为中也应考虑企业社会责任履行的程度[①]。1989年，“消费者责任协会”（Institute for Consumer Responsibility，ICR）正式建立。该协会致力于培养消费者社会意识、促进消费者社会责任运动，迫使企业不断提高对消费者权益的认知和尊重。企业势力的日益增长使其容易忽视消费者的意志和要求，只有将广大消费者团结起来，利用集体的购买行为对该类企业进行制约，才能进一步实现通过广大消费者来改善企业行为。“消费者社会责任运动”网站的建立是又一社会责任消费的实践活动，呼吁、鼓励消费者注重生态保护、社会问题及企业其他社会责任行为等为主要内容。越来越多的消费者将企业的社会责任表现作为购买产品或服务时的考察标准。

（四）社会问题多样性研究阶段

随着20世纪90年代西方社会问题的日渐突出，企业社会责任的范围和标准开始进行深化研究和延伸。相应地，由消费行为扩展出的社会责任消费行为也开始呈多样化及全面化形势。这一时期也被认为是具有最为丰富的社会责任消费行为研究成果的阶段。例如，有从非法行为的主动及被动获利、对欺骗行为的主动

---

① 李新娥，穆红莉．社会责任的起源与发展［J］．中国城市经济．2011（1），285－287.

获利、无害行为四个维度分析了道德消费信念①；也有分析学者在测量社会责任消费行为时，选择从社会意识消费行为（Social Consciousness of Consumer Behavior，SCCB）和生态意识消费行为（Ecological Consciousness of Consumer Behavior，ECCB）两个维度入手②；还有人从生态、设计、信息、社会影响、产品特性、延伸等附加方面展开研究③。

F. 勒康伯特和 J. 罗伯茨（Francois Lecompt & Jim Roberts，2006）以法国消费者为受访对象，从企业责任的消费、支持中小企业、支持国货、购买有善因行为的产品、适度消费几个维度开发出社会责任消费行为量表（Socially Responsible Consumption，SRC）④。该量表内容较全面，在社会责任消费体系中纳入了对公司、产品、营销、国家层面的道德考量，具有国别针对性，这一点填补了以前研究中仅注重环保行为的不足；D. J. 韦伯（D. J. Webb，2008）提出了社会责任购买和处置量表，共涉及循环回收行为、环境保护行为、支持负责任企业的消费行为三个维度的内容，全面衡量了产品的购买、使用及处置行为⑤。

在以上四个阶段的发展历程中，社会责任消费研究逐渐实现了多元化、科学化、丰富化和全面化。不仅如此，为了探索和推动社会责任消费的发展，很多学者还在消费实践环节方面做了大量的研究。对于社会责任消费，国外研究较早开始、体系较为完善且成果比较丰富，已经进入社会责任消费的第四个阶段，即社会问题多样化。研究系统化与合理化表现为从意识或态度单一维度扩展到态度和行为的双重维度；研究内容从单纯侧重环境、生态保护方面转为注重企业社会责任的履行、监督维权、适度消费、循环经济、支持中小企业和民族企业等有关社会问题；研究手段如开发的一系列测量量表，在一定程度上推进了社会责任消费研究的动态化发展。尽管研究过程逐渐呈现本土性、多样性和全面性，然而其实质依然是对社会问题的社会化和全员化关注，其中社会问题主要以消费经济为主线。

---

① Bergen Ida E，Ruth M. Corbin. Perceived Consumer Effectiveness And Faith in Others as Moderators of Environmentally Responsible Behaviors［J］. Journal of Public Policy & Marketing，1992（2）：78－88.

② Robert J A. Profiling Levels of Socially Responssible Consumer Behavior：A Cluster Analysis Approach and Its Implication For Marketing［J］. Journal of Marketing，1995，4（2）：243－255.

③ Leigh James H，Murphy Patrick E，Enis Ben M. A Nea Approach to Measuring Socially Responsible Consumption Tendencies［J］. Macro-mark 1988（8）：5－20.

④ Francois-lecompte A.，Robert J. A. Developing a measure of socially responsible consumption in France［J］. Marketing Management Journal，2006（fall）：50－66.

⑤ Webb D. J.，Mohr L. A.，Harris K. E.，A reexamination of socially responsible consumption and its measurement［J］. Journal of Business Research，2008（61）：91－98.

四、国内社会责任消费的起源和发展

尽管国内对社会责任消费行为的研究起步较晚，但其发展非常快速，并主要集中在环境、道德责任和生态三个领域。与国外主要着眼于法律义务和伦理道德等维度不同的是，国内社会责任消费行为研究多集中于购买决策层面。社会责任消费的本质也逐渐演变成了个人购买活动对整个社会消费的影响。

（一）责任消费意识孕育阶段

在计划经济时代，物资短缺、产品供不应求的现象使消费者成为被支配的一方，获取物品成本较大，生活质量和消费水平都较低。

改革开放以来，人民生活水平得到极大提高，不再仅仅为实现基本生活需求，也开始体现生活的幸福状态。大众从对生活必需品的消费走向了对耐用品消费和奢侈品的消费，但人们的消费多关注自身的回报，并没有关注消费给社会和他人带来的影响。

另外，中西部有些地区消费仍集中于生活必需品上，贫富差距、地区差异客观存在。即使在经济发展良好的城市中，仍然存在很大部分依靠低保维持生计的消费人群。生活都自顾不暇的人更关心商品价格或质量，在责任消费方面意识淡薄。一些积极的消费观念诸如节水节电、维护生态环境、人与自然和谐共处等还未形成。

多数国内消费者对责任消费的概念仍不熟悉。一项中国消费者责任消费调查结果表明，80%的受访者对这一概念全然陌生，而且80%受访者不认同其将会成为一种主流趋势的说法。虽然有些消费者在消费时会不自觉地带入“责任消费”的模式，但这种非成熟的消费会对企业社会责任的研究调查带来相当程度的盲目性。消费者学历上升和年龄增加的同时，企业社会形象越来越受到关注，大部分消费者会优先考虑购买有良好社会形象的企业的产品，特别是高校、科研机构等高学历层次人员，他们在消费时非常在意这一点。这一趋势会随着消费者收入的增加而更加清晰。

（二）责任消费理念兴起阶段

国内在责任消费的研究上起步相对较晚、尚不成熟。比较有代表性的分析和事件包括：2005 年刘丽莉等人对消费者延伸责任内涵的介绍，但对其内涵的讨论也是基于消费领域中环境伦理问题的分析；2006 年殷格非对中国企业社会责任发展现状进行了调查，他提倡民众进一步提升自己的责任消费意识；2007 年于阳春提出，在购买、使用商品和接受服务时，为了维护社会整体利益和长远利益的道义责任，消费者应该自觉抵制直接或间接危害社会可持续消费和生产的产品，这便是消费者社会责任的内核，包括维护社会伦理和社会道德的责任以及保护自然环境和自然资源的责任等；2008 年由“中国消费者协会”开展“消费与责任”主题年度活动，这进一步促进了大众，包括学术人员对“责任消费”的关注。基于上述研究，“责任消费”就是“消费者有意识地购买负责任企业产品而对不负责任企业产品进行抵制”的说法得到了普遍的认可。该“投票”行为对负责任企业给予认可的同时，也惩罚了不负责任的企业，从而直接推动企业履行自身所承担的社会责任。

尽管中国的社会责任运动尚处于起步发展阶段，但是已经有部分企业强调拥有社会意识消费者的重要性，开始尝试以负责任的企业形象引起消费者的共鸣，影响和引导消费者的社会责任行为。例如，百事可乐（中国）有限公司将百事中国薯片的主要原料基地定在内蒙古达拉特旗解放滩。之所以选择在这个严重沙漠化的地方种植土豆，主要是为了保护环境、防风固沙。这一理念不仅得到了中国政府的支持，更引起了广大中国消费者的共鸣；汶川地震后，王老吉生产商加多宝集团向灾区捐款 1 亿元人民币的行为得到了众多投资者和消费者的支持，社会公益产生的口碑效应迅速蔓延，“最有责任感的民营企业”之名由此流传，“要喝就喝王老吉”等口号在网络上广为传播；农夫山泉为了吸引消费者，也掀起了“1 分钱”责任营销浪潮。与此相反，一旦企业不主动承担社会责任且被群众所知晓，消费者就可以通过抵制其产品来影响企业的经济效益，体现出消费者的潜在责任消费意识。

（三）具有中国特色的社会责任消费发展阶段

国内学者从中国文化背景出发开发出 9 个维度的社会责任消费量表，分别是动物保护、环境保护、企业负责任支持、中小企业支持、能源节约、企业反责任抵制、企业监督和维权、消费适度和国货支持。而这 9 个维度又分别从属于 3 个层面：一是人与自然环境取向购买，“天人合一”是中国道家文化一直主张的道德观念，因此，消费者更易接受绿色消费、适度消费以及保护动物等理念，倾向于与自然和谐相处、相融共生；二是民族利益取向购买，责任感会在民族利益受到侵犯时驱动消费者通过消费来表达不满；三是社会进步取向购买，如抵制不负责任企业产品、监督企业行为等。

第二节　社会责任消费的影响因素

笔者将影响社会责任消费的因素分为五个方面，包括人口统计变量特征、消费者的个性特征、个人的道德和价值观念、个人感知这四个内在因素和社会规范这一个外在因素。

一、人口统计变量特征

人口统计变量可以细分为性别、年龄、收入、教育状况等。人口变量是早期相关研究的关注重点。这一阶段的研究试图揭示社会责任消费行为与人口统计变量之间的关系，希望以此勾勒出社会责任消费者具备的人口统计变量特征。虽然研究取得了一定的成果，但各研究之间存在较大差异，甚至结论完全相左，难以形成完整的理论框架（见表6-1）。

表6-1 人口统计变量特征与社会责任消费行为的相关关系

研究者	研究内容	人口统计变量特征			
		年龄	性别	教育状况	收入
M. 麦克沃伊（1972）	关注环境	不显著	男	正相关	正相关
K. 安德森等（1972）	生态环境消费者	负相关	—	正相关	不显著
K. 金尼尔等（1974）	关注生态	不显著	—	不显著	正相关
W. 韦伯斯特（1975）	社会意识消费	不显著	女性	不显著	正相关
V. 凡里尔和D. 邓拉普（1981）	关注环境	负相关	女性	正相关	不显著
M. 米切尔（1983）	关注意识	正相关	不显著	正相关	正相关
A. 安蒂尔（1984）	社会责任消费	不显著	不显著	不显著	不显著
V. 维特尔等（1991）	道德消费	正相关	—	—	—
R. 罗珀（1992）	生态意识消费者行为	不显著	女性	正相关	正相关
L. 隆德（2000）	道德消费行为	正相关	不显著	不显著	—
S. 谢弗（2001）	道德消费意向	不显著	不显著	不显著	—
S. 桑卡兰（2003）	道德消费行为	负相关	女性	—	—

资料来源：笔者整理。

虽然对于早期人口统计变量特征与社会责任消费行为关系的研究存在分歧，但也有一些共性显现出来，如充当社会责任消费者的一般为女性、或收入不菲、教育水平较高和从事受尊重工作的人等。同时，M. 韦伯斯特（1975）提出社会意识消费者就是“接受了良好教育、生活充裕、妥善融进当地社区并遵守道德规范，进一步以自身行为对社区和周围世界产生影响的中产阶级”[①]。

J. 罗伯茨（1995）认为早期关于社会责任消费者人口统计变量的不一致性

① 陈启杰，武文珍．社会责任消费行为的影响因素及测量述评［J］．商业研究，2012，01：1-8.

形成的主要原因有：使用方便样本、对于社会责任消费的界定不同、量表设计和测量的缺陷、过度使用不同规则下借鉴来的量表以及缺乏重复验证。J. 罗伯茨更倾向于研究社会责任消费行为方面的态度问题，他认为在人们增加对社会和环境的注重程度的过程中，与社会责任消费行为相关的人口统计变量的特征会发生变化；通过对武汉市开展研究调查，王兆锋、俞红（2007）得出其常住居民的人口统计变量会影响绿色食品的购买①；王建明（2007）在对环保行为的研究过程中纳入了年龄、人口、性别、学历和收入等有关人口统计变量，并认为年龄特征能够有效地将循环型消费者和非循环型消费者区分开来②；王凤（2008）在研究环保行为时发现，个人和公众的环保行为会受到受教育程度的影响，且受教育程度对其为正面影响。个人环保行为受到女性的影响程度更大，而公众环保行为并没有显著受到来自女性的影响。

二、消费者的个性特征

有学者提出在预测社会责任消费行为的过程中，与人口统计变量相比消费者个性特征会是一个更好的前置变量。而教条主义、物质主义、自我实现、内外控倾向、自由主义、疏离感、保守主义等，都被看作是道德消费者个性的重要特征。研究结果也证实了消费者的特定个性特征会显著影响社会责任消费行为。

王建明（2007）提出，能有效区分循环型消费者和非循环型消费者的特征包括消费者所秉持的个人消费观念倾向、就垃圾问题的感知、对垃圾责任意识的强弱以及对垃圾循环知识的熟悉度；王凤（2008）的研究发现环保意识与个人和公众的环保行为之间存在正向关系；高会萍（2009）认为，纯粹利他性社会责任消费行为受到自我实现需求的正面影响，但社会责任意识的促进作用却不显著。与此同时，互惠利他性社会责任消费行为受到自我实现需求和社会责任意识的正向影响。自我实现需求对纯粹利他性社会责任消费行为更具有预测力和解释力，而社会责任意识对互惠利他性社会责任消费行为的解释性更强③。

根据表 6 - 2 的总结可知，在不同社会责任消费者中，消费者个性特征容易出现相同趋势，体现出其偏好或回避某种特定的社会责任消费的行为。但考虑到个性特征只能部分地解释社会责任消费行为的形成，因此具有相同个性特征的消费者并非都表现出相同的社会责任消费行为。

---

① 王兆锋，俞红．消费者绿色食品消费行为的实证研究［J］．安徽农业科学，2007，10：3122 - 3125.

② 王建明．消费者为什么选择循环行为——城市消费者循环行为影响因素的实证研究［J］．中国工业经济，2007，10：95 - 102.

③ 高会萍．个性因素对社会责任消费行为影响作用的实证研究［D］．华中科技大学，2009.

表 6-2 消费者个性特征与社会责任消费行为的关系

研究者	研究内容	主要发现
K. 安德森和 C. 坎宁安	社会意识消费行为	疏离感、保守主义、教条主义与其负相关
H. 汉森和 A. 威尔逊	生态意识消费	内控倾向与感知消费者有效性与其正相关
B. 布鲁克	社会意识消费行为	自我实现个性倾向与其正相关
C. 克罗斯比等；R. 罗伯茨	社会责任消费行为	自由主义与其正相关
A. 安蒂尔	社会责任消费行为	自由主义与其正相关；疏离感、保守主义与其负相关；社会责任消费者具有积极的“自我概念”，对个人能力更有自信
S. 斯恩格帕蒂和 V. 韦贝克等	道德消费行为	马基雅弗利主义与其负相关；高马基雅弗利水平的消费者对道德消费问题敏感度不高，实施道德消费行为不多
R. 劳拉帕里等	道德消费行为	具有创新、冒险、独立、攻击性的人不倾向于道德消费行为；遵从社会期望的人倾向于道德消费行为
K. 阿尔汉特，D. 多比吉和 V. 维特尔	道德消费行为	理想主义、相对主义与其相关
M. 伊斯门	道德消费行为	物质主义与其负相关
A. 昂等	道德消费行为	诚实度低、价值意识强（关注支付更低）的消费者更倾向于购买假冒、盗版产品
V. 维特尔等	道德消费决策	物质主义与消费者的道德判断和道德意图没有关系，疏离感对其仅有有限影响
S. 兴哈帕克迪	道德消费行为	相较于相对主义，理想主义更倾向于道德消费行为
S. 谢里等	道德消费决策	内外控倾向与其相关，内控倾向与道德决策正相关，外控倾向与消费决策负相关

资料来源：笔者整理。

三、个人的道德观念和价值观念

责任消费一直作为消费选择的一种状态存在于传统的消费领域分析中。但从社会责任的视角看，消费这一过程要在实现消费者自身需求的同时改善社会环境提高福利，至少也要做到不损害社会利益（C. Valor，2008）①。并不是每个消费者都具备社会责任消费的这种双重目的性，社会责任消费的至关重要的决定因素是消费者的个人道德和价值观念。

（一）道德观念

个人内在的道德准则和行为判断标准决定了其道德意识，这种道德意识会影

① Valor C. Can consumer buy responsibility? Analysis and solutions for market failures [J]. Consumer Policy, 2008 (31): 315-326.

响消费者对社会责任消费问题的认知，因此，又被称为“道德义务”。区别社会责任消费行为和一般消费行为的本质是社会责任消费的双重目的性，即在消费的过程中，消费者同时实现了消费目的的满足和社会福利的提高，促进了社会问题的快速解决；另外，社会责任消费行为作为一种自愿行为，不会逼迫消费者做出选择，消费者有权决定是否在消费决策中考虑社会责任的问题。消费者的个人道德意识在这一过程中便会起到关键性的作用，在一定程度上决定着社会责任消费的最终形成。D. 肖（D. Shaw，2002）等的研究表明消费者自我认知的核心特征是当道德义务不断被强化而日益显著时转化而成的。进行消费决策时，社会责任消费者会受到自身利益和道德规范的双重驱动，道德消费作为驱动道德消费者选择道德消费行为的一个重要因素，正在成为消费者自我认同的重要组成部分。消费者之所以形成道德消费者的自我认同，是因为他们在道德消费时体验到了自己所承担的道德义务。该实证分析结果显示，自身认同和道德义务是其行为态度和意图的前置变量，除自利和单纯理性条件之外，社会责任和道德规范也对消费决策有着重要影响。同时，社会责任和道德消费行为也成为消费者表达自己道德观念的一种符号①；R. V. 汉德曼和 J. M. 鲁济涅茨（R. V. Handlman & J. M. Kozinets，1998）研究得出，为实现其“道德上自我实现”，道德消费者会积极采取道德消费行动②；L. 朗格兰（L. Langeland，1998）提出通过消费行为消费者实现了社会认同，这种方式就是社会责任消费③；M. 贝穆特（Michael Bamett，2005）也认为道德消费由消费者品质决定，是不能用消费者的理性来进行阐释的④。

因此，笔者认为，个人道德意识强的消费者在消费决策时会更多地考虑道德和社会责任因素，从而形成社会责任消费意愿。

（二）价值观念

要想理解消费者行为，就首先要理解价值观念。从不同角度揭示怎样的价值观念促使消费者进行社会责任消费或道德消费一直是该领域的研究热点。D. 肖（2005）基于 M. S. 施瓦兹（Mark S. Schwartz）的价值观内容，将道德消费中某

---

① Shaw D.，Shiu E. The role of ethical obligationand self-identity in ethical consumer choice [J]. International Journal of Consumer Studies，2002，26（2）：109 – 116.

② Kozinets R. V.，Handelman J. M. Ensouling con-sumption：a netnographic exploration of themeaning of boycotting behavior [A]. Advancesin Consumer Research，Joseph A.，Wesley H.（eds）. Association for Consumer Research [C]. Provo，1998，UT（Vol. 25）：475 – 480.

③ Langeland L. On communicating the complexity of a green message [J]. Greener management International，1998（25）：81 – 91.

④ Bamett C，Cafaro P，Newholm T. Philosophyand ethical consumption [Z]. In The Ethical Consumer，Harrison R，Newholm T，Shaw D（eds）. Sage：London，2005：11 – 24.

些关键的价值观念补充进来。他认为遵守传统的价值取向和权力是无关紧要的，消费者道德消费决策的最终生成会受到善良、自我导向、仁慈、成就感等价值取向影响[①]；M. 菲什拜因和I. 艾嘉则（Matin Fishbein & Icek Azjen，1975）在社会责任消费研究中应用了理性行为理论中关于行为态度的定义，社会责任消费的主体对某种行为存在的一般并稳定的立场或倾向就是社会责任消费态度。行为意向是在做出行为之前所存在的行为动机和思想倾向；根据计划行为理论和理性行为理论，A. P. 明顿和R. L. 罗斯（Ann P. Minton & Randall L. Rose，1997）利用实证研究证明了态度是预测意愿和行为的重要影响因素；S. B. 福洛斯和D. 乔布（Scott B. Follows & David Jobber，2000）在对消费者环境责任购买行为进行研究时，运用"价值观—态度—意向—行为"层级关系模型，探讨了价值理念与环境责任消费立场之间的关系[②]。该研究的分析结果显示具备自我超越价值理念的消费者更重视消费行为对社会环境造成的效应，故其更易生成环境责任消费态度。而看重自身稳定性价值理念的人，通常更多地在乎消费行为结果对本身的影响，故其对环境责任消费态度产生的是负面作用；J. A. 麦卡蒂和L. J. 施勒姆（John A. McCarty & L. J. Shrum，2001）的研究发现，拥有集体主义价值观的人更愿意实施循环再利用行为，因为，他们更加关注并更愿意分享群体价值目标，即集体主义价值观念与循环再利用行为呈正相关关系[③]；M. 夏皮罗（Mike Shapeero，2003）的分析认为，持道义论价值观念的消费者比持工具论价值观念的消费者更倾向于道德消费[④]。

四、个人感知因素

个人感知因素指的是消费者对实施社会责任消费行为需付出努力而做出的主观判断和预期。对于消费者社会责任消费，个人感知因素会对其态度和行动造成一定影响。

（一）感知消费者有效性

个体消费者在社会责任消费中从主观上判断自身影响资源和环境能力就是感

---

① Shaw D.，Grehan E.，Shiu E.，Hassan L.，Thomson J. An exploration of values in ethicalconsumer decision making［J］. Journal of Con-sumer Behavior，2005，4（3）：185－200.

② Follows S. B.，Jobber D. Environmentally responsible purchase behavior：a test of a consumer model［J］. European Journal of Marketing，2000，34（5/6）：723－742.

③ Mc Carty John A.，Shrum L. J. The influence ofindividualism，collectivism and locus of controlon environmental beliefs and behavior［J］. Journal of public policy marketing，2001（20）：93－104.

④ Shapeero，M.，H. C. Koh and L. N. Killugh，Underreporting and premature sign-off in pub-lic accounting［J］. Managerial Auditing Journal，2003，18（6/7）：478－489.

知消费者有效性。从感知有效性的角度来讲，高水平的消费者会传递个人行为解决问题的正面信息，暗示个体消费者其个人行为是有意义的，他们往往认为自己的能力足以影响和改变社会或环境，从而鼓舞消费者进一步投身于环境和社会责任的相关问题。消费者感知有效性对社会责任消费行为的正向作用是由 T. C. 金尼尔（T. C. Kinnear，1974）等人首次研究证实的；M. 韦伯斯特（1975）的研究发现，感知消费者有效性作为唯一变量对所用三个因变量产生的影响是显著的；对于预测社会责任消费行为，感知消费者有效性所发挥的作用非常重要。感知消费者有效性与社会责任消费行为的显著正相关关系被许多学者先后论证，如 M. 塞里格曼（Martin Seligman，1979）、F. 克罗斯比（Faye Crosby，1980）、G. 麦克杜格尔和 J. D. 克拉克斯顿（Gordon McDougall & John D. Claxton，1981）、A. 安蒂尔（1984）、I. E. 伯杰和露丝 R. M. 科尔比（Ida E. Berger & Ruth M. Corbin，1992）和 D. J. 韦伯（2008）。J. 罗伯茨（1996）认为感知消费者有效性是一个合适的前置要素，能够用于预测环境意识消费行为。在其 1995 年的研究中，就运用了感知消费者有效性对消费者就环境的重视程度进行区分（Robert，1995），并提出感知消费者有效性较低是导致消费者环境责任消费行为不足的重要因素。此外，以 I. E. 伯杰（1992）等为代表的研究将感知消费者有效性作为调节变量，基于动机和行为的期望理论提出，感知消费者有效性对环境意识消费行为及其态度之间的关系进行调节，而这种调节是从形式和强度出发的。也就是说，感知消费者有效性可以作为态度—行为关系的调节变量。

（二）感知个人努力程度

个人在实现社会责任消费时需要付出一定成本，感知个人努力程度是指消费者从总体上预期其付出的货币及非货币成本。就一定角度而言，社会责任消费者在进行消费过程和决策时需要付出成本，诸如收集具体信息时的时间成本。为了得到社会责任产品，消费者或许要付出有形货币成本、无形时间成本或牺牲一定的商品选择便利性等。感知的个人努力程度便是消费者对这些额外的努力进行的主观判断和衡量，消费者会因为预期到为实现社会责任消费可能付出的巨大“代价”而更加慎重地进行社会责任消费决策。R. P. 巴戈奇（Richard P. Bagozzi，1990）提出生成社会责任消费动机和行动的重要部分是感知个人努力[①]。G. 柯克和 S. 谢罗（Gerjo Kok & Sjef Siero，1985）、J. A. 麦卡蒂和 L. J. 施勒姆（John A. McCarty & L. J. Shrum，1994）等人的研究也表明，感知个人努力与循环利用理念或行为之间具有显著的相关性。

---

① Bagozzi, R. P. , Yi, Y. and Baumgartner, J. The level of effort required for behaviour as amoderator of the attitude-behaviour relation [J]. European Journal of Social Psychology, 1990 (20): 45 – 59.

五、社会规范

影响社会责任消费的内隐价值取向包括消费者的个性特征、个人感知、人口统计变量特征以及个人的道德观念和价值观念，其社会特征对社会责任消费的影响效果也是不容小觑的。不论是在社会学领域还是社会心理学领域，社会规范都是特别重要的定义，它是指在特定情况下，一切管理、规定和限制社会行为的规章、习俗、价值观、时尚、传统以及所有其他个人交往的行为准则等显性或隐性的规则，它体现了社会对于某种行为的态度。按照社会心理学理论，个体行为会受到社会规范的影响。从本质出发，一般情况下社会规范为了影响消费者的消费行为，会关注消费者的遵从心理。同时，社会规范还可以促进个体行为决策的简洁性。笔者认为，社会规范是除了消费者个体特征的差异以外能够影响社会责任消费选择的重要因素之一。社会规范作为个体行为的主要驱动力量，会引导社会行为的潮流。消费者对社会问题的关注在很大程度上体现在消费者的社会责任消费行为中。因此，合理利用社会规范不仅能够引领消费者做出符合社会责任消费规范的行为，也能够促进经济社会的可持续发展。

社会规范主要通过个体吸收学习社会规范和迫于外界压力而服从于社会规范两个途径来影响个体行为。第一种是将社会规范内化为个人规范；第二种是个体被动地遵从社会规范。

具体研究时，可以通过消费者的规范行为意向、规范认同、社会规范感知和消费者自我责任归因之间的因果关系来揭示社会规范对社会责任消费行为的具体影响机制（见图6－1）。

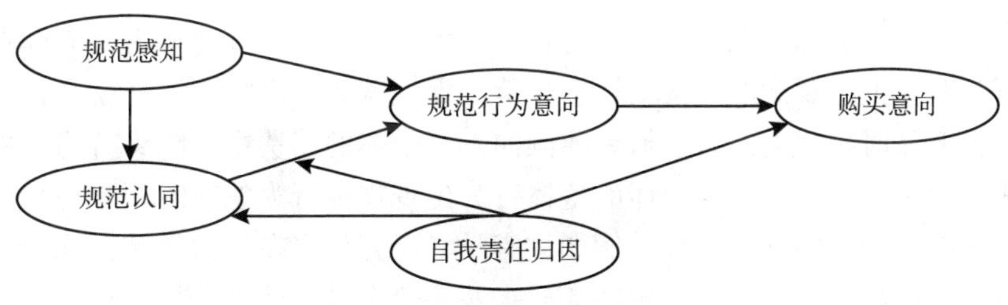

图6－1　社会规范的影响机制

（一）规范感知与规范行为意向

作为个体与其他个体交往的行为标准，社会规范反映了一种占优势的、主流的社会意见，这种意见包含了社会群体对个人行为的期望。在特定情况下，个体可以通过两个角度来感受社会规范的存在，其中一种参照大多数人的典型行动，带有强制意味，另一种依据其他人对于行动的态度，带有非强制意味。两种角度均会迫使个体运用遵从心理，即与他人或群体相一致。消费者对社会规范的感知度和其对规范行为的意向之间具有显著的正向关联，这也是目前被普遍认可的状态关系。一系列研究验证结果也表明，社会规范对行为发生直接影响，比如减少污染物排放、公平正义和诚实守信等基准对行为直接形成了制约。

（二）规范认同程度的中介作用

个体产生规范行为意向是一个循序渐进的过程，其需要通过社会环境中的学习和吸收逐渐接受社会规范。当个体感知到社会制裁的力量时，才会为了获得奖赏或避免受惩罚而遵从规范，这种奖励和惩罚不仅仅是物质上的，也可以是精神上的一种“自我管理”。一般来说，相对物质压力而言，精神压力带来的影响更大，它会伴随着尊敬感、自豪感、内疚感、羞耻感等情感体验，对行为有更强的约束力。一旦这种情感因素开始萌芽，这就说明个体的内心世界已经开始认可规范，也就是说规范影响的程度更为深刻了。

因此，社会规范不只是单纯地给个体带来行为的压力，它会渐渐地转变为个体信念系统的一部分。整个行为决策的过程从一开始的为了符合他人对自己的期望而行事变成从自己内心的信念出发。有研究表明，与对行为的直接约束相比，社会规范转变为个人规范之后，对于行为有了更强大的约束力，特别是当个体身份认同感比较弱时，它会相应地表现得更加强势。由此看来，规范认同程度在消费者对社会规范感知程度和规范行为意向间的正相关关系之间有着无法被忽略的作用。

（三）规范行为意向与购买意向

意向即在主观意愿上，个体进行特定行为的可能性。规范行为意向即在进行特定行为时个人主观意愿上接受社会规范。那么购买意愿顾名思义就是指个体在购买某种产品时主观上的可能概率或倾向。在个体的消费中，购买行为是一种具体行为，但是另一方面，当个体的整体行为出现规范行为意向时，表现为其具体购买行为带有相应的规范特征。例如，有学者研究得出在环保领域，规范意向很大程度上会影响消费者对环保包装的要求。一般来说，消费者规范行为意向能够积极地影响消费者的购买意向。

（四）消费者自我责任归因

从社会规范激活理论的视角出发，情境和个体因素会影响社会规范对个体行为的作用效果。换句话说，当社会规范受到个体重视时，其就会显著性地影响个体行为。越强烈的消费者自我责任归因会更有效地推动规范行为意向的形成，从而影响其购买意向。可以假定，消费者自我责任归因对其规范认同有正向影响。消费者自我责任归因一方面可以正向调节规范行为意向和购买意向之间的关系，另一方面还可以对规范行为意向和规范认同之间进行一个正向的调节。

第三节 社会责任行为的测量

一、社会责任消费行为测量演进

（一）20 世纪 50 ~ 70 年代

学者们最初借鉴一般社会责任行为的量表对社会责任消费行为进行衡量，在测量在校学生社会责任态度的过程中，S. 高夫（1952）和 M. 哈里斯（1957）开发了社会责任量表；在哈里斯量表的基础上，L. 伯克维茨和 K. G. 鲁特曼（Leonard Berkowitz & Kenneth G. Lutterman，1968）开发了来自于社会学的八测项量表——社会责任量表（SRS），它并不包括对消费行为的测量，而是测量社会责任，诸如参与与自身有关的事务、关心他人、真诚待人、人与自然和谐共处等；K. 安德森（Ken Anderson，1972）利用 SRS 量表研究社会意识消费者。基于分析结果，他提出消费者已经表现出一定的社会意识倾向，既是具有一般的社会责任，消费者对减少环境污染、加强生态保护等方面具有较高的关注度[①]；但也有学者认为这个量表是不适合测量社会责任消费行为的，因为这一方法没有展开实际测量等（T. C. Kinnear，1974；Allen Antil，1984）。

（二）20 世纪 70 ~ 80 年代

20 世纪 70 ~ 80 年代，对社会责任消费的测量随着环境保护主义的兴起和发展逐渐集中在可循环使用领域以及环境和生态保护行为上。量表设计的日益丰满及科学性使这一时期对生态和环境消费的测量逐步精细和完备，对量表信度和效度的检验也日臻完善，如 A. 安蒂尔（1984）为了检验开发量表的有效性，便采用了多种不同的方法相互验证[②]。设计量表内容时，不仅考虑测量社会责任消费态度，同时还测量了社会责任消费行为；T. C. 金尼尔（1973）开发的 ECI 量表

① Anderson，W. Thomas，Jr. and William H. Cunningham. The socially conscious consumer [J]. Journal of Marketing，1972，36（7）：23 - 31.

② Antil，John H. Socially responsible consumers：Profile and implications for public policy [J]. Journal of Macromarketing，1984，4（Fall）：18 - 39.

突破了以往只测态度的局限，首次区分了态度维度和行为维度，并且强调两者应同时被纳入责任消费的测度之中才能使结果更有效、更有信服力。

（三）20世纪90年代后期

围绕该主题的深层次研究促使对消费行为的测量维度向多元化趋势发展，同时延伸了研究范围，量表的形成过程更加缜密，测量内容也更加完整和丰富。对社会责任消费行为进行测量时，J. 罗伯茨（1995）对社会意识消费者行为（SC-CB）和生态意识消费者行为（ECCB）两个维度进行了区分；F. 勒孔特和J. 罗伯茨（Francois Lecompte & Jim Roberts，2006）结合J. 罗伯茨的社会责任消费行为量表和M. 克兰（Marianna Crane，2001）研究框架的量表基于法国消费者的消费行为，将消费者就营销层面、产成品层面、企业层面和国家层面道德考察纳入其社会责任消费的衡量，进而形成五维度社会责任消费量表，五个维度分别为对负责任企业产品的购买、支持小企业产品并购买、本国产品购买、企业责任行为消费以及适度消费，从另一个新的视角对社会责任消费测量进行了括展；D. J. 韦伯（2008）基于对商品使用和处置过程中的社会责任行为的关注开发了社会责任购买和处置量表（SRPD）；S. 佩伯（Stephen Pepper，2009）的量表则在道德消费方面更加关注①；中国学者阎俊等（2009）就中国消费者这一角度，在前人量表研究成果的基础上新增加了国外研究中未提及的“监督企业和维权”维度，开发了九维度社会责任消费行为量表（SRCB－China），得出符合中国情境的社会责任消费现状②。

随着行为量化与测度研究的拓展，多元化和科学化得到了实现。J. 罗伯茨也曾说明，当人类对社会责任消费行为的认识不断深入时，社会责任消费行为衡量也逐渐呈现出动态特点。

二、社会责任消费行为量表

（一）对于社会责任消费者量表的研究

西方学者对社会责任消费者量表的开发和测评始于1975年，并随着社会的发展不断补充完善。M. 韦伯斯特虽然赋予了社会责任消费较广的含义，但在制定社会责任消费量表时，他也只考虑了环境责任的因素；同样地，J. 利（Jason Leigh，1988）开发出的量表除了环境议题以外并未涉及其他的诸如慈善、员工

① Pepper M.，Jackson T.，Uzzell D.，An exami-nation of the value that motivate socially con-scious and frugal consumer behaviours [J]. International Journal of Consumer Studies，2009（3）：126－136.

② 阎俊，佘秋玲．社会责任消费行为量表研究 [J]. 管理科学，2009（2）：73－82.

等议题；J. 罗伯茨（1995）开发的研究社会责任的消费者行为的量表实现了从只研究消费态度到兼顾消费行为的转变，分两个维度，有 18 个项目。不可否认的是，量表的内容需要随着负责任消费的内涵和特性不断丰富、与时俱进，新的社会责任消费量表仍需继续探索；基于前人的研究，D. J. 韦伯等人于 2008 年开发出一个有 72 个项目的社会责任购买和处理行为（SRPD）量表。近年来，中国学者对于这个方面的研究也在不断丰富。例如，国内学者阎俊于 2009 年开发出涵盖 34 个项目、9 个维度的具有中国特色的社会责任消费行为量表，其特色在于引入了支持中小企业和民族工业这一中国消费者应该履行的责任。笔者对社会责任消费量表进行了总结，具体见表 6－3。

表 6－3　社会责任消费量表汇编

作者	测量时间（年）	测量内容	评价
K. 安德森	1974	两个维度 8 个项目	对环保的调查仅限于回收行为
R. 格雷等	1988	7 个纬度 140 个项目	只涵盖了环境保护议题
J. 罗伯茨	1995	两个维度 18 个项目	从前人对于消费态度的研究演进到消费行为的研究
J. 赫拉	2008	72 个项目	研究了企业 CSR 行为对消费者购买行为的影响；消费者的再回收利用行为以及消费者避免或降低对危害环境的产品的使用和购买
D. J. 韦伯等	2010	三个维度 26 个项目	强调购买、使用、处置的消费活动全过程，内容全面
阎俊、佘秋玲	2009	9 个维度 34 个项目	对中国的负责人消费者进行调查研究，并在前人的基础上增加了支持中小企业和支持国货作为中国消费者应当履行的社会责任

资料来源：笔者整理。

（二）SRCB－China 量表

阎俊基于 Churchill 等的量表，结合访谈调研，广泛提取测项并加以归并，形成初步测项集。设计测项时，研究采取直接测量行为的原则，目的是减少测量态度时不可规避的社会期许效应。然后运用验证性因子分析和探索性因子分析两种方法对量表可信度及有效度进行检验，其中检验量表的校标效度时将集体主义设定为因变量。

1. 初始测项集的生成

为提高时效性和本土性，阎俊等人在文献分析之后通过以下几个步骤确定测项：第一步，分析中国资料。为了突破现有文献中测项的时间、地域等限制，阎俊等人不仅在近年来关于企业社会责任问题的相关报道中提取一部分测项，而且要求访谈过程中人员访谈要对相应案例、知识进行积累；第二步，展开个别访谈。在大学校园、广场、公园随机对30名普通消费者进行访谈，时间20~40分钟不等。这30名普通消费者的男女比为13∶17，年龄范围为20~55岁，职业涉及学生、教师、企业一般员工、退休工人等。访谈人员就社会责任消费的概念先进行解释介绍，然后让受访人员在理解的基础上展开谈论经历。若受访人员一时无法做出回答，访谈人员就会举例来引导。当涉及的例子因为传统理解引起争议时，为保证访问的准确性，访谈人员会紧接着婉转地追问原因；第三步，合并整理、汇集并归纳总结消费行为，得到61个题项；第四步，专家进行筛选。由管理学、社会学的两位教授来从61个题项中筛选合适题项，并说明理由。结果由于难以排除非社会责任意识的原因干扰、问题过于抽象、不属于普遍现象等原因，23个测项被去掉或合并，最后剩余38个测项。形成最终测项之后，本着测量行为而非态度的原则，采用5分制李克特量表形式设计调查问卷，并根据访谈结果进行一致性打分。

2. 数据收集与样本概况

该研究对数据的收集分为两个阶段。第一次数据收集是为了初步确定量表的结构，从而采用探索性因子分析法；第二次数据收集则为了检验量表结构稳定性进而采用验证性因子分析法。

第一次数据收集对象为武汉地区两所高校。其中，有效回收问卷达到231份，包括136名本科生和95名研究生，年龄在19~28岁，男女占比分别为45.3%和54.7%。在根据探索性因子分析的结果修改问卷后，进行第二次数据收集，地点选为武汉市、长沙市和成都市。考虑到流动人口和常住人口的区别，为了提高对两类不同人口类型的覆盖，采取了街头随机抽样方式。街头流动人口的采集场所主要为集贸市场、公园、马路边、超市、写字楼。在回收的1140份问卷中，有效率达89.5%，满足了有效样本数量为测量题项5倍以上的要求。

3. 量表修正与检验

第一步是检验内容的有效度。其过程为从充分吸收、借鉴之前相关学者研究成果出发，根据中国国情和习惯的表达方式修改测项，并请两位专家对测项进行最后评定。为了保证问卷具有较好的内容效度，问卷发放前会经过20名研究生多次修正语句。

第二步是检验内部一致性信度。如果删除某一测项会使一致性系数Cronbach的α值显著提升或项目—总体相关系数小于0.5。除非特殊理由存在，一般情况下直接删除该测项。就上述标准剔除了4个测项后整个量表的Cronbach's的α值为0.9，均大于0.7，剩余的10个维度的Cronbach's的α系数在0.77~0.91，因为每个题项在相应维度上的相关系数均大于 0.5，认为量表内部一致性信度良好。

经过探索性因子分析后可以进一步发现，剔除之后的 34 个测项的 Bartlett 球状检验的显著性水平为 0.001、KMO 值为 0.81，数据有效。为了之后方便研讨分析，通过 SPSS 14.0 的正交旋转降维和主成分分析法，以碎石图走势和特征值均大于 1 为标准，对 9 个累计解释度达 67.75% 的成分因子进行提取，大于 60%。因此，9 个成分因子很好地代表了 34 个测项，而且每个测项因子不仅其负荷值均大于 0.6，而且无跨因子负荷现象出现，确保了分析的有效性。为了更加直观地分析这 9 个因子，将其分别命名为能源节约、环境保护、企业监督和维权、企业反责任抵制、企业负责任支持、动物保护、消费适度、中小企业支持、国货支持。之后进一步修正和检验量表时，阎俊等人又采用了校标效度分析、收敛效度分析等方法和指标。

4. 结果讨论

与国外学者开发的类似量表相比，阎俊等人研究开发的 SRCB – China 量表有以下特点。

首先，国外量表中没有涉及企业监督和维权这个维度，而 SRCB – China 量表中包含了该维度，这是中国实际情况中特有的一项。前者原因可解释为发达国家已经将这些行为法制化，由此变为消费者不可避免的义务。而后者原因在于中国就消费者权益的维护方面，相关法律制度还不够完善，从理论上来看，这有助于促进经济、社会协同发展。

其次，国内外社会责任消费行为中都包含环保和节能行为。从多年的研究发展史可以看出，环保、节能行为无论在理论上还是实践中都属于社会责任行为，因此，SRCB – China 量表也理所当然地将其纳入维度中。需要指出的是，由于在问卷调查和访谈中发现，很大一部分人是单纯利己地完成回收行为，而其有违社会责任消费行为定义，故国外研究中多次提及的回收行为没有包括在量表及问卷中。

再次，中小企业支持和消费出现了一致性的新变化。以上两个维度在国外研究中是到 2006 年才出现的。阎俊等人证明这两种情形同样适用于中国消费者，体现出国内外消费者在社会责任观念上的趋同效应。

最后，国货支持效应与中国消费者的实际情况相吻合。少数国外研究中涉及国货支持问题，但国货支持是否属于社会责任消费尚未取得一致结论。类似的，在对中国消费者的调研中也出现了较大的不一致性。支持者认为国货有利于国内产业的发展，而反对者提出盲目的国货保护会滋生企业不思进取的态度，不利于有效竞争和技术创新，进而阻碍整体产业竞争力的提升。此外，还有部分受访者认为国货支持这一行为与社会责任之间是没有必然关联的。经过综合的比较分析，阎俊等人认为支持国货仍然是社会责任行为的重要体现，因此仍将其纳入到量表的维度之一。

5. SRCB – China 量表的重要意义

SRCB – China 量表的开发不仅具有学术价值，也推动了企业经营的完善。

首先，此量表为理解 SRCB 的驱动因素提供了基础。SRCB – China 量表对不同群体 SRCB 及其影响因素的研究有积极促进作用，其为负责任的消费提供对策思路的同时，也为社会公众营造出一种“规范”氛围。

其次，SRCB – China 量表为企业提供了新的市场细分的工具。基于价值观，研究的量表提出了一种新型的细分的工具，对于传统市场细分的方法进行了补充，有利于企业辨别目标市场的有效性并准确地跟踪消费趋势。当企业开展有针对性的营销活动时，量表还可以帮助企业识别对消费者的购买决策影响更大的维度。

再次，此量表作为工具，可实现对消费者社会责任实践的状态进行评估。而且此量表还可以进行连续研究分析、代际之间比较及国内外对比分析，来综合评估消费者社会责任的多方面表现。它的评估结果更有说服力和广泛性，其能够掌握大众伦理价值观的特点，使其成为立法机构完善法规、政府部门制定政策时最好的民意研究基础材料。

最后，量表可以更好地为剖析消费者行为提供依据。此量表可以揭示众多影响消费者行为的因素之间的关联以及影响程度，还可对其他影响消费者行为的传统因素（如产品种类、质量、价格水平等）与社会责任消费的差异进行比较。

三、社会期许

社会责任的“内隐性”加大了直接观察和评价其程度的难度。目前的主要手段和工具是问卷调查。因此，“社会期许”对测量有效性的影响便成为了社会责任消费测量中必然存在的方面。

按照社会期许理论，个体会倾向于期望自身行为与社会规范相一致。就倡导社会和文化，倾向于过度表达，反之则倾向于保留表达。也就是说，在使用自我报告式问卷调查消费者的意识形态时，消费者在社会期许效应的影响下可能违背主观意愿而刻意表现出较高的社会责任行为，这也是社会责任消费“态度—行为”经常不一致的原因之一。由于社会期许效应，并不践行社会责任消费态度的消费者却表现得具备了这种意识，尤其是在道德消费和社会责任消费的衡量中，这种差距表现得尤为突出，进而造成测量信度及效度的降低，曲解了变量之间的相互关系。为了能够对社会责任消费行为进行有效的测度，在量表开发设计上需要避免或减少社会期许效应。除了采用匿名测试这一方式外，还可考虑设置强制选择题项、使用随机响应方法、选择替代物等专门的方法。D. J. 韦伯（2008）

在量表中减少了社会期许效应，其社会结构效度检验中的社会期许与量表各维度的相关性较低。

四、社会责任消费的未来研究方向

社会责任消费的发展经历了漫长的历史沉淀，从最初只关注消费决策阶段到后期的包括垃圾处理的消费全过程，从最初的环境责任消费逐步到之后多样的社会责任问题，它渐渐地形成了一个具有多阶段性、多层面性的理论框架。而在实际研究中，对于社会责任消费的测量不只包括直接测量方法也包括间接测量方法，不只有多角度的探索也有只集中于某一方面的探究（如基于环境责任的绿色产品购买）。虽然社会责任消费研究已经历了长期的发展，但这并不意味着对于它的研究已经处于成熟阶段：一方面，相较于发展中国家来说，发达国家对品牌的社会责任属性关注度更高督促着发展中国家（包括中国）进一步推广社会责任消费；另一方面，发达国家的社会责任消费研究也面临着“消费者对社会责任消费的支持实际上并没有他们所声称的那样强烈”等问题。所以，关于社会责任消费的研究还需要进一步深入。在未来的研究中，需要改善研究方法（如内隐联想测验以及认知神经科学方法）并重点关注态度对行为预测的有效性，对于中国企业的社会责任营销具有一定的参考价值。

具体可以从以下五个方面进行尝试。

1. 社会责任消费行为的形成机制问题

社会责任消费比一般消费受更多因素的影响，是一个复杂的消费决策过程。许多问题有待进一步研究，例如：社会责任消费决策的形成机制、动因以及基于其他理论对此做出的新解释。

2. 社会责任消费的文化差异问题

社会责任消费除了受到个人心理需求的制约外，更多地会受到他人、群体乃至文化等社会因素的影响，其道德伦理属性是由社会属性所决定的。那么，不同的文化是否会导致态度对行为预测性的区别？相对于西方人，东方人的社会导向型消费决定了其自我消费行为会受到周围群体的观点和信念的影响，态度—行为一致性较不稳定。与之不同，西方的个人导向型消费注重的是引导消费者加强内部体验和自己的感受，不会为取悦他人而改变自己的态度和行为。邓新明（2012）和韩（Han，2010）等比较研究推测，中国消费者态度对行为预测的有效性存在被社会规范抑制的可能性。此外，邓新明（2014）研究发现，中国消费者常常陷于一种“说一套做一套”的道德困境，这是因为购买任务、社会环境以及当前状态等情景因素对中国消费者的伦理消费都具有重要影响。

3. 社会责任消费的情境依赖问题

社会责任消费行为必须依赖特定情境还是与情境无关？若答案为前者，特定情境包括哪些要素？哪些要素会对消费者进行社会消费决策造成影响？社会责任消费行为会不会受到网络、口碑、同伴效应等的影响？消费者的社会责任消费行为会不会受到公众和私人消费情境的影响？这种社会责任消费的情境依赖问题，尤其是在中国文化背景下，十分值得研究。

4. 测量消费者社会责任消费行为问题

怎样客观且有效地测量社会责任消费行为及其相应手段和方法，怎样制得符合中国文化背景的社会责任消费行为量表等这些问题都是我们在之后的研究中需要一步步解决的。

5. “社会责任消费者”的神经机制问题

“社会责任消费者”作为一个特殊的细分群体，受到越来越多的关注。在这种情况下，对于“社会责任消费者的神经机制”的探索问题也提上日程。神经营销学学者 D. 艾瑞里和 G. S. 伯恩斯（Dan Ariely & Gregory S. Berns，2010）在神经科学的渗透下成为了消费者行为学中的一个全新的领域，也引起了学界的广泛高度关注。神经营销学，顾名思义，是通过研究消费者表现出的外在行为和内在神经活动二者之间的联系来设计一系列的营销技术。目前，相对应的脑机制的研究还不够成熟。而在社会心理学领域，研究范围已经被研究者扩展到了大脑神经活动如何受社会价值取向的影响和支配。相关研究发现，社会价值取向会影响前扣带回（Anterior Cingulate Cortex）、颞顶联合处（Temporal Parietal Junction）和双侧前脑岛（Bilateral Anterior Insula）的激活，当亲社会者选择合作行为和亲自我者选择欺骗行为时，都能激活大脑内奖赏脑区（如腹侧纹状体，ventral striatum）。由此，可以从另一个方面研究进化心理学预测的准确性，就是具有亲社会偏好的社会责任消费者，在做出消费决策时，是否会激活与上面相似的奖赏脑区？

第四节 本章小结

20 世纪 70 年代，西方国家社会责任消费的研究开始盛行，从其界定范围来看，社会道德责任的界定已经逐渐取代了传统的单一环境责任的定义，从研究领域来看，单纯的消费决策阶段已不能涵盖所有的社会责任消费行为，研究逐步延伸到消费全过程，并且在不断深化。

相对于西方国家来讲，中国的社会责任的研究还刚刚兴起，企业、消费者和其他社会各界共同努力是推行社会责任消费的重要动力。

从消费者个人层面看，个人社会责任消费意识的提高、态度的积极性都有利于社会的持续发展，从认识到进行社会责任消费行为是一个循序渐进的过程，应该积极地参与各种维护生态环境、资源能源节约、相关权益保护等活动。

从企业层面看，企业不仅要有效利用社会责任竞争战略，而且要通过开展企业社会责任相关活动，来对当前及潜在消费者的责任消费偏好进行总结，进而选择合适的手段和力度，在实现企业自身经济效益的同时促进社会经济的和谐和可持续发展。可以通过以下三个方面来推进战略性企业社会责任。第一，企业在制定企业社会责任战略时要以消费者的响应作为切入点要考虑到市场的细分情况；第二，加强目标消费者对企业责任的利益感知，为了提升消费者的感知效果，企业应考虑将竞争战略与社会责任匹配起来；第三，企业要对消费者的社会责任理念进行积极指引和协助建立。

从社会层面看，关于加强人们的社会责任消费行为意识可以通过以下两个途径来进行：加强宣传和组织活动。社区居委会可以开展宣传活动，向人们普及什么是科学的社会责任消费以及社会责任消费都包含哪些内容。还可以组织各种公益活动，例如通过科技创新循环利用资源等，通过这两个途径，使社会责任消费行为得到人们的关注，融入人们的生活，同时鼓励人们多思考、多付出。

从政府层面看，可从监督赋权和标准导入切入，加强社会责任消费行为利弊分析，自上而下地宣传社会责任的重要性，构建良好的互动氛围。一方面，对于一些危害到环境卫生安全的行为，可以利用相关的法律条例来进行规范；另一方面，可设计相关的奖励措施来鼓励大家在日常消费过程中注重社会责任。

第七章

企业社会责任管理

第一节 责任战略

一、CSR 理念

在当今企业发展的时代趋势中，社会责任已然成为全球企业生存发展的必修课。进入 21 世纪，无论是在国际还是在国内，企业社会责任（CSR）理念的发展都日趋深入。从国际上看，CSR 呈现标准化、规范化的发展趋势。从 2000 年正式启动全球契约计划到 2010 年发布实施社会责任国际标准（ISO 26000），企业必尽的社会责任越来越多，越来越多的软约束转变为硬约束。许多国家和区域性组织将社会责任理念融入企业乃至整个国家的发展战略，如欧盟的《新版欧洲 CSR 战略报告 2011～2014》，西班牙的“西班牙企业 2020 倡议”“*The Spanish enterprise initiative* 2020”①，印度政府颁布的首个 CSR 指导原则——《印度企业社会、环境、经济责任自愿准则》（*India's social*, *environmental*, *and economic responsibility voluntary standard for business enterprises*）② 等。

进入 21 世纪，中国企业社会责任运动进入新的历史阶段。随着人们对企业和社会关系的关注，企业利益相关方的社会责任意识纷纷觉醒，CSR 理念盛行于学者、政府和企业之中。近年来，有关 CSR 的研讨会、评选等活动日益增多。2001 年在北京举办了题为“21 世纪的中国企业”研讨会，中国企业联合会成为首个参与“全球契约”的国家级雇主组织；2004 年《中国经营报》在杭州主办“国际化趋势下中国 CSR 与企业竞争力”论坛；2005 年联合国全球契约峰会在上

---

① 2011 年 9 月 20 日，西班牙社会责任组织 Foretica 在马德里举办“西班牙企业 2020 倡议”发布会。

② 2010 年 4 月，印度政府发布该准则。

海举行，会议主题为“创建可持续的经济联盟”；2008 年《南方周末》成立了“南方周末·中国 CSR 研究中心”；自 2008 年推出“金蜜蜂 CSR·中国榜”以来，已有 197 家企业荣获“金蜜蜂企业”称号，“蜜蜂型”企业已然成为负责任企业的代名词；2015 年首届“中国 CSR 前沿论坛”在北京举办，回顾了 21 世纪以来中国 CSR 的发展。

无论是“十二五”时期和谐发展战略还是“十三五”时期全面建成小康社会的目标都与 CSR 理念息息相关。特别是党的十八大以来，将生态文明建设与经济、政治、文化和社会建设并列，形成“五位一体”总布局。生态文明建设离不开 CSR 理念，要求企业站在长远利益和整体利益制定发展战略。党的十八届三中全会将承担 CSR 作为国企改革的重点之一，党的十八届四中全会提出加强 CSR 立法。中国经济发展进入新常态，可持续发展问题突出，为实现“十三五”时期发展目标，必须贯彻创新、协调、绿色、开放、共享的发展理念，CSR 理念已经融入整个经济体的发展规划。

在中国，许多企业已经认识到社会责任的重要性和必要性，企业践行社会责任不再是“解释问题”而是“解决问题”。企业发布的社会责任报告数量也连年增长，2014 年发布的 CSR 报告达到 1526 份，比 2013 年增长了 24%。2015 年新《环境保护法》实施后，许多企业专门设立社会责任部门以践行自身应承担的环保责任；还有的企业主动将 CSR 理念融入企业战略。

然而，中国还处于经济发展转型阶段，仍有一部分企业为了短期利益而不择手段，无视 CSR 理念的重要性，甚至连最基本的对消费者的责任都没有承担。从“三鹿毒奶粉”到“毒胶囊”、“酒鬼”酒塑化剂、麦当劳过期食品加工出售事件，从中海油渤海漏油事件到当下波及全国的雾霾问题，从“郭美美事件”到慈善问责风暴，从医药回扣到足坛的假赌黑、跨国公司在华行贿事件，食品安全、环境污染、慈善虚假、商业腐败等各类事件屡见不鲜，但这些问题影响极大甚至危及子孙后代的生存。从某种程度来说，这些事件是转型时期一部分企业与社会关系的真实现状，由此可见，全面深化 CSR 理念的道路还很漫长。企业只有深化 CSR 理念、实施 CSR 战略，才能实现企业可持续发展，进而实现企业和社会的双赢。

为促进对 CSR 理念的深入理解，下面介绍 CSR 的内涵及 CSR 理念在国内外的演变。

（一）CSR 内涵

虽然 CSR 在理论和实践两方面都已有很大发展，但由于认识视角的分歧导致“CSR”至今仍没有一个统一的概念定义和范围界定。概念界定不明晰不利于企业深化 CSR 理念，因此为贯穿本书 CSR 研究的任务，有必要针对 CSR 提出自己的观点。笔者认为，企业社会责任（CSR）是指企业在以良性经营的方式获取利润的过程中承担的对利益相关者的经济、法律、伦理、公益责任。

CSR 中的“企业”具有双重属性，一是物质属性，二是精神属性。从物质属性看，企业既是具有独立法人地位的法人实体，又是创造大量财富的经济实体；从精神属性看，企业是由有行为能力、有自由意志的人组成的经济共同体，它理应是承担社会责任的企业公民。这里的“社会”指的是利益相关者，即自身利益与企业经营状况密切相关的群体，包括股东、员工、消费者、竞争同行、政府和外部因素（如环境）等。这里的“责任”是由经济责任、法律责任、伦理责任和公益责任构成的广义的责任。其中，经济责任是指企业良性经营、保障生产发展需要的责任，例如股东要求的投资回报、员工要求的稳定收入以及客户要求的公道价格等，它是企业最基本使命；法律责任要求企业行为必须以法律为准绳，它是 CSR 的底线；伦理责任则强调企业均衡利益相关者利益的行为是合乎理性的，它是 CSR 的较高层次；公益责任是 CSR 的最高层次，例如，企业给社区捐赠资源、改善公众生活质量。经济责任和法律责任属于外化的社会责任，慈善责任和伦理责任则是社会责任内化的产物，从经济责任、法律责任到伦理责任、公益责任的过渡是层层递进的。企业的经济、法律责任很好理解，下面重点讲一下什么是伦理责任和公益责任。

在现实生活中，人们经常将“伦理”和“道德”混为一谈，但无论是在西方社会伦理学还是在中国道德哲学中，“伦理”和“道德”都是两个概念，使用范围各不相同。在古汉语中，“伦理”指血缘亲属之间的礼仪关系和行为规范，破坏夫妇、长幼之“伦”的为“乱伦”。现代学者认为“伦理”是“处理人们相互关系应遵循的道德和准则”[①]。中国古代“道德”是由“道”和“德”两个单词组合而成的，“道”指客观真理即自然存在和发展的规律，“德”指合乎客观规律的品行，有“道德”指按照客观规律去做事、做人。现代《辞海》中对“道德”一词的描述是这样的：“社会意识形态之一，是人们共同生活及其行为的准则和规范。”[②] 现代汉语中，“伦理”普遍用在物和事上，偏向客观意味，而“道德”则普遍针对人，侧重主观意味。例如，我们常说“有道德的人”，但一般不会用“有伦理”来形容一个人。在西方文化中，“伦理”最早是指规则和规范，后来渐渐引申为理性的寓意。“道德”（morality）一词最早起源于拉丁语的“mores”，指精神和心灵上的美德。后来，道德概念又演变为中世纪时期的宗教道德，包括行善积德，慈悲为怀，助人为乐，舍己为人等。文艺复兴时期，道德意为传统风俗和习惯，渐渐演化为“伦理”概念下的一个二级概念。现代语言

---

① 匡海波等．企业社会责任［M］．北京：清华大学出版社，2010：15－16．

② 辞海．

中，“伦理”具有更多的理性特征，处于高级的理论层次；“道德”包含更多地情性特征，处于低级的实践状态。统筹中西方社会文化，“伦理”适用于抽象、理性、规则等理论范畴，而“道德”适用于具体、情性、行为等实践范畴。

上文所提及的伦理责任中的“伦理”倾向西方社会文化中“伦理”概念，蕴含着西方社会的理性、科学、公共意志等属性，具有更多的理性特征，强调规矩、标准和规格。伦理责任则更多地将履行社会责任内化成为企业的理性行为，使 CSR 成为企业实现利润最大化的必要因素。在伦理责任层次，虽然，社会责任已经实现内化而且融入企业战略之中，但是，这里的社会责任是功利性的，是企业出于利益欲求而不是出于道德需求、信念追求的作为。尽管是出于功利性目的责任动机，伦理责任仍然是合理的道德表现。在伦理责任下，社会经济关系主要表现为利益关系，利益是责任的基础，关注他人和回报社会等各种责任行为客观上具有某种利益实现的愿望。

个体对自我的责任是自我完善的需要，企业对自我承担责任则是承担了企业的经济责任。而个体对他人的责任目的包括功利性和公益性两种，功利性的责任即为伦理责任，公益性的责任即为公益责任。在公益责任下，企业在责任感的驱动下会出现主动舍弃自身的某些利益而成全相关者利益的行为，这是一种超功利性动机的高尚行为。

（二）CSR 理念在国外的产生和演变

第一次工业革命之后，现代意义上的企业得以产生并有了充分发展，但 CSR 理念还没有正式出现。在实践中，CSR 理念片面地体现在企业主个人的道德行为之中。到了 18 世纪末期，西方社会开始出现小企业主向学校、教堂和穷人捐款的现象，企业的社会责任观开始萌芽。第二次工业革命后，社会生产力突飞猛进，企业数量增多、规模扩大，但是由于“社会达尔文主义”思潮盛行，公众对企业的社会责任的态度消极，尤其是许多企业通过盘剥员工来强化自身竞争的优势地位。19 世纪中后期，长期被压迫的劳动阶层开始发声、要求维护自身权益，与此同时美国相继出台《反托拉斯法》（*Antitrustlaw*）和《消费者保护法》（*Consumer Protection Law*），这些在一定程度上等同于对企业承担社会责任的硬约束，CSR 理念的出现已是必然。在国外，CSR 理念的产生和演变大致分为三个阶段。

1. 20 世纪 30 年代以前

关于 CSR 的系统思想最早出现在 20 世纪初期的美国。第二次工业革命之后，工业化进程加快，欧美纷纷出现现代大公司，两权分离（即公司所有权与经营权相分离）的公司治理模式逐渐成为主流。在这种时代背景下，CSR 开始受到社会各界的关注。芝加哥大学的莫里斯·克拉克（Maurice Clark）于 1916 年撰写《改变中的经济责任的基础》（*Changing the Basis of Economic Responsibility*），企业经济责任的思想开始出现。早在 1919 年，美国密歇根法院曾宣称，企业经营主要是为了为股东谋利益进而增加企业的市值。这种观点也与 CSR 中的经济责任相契合。一般认为奥利弗·谢尔顿（Oliver Sheldon，1924）首次提出了 CSR 概念，他认为道德因素应作为企业社会责任的一部分，在经营操作过程中实现产业内外各种需求这一责任与企业社会责任关联紧密。

2. 20 世纪 30～60 年代

在这一阶段出现了两种相互联系的观点：一是认为管理者要同时满足股东和其他利益相关者的利益；二是认为管理者有义务协调各方利益之间的矛盾。值得一提的是，1953 年，H. R. 鲍恩在《商人的社会责任》一书中写道："商人社会责任就是商人根据社会目标制定生产经营规划的义务。"尽管未直接谈及 CSR，但该书第一次阐述了 CSR 理念、开启了对 CSR 理念系统研究的先河。然而在这一阶段，社会普遍认为企业的社会责任就是追求利润最大化，而将 CSR 看作是利他行为、将其处理为外部性问题，CSR 理念并没有得到普遍认同。

3. 20 世纪 60 年代之后

在经济社会不断发展的背景下，CSR 的相关理论探索获得了实质性突破。"企业的社会责任就是追求利润最大化"观点已经不是主流，学术界的研究重心主要集中在三个方面：一是 CSR 的理论基础；二是 CSR 的内涵和本质；三是 CSR 与企业发展的关系。

CSR 的理论基础就是企业为什么要承担社会责任，不同的研究者从不同角度提出了理论解释，其中最具影响力的就是 1963 年由斯坦福研究所提出的利益相关者理论和社会契约理论。后来 M. 弗里德曼进一步发展了这两个理论并使其成为 CSR 理论的重要基础。

关注 CSR 与企业发展关系问题的学者，主要研究企业承担社会责任与企业财务绩效的实证关系。关于 CSR 的理论基础、CSR 的内涵和本质这两个问题的研究偏向于理论分析，而关于 CSR 与企业发展关系问题研究则偏向于实证分析。与前两个问题的研究不同，关注该问题的研究者既有支持者也有反对者。支持者认为，承担 CSR 可以提高企业财务绩效、改善企业运营状况；反对者则认为，承担 CSR 对于企业来说是一种负担，它会增加企业运营成本，不利于企业在市场中的竞争。

（三）CSR 理念在国内的产生和演变

国内关于 CSR 理念的探索起步较晚，对于 CSR 的研究主要是建立在西方理论的基础之上，国内对于 CSR 理念的探索大致分为三个阶段：萌芽阶段、初步发展阶段和快速发展阶段。

1. CSR 理念萌芽阶段

国内学术界从 20 世纪 80 年代开始关注 CSR，直到 20 世纪末关于 CSR 的研究主要处于引进和学习国外研究的阶段。因此，在这一阶段，国内学术界对于CSR的理解是比较片面的，相关的理论研究也是不成体系的。在萌芽阶段，研究者认为：从企业的态度看，CSR属于企业自愿型贡献行为；从市场角度看，CSR涉及公众利益、有利于社会发展；从法律基础角度看，CSR应当是法律义务等。

从实践角度看，经济全球化在一定程度上促进了CSR理念在国内的传播，跨国公司是CSR理念传播的重要载体。20世纪末，中国开始成为“世界工厂”，人口红利在促进国内经济发展的同时也吸引了大量国外企业，与此同时劳工问题开始为全社会所关注，在此阶段，CSR的理念更多等同于劳工标准。

2. CSR理念初步发展阶段

20世纪90年代末至2005年是CSR理念初步发展阶段。国内学术界开启了对CSR比较系统的研究。2001年中国加入WTO，经济一体化、全球化成为影响国内经济的重要因素，改革开放步伐进一步加快，不仅要“请进来”、还要“走出去”，客观上加快了国内市场融入国际经济体系中去。经济发展与世界接轨的同时，经营管理也开始采用国际标准，因而CSR理念开始大规模地在国内传播开来，学术界关于研究CSR的文献数量和相关研讨开始增多。例如，卢代富在其《企业社会责任的经济法与法学分析》一文中提出，CSR是独立于企业经济责任的负有增进社会利益的义务。周祖城在其发表的《企业道德学》一文中引用利益相关者理论解释了CSR理念。但是这一阶段的国内研究主要是基于西方研究的基础之上，缺乏深度和创新，并且研究成果总量有限。

3. CSR理念快速发展阶段

2005年以来，中国将“和谐社会”作为执政的战略，由此CSR理念在国内得到了极大普及，受到政府、企业和社会的极大关注。关于CSR理念的讨论已不再局限于学术领域，进一步扩大到企业、非政府组织以及政府之中。国家电网公司是中国内地首个发布CSR报告的企业，提高了企业和非政府组织对于CSR理念的关注。反之，企业和非政府组织也成为CSR理念传播与发展的强大推动力。当下，国内关于CSR理念的主流思想特别强调企业与社会的互动关系，这里的社会代表广大“利益相关者”。

虽然，中国在CSR研究方面已经进入快速发展阶段，但与国际上CSR研究深度仍有较大差距。现阶段，国内学术界主要集中于CSR内部驱动力的研究，但是国内仍然有许多企业由于缺乏内部驱动力而难以积极践行CSR理念，甚至连最基本的社会责任要求都不能履行。由此看来，仅靠内部驱动力来推动CSR理念的深化是远远不够的，还需要在政策法规、社会意识形态、行业协会和新闻媒体等多方面进行CSR驱动力的研究，以期推进CSR理念全方位、多层次、宽领域的实践。

CSR 理念日益得到越来越多的认可，理论界的学者和实践中的经营者都认同企业应当承担社会责任，因而 CSR 理念的确立具有合理性和现实意义。CSR 理念在理论上的合理性促进了其在实践中的推广，企业积极践行 CSR 理念又能进一步证实该理念的理论意义。确立 CSR 理念的合理性和现实意义又分别体现在其理论依据和现实依据两个方面。

传统理论认为，企业创建是以营利为目的，故赚取最大利润是其仅有的目标。企业形成的意义在于盈利，企业的本能就是逐利最大化、无关乎 CSR。但随着生态社会矛盾凸显，CSR 运动持续高涨，CSR 理念深入人心，特别是自 2008 年金融危机以来，有人指责企业尤其是金融企业对社会责任的漠视是这场金融危机的重要起因，因此，传统理论早已站不住脚，CSR 理念应该得到加倍的重视。现代理论认为需要从相关理论角度论证 CSR 理念的合理性，其中比较有代表性的是社会契约论和外部性理论。由此 CSR 理念具有了坚实的理论依据。

确立 CSR 理念的现实依据主要集中于三个方面，一是维护社会利益相关者集团的利益的必然要求；二是有利于抑制企业社会权势的扩大；三是有利于满足社会公众预期变化。特别地，随着"一带一路"、"亚洲基础设施投资银行"(Asian Infrast ructure Investment Bank，AIIB)等国家战略的实施，国内掀起新一轮的国际化浪潮，中国企业在"走出去"的过程中，履行 CSR、传播 CSR 理念是树立良好国际形象、提升品牌声誉的有效方式。

二、CSR 议题

一般情况下，议题是指政府部门、企事业单位或社会组织通过会议讨论决定的事项。议题的使用环境广泛，凡是被议论的主题都可称为议题。关于 CSR"究竟是什么"以及"是否应当被认可"这两大议题在 CSR 思想出现伊始就引起了较大争议，学术界对 CSR 的研究也在争鸣和共识中不断前进。本节首先介绍在研究 CSR 理念过程中出现的五大核心议题，其次分析比较不同行业的 CSR 议题，最后基于中国国内情况梳理 CSR 议题近五年的发展、变化。

（一）学术研究领域的五大核心议题

随着国内外关于 CSR 研究的推进，CSR 核心议题也在不断改变，本书梳理了学术界出现的关于 CSR 的五个议题，分别是企业承担社会责任的必要性、CSR 内涵、履行社会责任与企业自身发展的关系、促进企业承担社会责任的驱动力、企业管理层和员工的社会责任观。

1. 企业承担社会责任的必要性

CSR 理念最早出现在欧美，学界对 CSR 的研究也缘起于西方资本主义工业化、市场化的推进以及企业外部性影响的增加。美国学者 H. R. 鲍恩 1953 年出版了《商人的社会责任》一书，标志着学术界对 CSR 系统研究正式开始。此后，学术界对 CSR 的关注激增，同时对企业承担 CSR 必要性的大规模的论战也随之而来。早期最具影响力的争论当属 M. 多德、M. 弗里德曼和 R. 贝利之间的论战。在这之后经历多年争论，虽然质疑的声音仍然存在，但支持者的观点已然成为主流，特别是在 1990 年 W. D. 科尔曼基于企业和社会关系框架明确强调 CSR 必要性和现实价值之后，企业承担社会责任的必要性得到更加广泛的重视和认可。

总体看，国内外学者对于承担 CSR 的必要性基本达成共识，但是国内目前对 CSR 的认知深度和执行力参差不齐，存在极大的企业差异、行业差异和区域差异，对于“企业承担社会责任必要性”这个曾经被国外学界长期争论的本质问题仍存在较大争议。因此，国内关于这一议题的研究应当更多地结合中国发展特色阐明履行社会责任的巨大价值。

2. CSR 的内涵

虽然 CSR 在理论和实践两方面都已有很大发展，但由于认识视角的分歧导致“CSR”至今仍没有一个统一的概念定义和范围界定。不同学派、不同文化背景的研究者会从不同的角度来理解 CSR 的内涵。货币主义代表人物 M. 弗里德曼虽反对企业承担社会责任，但也提出了对 CSR 内涵的独特理解。他认为如果硬要强加给企业某种社会责任，那么企业唯一的社会责任就应当是有效率地使用其资源以期实现利润最大化，换句话说就是无欺诈地参与到开放自由的竞争中。A. B. 卡罗尔的“社会责任金字塔”模型和 J. 埃尔金的“三重底线责任说”分别针对 CSR 内涵提出了在学界具有深远影响的界定。在此之后，M. E. 克拉克森通过绩效模型又进一步拓展了 CSR 内涵，近年来又出现一些学者从 CSR 的意义和企业在社会中的共同责任角度对 CSR 内涵提出新的界定。国内有学者认为，中国对于 CSR 内涵的研究文献大部分都是纯粹的西方理论，缺乏对中国特色的 CSR 内涵的清晰界定，提倡中国式 CSR 理念应更多地结合儒家文化和中国国情。

3. 履行社会责任与企业自身发展的关系

履行社会责任对企业自身发展的影响是一个重要议题，也是目前相关研究的重点。研究这一议题的学者大多使用实证分析方法探讨履行社会责任对企业发展绩效的影响。大多数实证研究都认为履行 CSR 有助于提高企业的经营绩效、发展状况，这种正向促进关系在发达的市场经济和完善的制度环境下更为显著。与此同时，还有一部分学者致力于分析承担社会责任是否会影响企业竞争力和内部员工激励等机制。

4. 促进企业承担社会责任的驱动力

如何促进企业履行社会责任是研究 CSR 时不可回避的议题，因为，所有的研究归根结底是要促进企业履行社会责任的发展。不同学科领域的研究有着不同的关注点。从企业管理角度，认为政策法规、组织设计、制度约束和国际化等方面对企业履行社会责任有较大驱动作用；而从社会学角度，从企业与社会的关系出发，强调通过改变企业法人的利益结构来引导企业将 CSR 理念融入企业日常经营管理。

国内在社会责任方面的研究起步较晚，且与国际上有较大差距。现阶段，国内学术界主要集中于 CSR 内部驱动力的研究，但是事实证明，仅靠内部驱动力来推动 CSR 理念的深化是远远不够的，还需要在政策法规、社会意识形态、行业协会和新闻媒体等多方面进行 CSR 驱动力的研究。

5. 企业管理层和员工的社会责任观

企业内部员工和管理层的价值观对于企业的社会责任行为有着直接影响，随着对 CSR 研究的不断深入，研究者开始关注企业内部人员社会责任观对于整个企业行为取向的作用。早在 1985 年，K. 奥佩里就基于 A. B. 卡罗尔的“社会责任金字塔”模型指出，领导者的精力是有限的，他对经济责任的关注越多，则会越少关注法律责任、伦理责任和慈善责任。近年来，关于这一议题的文献数量开始增多，W. E. 谢弗（William E. Shafer，2007）分析对比了中美管理层社会责任观的差异；G. 安基里德在 2008 年提出组织中管理人员层员工比基层员工更重视经济责任；袁文龙在 2011 年则提出要将 CSR 价值观融入企业日常运营之中。相较而言，由于目前国内企业员工对企业的 CSR 实践影响力有限，所以国内针对这一议题的研究成果还比较少。

（二）不同行业的 CSR 议题

《中国企业社会责任报告编写指南》（CASS - CSR2.0）以下简称《指南 2.0》构建了“四位一体”的 CSR 模型（见图 7 - 1），认为各行业的 CSR 议题均可划归为四个板块，分别为责任管理、市场绩效、社会绩效和环境绩效。但是不同行业的 CSR 议题差异十分明显。《指南 2.0》中分别列述了 46 个行业社会责任议题，内容几乎涵盖了三大产业各个行业部门，比如农林牧渔业、煤炭开采与洗选业、电力供应业、纺织业和交通运输服务业等等。本书将从 46 个行业中选取 3 个行业，比较这几个行业社会责任议题的差异[①]。

---

① 彭华岗等 . 中国企业社会责任报告编写指南［M］. 北京：经济管理出版社，2011：1.

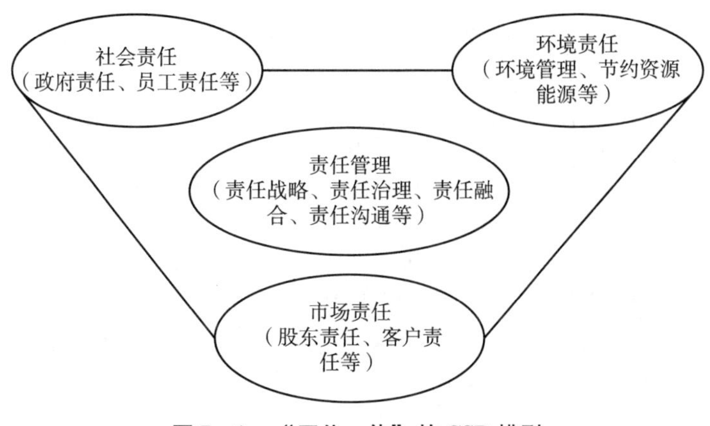

图 7－1　“四位一体”的 CSR 模型

1. 农林牧渔业社会责任议题

农林牧渔业包括农业、林业、畜牧业、渔业，就是通常所说的第一产业，该行业 CSR 议题见表 7－1。

2. 日用化学品制造业

日用化学品制造业包括化妆品制造、肥皂及合成洗涤制造、口腔清洁用品制造等。该行业社会责任议题见表 7－2。

3. 银行业社会责任议题

银行包括中央银行、商业银行和其他政策性银行。银行业社会责任议题见表 7－3。

表 7－1　农林牧渔业社会责任议题

责任板块	社会责任议题
责任管理	确定社会责任蓝图、基本方针，强化社会责任管制，传播社会责任理念并促进其与运营融合，构建社会责任组织架构，开展社会调研活动，强化社会责任沟通
市场绩效	股东、客户关系管理，财务绩效管理，产品服务、质量管理及创新，责任理念及要求融入采购过程，有效竞争与诚信合作，食品安全，农村客户服务，农业机械技术、化学和生物技术创新
社会绩效	诚信守法，贯彻落实政策，开展公益、志愿者活动，促进农民就业，本地化经营，员工培训成长与权益保护，员工职业素质培养，安全合理生产
环境绩效	构建环境管理体系，重视内外部生态环境治理，减少废水、废气、废渣排放，积极研发运用环保设备和技术，降低农药等化学用品使用率，发展低碳经济和循环经济，节约水、电等资源，发展应用可再生能源

资料来源：彭华岗等，2011。

表 7－2　　日用化学品制造业社会责任议题

责任板块	社会责任议题
责任管理	确定社会责任蓝图、基本方针，强化社会责任管制，传播社会责任理念并促进其与运营融合，构建社会责任组织架构，开展社会调研活动，强化社会责任沟通
市场绩效	股东、客户关系管理，财务绩效管理，产品服务、质量管理及创新，产品信息披露合规，责任理念及要求融入采购过程，有效竞争与诚信合作
社会绩效	诚信守法，贯彻落实政策，开展公益、志愿者活动，促进农民就业，本地化经营，员工培训成长与权益保护，员工职业素质培养，安全合理生产
环境绩效	构建环境管理体系，减少废水、废气、废渣及 COD、含油废水、阴离子表面活性剂排放，积极研发运用环保设备和技术，发展低碳经济和循环经济，节约水、电等资源，发展应用可再生能源，建设原料、中间产品及危险化学品的储存、管理制度，使用环保包装并重视动物福利

资料来源：彭华岗等，2011。

表 7－3　　银行业社会责任议题

责任板块	社会责任议题
责任管理	确定社会责任蓝图、基本方针，强化社会责任管制，传播社会责任理念并促进其与运营融合，构建社会责任组织架构，开展社会调研活动，强化社会责任沟通，遵循“赤道原则”
市场绩效	股东、客户关系管理，财务绩效管理，责任理念及要求融入采购过程，有效竞争与诚信合作，风险管理，客户金融理念培养及信息保护，洗钱管制，资费公开，支持欠发达地区、中小企业、特殊群体、小额信贷及应急贷款，实施《新巴塞尔协议》进展，IT 灾备
社会绩效	诚信守法，贯彻落实政策，扶持“三农”，开展公益、志愿者活动，支持医疗卫生发展，本地化经营，员工培训成长与权益保护，员工职业素质培养
环境绩效	绿色办公及绿色信贷的支持程度，贷款项目中的环境规定，贷款项目的环评达标率，节约水、电等资源，运用可再生能源

资料来源：彭华岗等，2011。

（三）CSR 议题的发展

2010 年由中国社会科学院经济学部 CSR 研究中心主办的“中国企业社会责任十大议题展望”研讨会并发布《中国企业社会责任基准调查（2010）》，这是国内首次大规模公开探讨 CSR 议题的研讨会。调查结果表明，公众对 CSR 热点话题十分关注，公众评选的未来三年中国 CSR 十大议题为水资源危机、污染问题、食品安全问题、土地退化、房价过高、能源危机、农民工权益保障问题、气候变化危机、物种灭绝和安全生产（见表 7－4）。研讨会结合专家意见，选出了中国 CSR 十大议题（见表 7－5）。

表 7－4　　公众评选的未来三年中国 CSR 议题

排名	社会责任议题	占比（%）
1	水资源危机，淡水资源缺乏且受严重污染	87
2	污染问题，城市噪声及垃圾污染，大气污染，土壤污染	82
3	食品安全问题，影响消费者健康	79
4	土地退化，出现粮食安全问题	78
5	房价过高，影响市场环境和社会秩序	76
6	能源危机，煤炭、石油等不可再生能源日益减少	75
7	农民工权益保障问题	73
8	气候变化危机，全球气候呈现异常	73
9	物种灭绝，森林面积减少，植被遭到严重破坏	72
10	加强安全生产，抓好安全监督	72

资料来源：《中国企业社会责任基准调查（2010）》。

表 7－5　　专家评选的中国 CSR 十大议题

议题	社会责任议题
1	依法诚信经营
2	吸纳就业
3	应对气候变化
4	能源/资源可持续利用
5	安全生产与食品安全
6	自主创新与技术进步
7	员工权益与员工发展
8	企业全球责任，在产品外贸和对外投资中履行社会责任
9	公益慈善与志愿服务
10	CSR 的理性认知和有效推进

资料来源：《中国企业社会责任基准调查（2010）》。

当前中国正处于转型阶段，在复杂的经济、历史、人文等背景下推进 CSR 实践富有挑战和创造性，在瞬息万变的市场环境下 CSR 议题内容也在不断变化之中。CSR 管理的传统议题主要集中在环保、雇员关系和慈善捐款等，但随着企业外界环境的发展变化，关于 CSR 管理也涌现出许多新议题，这些议题大多与社会问题联系得很紧密、是整个社会关注的焦点。

老龄化问题已经成为当下中国不得不面对的问题，老龄化时代的人力资源与“银色经济”前景是企业可持续发展的挑战，也是机遇。2014 年，中国和欧洲跨地域合作，共同发起了“积极老龄化”的联合倡议，由此老龄化问题也纳入CSR议题之中，将有效推动中国和欧洲乃至世界经济面对老龄化问题以及更广泛议题的责任行动。

同样是在2014年，“金蜜蜂2020社会责任倡议”下的标杆企业也发起了新的议题，玉柴集团和戴尔（中国）共同发起CSR新议题——“低碳”。“低碳”并不算是新议题，因为它与污染问题、气候变化等传统议题息息相关。

在经济全球化驱动下，当今世界已经是“平”的，中国的企业要想发展就必须和世界接轨“走出去”的同时更要做好应对各种国际检验、国际标准的准备。由此，反腐败、劳工权益、公平竞争、环境保护、安全健康等话题也成为当下社会责任的热点议题。

党的十八届三中全会将“承担社会责任”列入深化国企改革的重点工作中，对企业践行CSR理念提出了更高的要求，企业要想实现可持续发展，必须积极承担社会责任。与国企改革相关的概念，如责任购买、责任消费等，也成为CSR领域关注的焦点。

跨国公司为了降低成本会选择将产品与服务外包，企业与企业之间的联系日益紧密，这些企业的日常管理必然涉及供应链管理。这些企业不仅自身践行CSR理念，而且有责任敦促其上下游企业承担社会责任，由此使得供应链CSR管理成为该领域的新议题。

除了上述的议题之外，还有许多新兴的社会责任议题，如税收与透明度问题、艾滋病问题等。

CSR议题不仅是企业完善自身的行为，更是与全社会甚至国家层面息息相关的一个重要命题，它的内容全面覆盖了经济、社会和环境等因素，并且不断发展与扩充，企业与社会发展过程中出现的新的关注焦点都可能成为新的CSR议题，可以说CSR议题是运动、发展、变化着的。CSR议题的不断更新，有利于增强CSR研究的实效性，进而推进CSR研究理论、内容、方法的创新。

三、CSR规则

“不以规矩，不能成方圆。”在CSR的起步阶段，除了道德规范和实力支撑以外，规则更加重要。若要做好CSR管理，就必然要建立CSR管理体系。完整的管理体系包括制度安排和组织建设两个方面。其中，制度安排是基础，也就是说建立完善的CSR规则体系是做好CSR管理的基础。下面将分别介绍国际CSR规则和国内CSR规则。

（一）国际CSR规则

全球范围内出现的与规则相关的概念有公约、原则、守则、标准、工具和方法等，它们的不同之处在于制定者的层次不同。目前，国际组织、地区、国家、区域联盟、民间组织（NGO）、行业协会和跨国公司等不同层次的制定者已经制定了几百个原则、标准等，所涉及的内容涵盖经济、社会和环境等各方面的 CSR 议题。在这个社会责任的规则体系中，有的针对某个特定群体，有的适用于全范围；有的关注 CSR 理念的实践过程，有的则着眼于经营绩效的管理；有的侧重某一个利益相关者，有的则关注利益相关者群体。根据规则的适用层次，可以将国际社会责任规则划分为三个层次——国际 CSR 规则；行业 CSR 规则；一般性 CSR 规则。

1. 国际 CSR 规则

国际组织制定倡导的 CSR 规则是具有较大影响力的规则体系，其中最著名的几个为联合国的“全球契约”、《经济合作与发展组织跨国企业指南》（*OECD Guidelines for Multinational Enterprise*）、国际劳工组织（International Labour Organization，ILO）的《关于多国企业和社会政策的三方原则宣言》（*Tripartite Declaration of prinaples concerning Multination Enterprises and Social Policy Origin*）和国际劳工公约、国际标准化组织的社会责任指南标准。

“社会规则”、“全球契约”的设想最早是由前联合国秘书长科菲·安南在 1995 年提出。1999 年，K. A. 安南在达沃斯世界经济论坛年会上正式宣布“全球契约”计划，号召全球企业遵守人权、劳工标准、环境、反贪污等十项原则，动员全世界的跨国公司减少全球化过程中的负面影响，推动全球化朝积极的方向发展。

OECD 于 1976 年协商并通过了《经济合作与发展组织跨国企业指南》（以下简称《指南》），该《指南》旨在要求企业的日常运营应与政府政策一致，并且要充分考虑其他利益相关者的观点。该《指南》还界定了一些自愿遵守的有关商业行为的原则和标准，包括就业和劳资关系、信息披露、人权、竞争、征税、科学技术应用等许多领域。

ILO 于 1977 年制定了《关于多国企业和社会政策的三方原则宣言》（以下简称《三方宣言》），目的是引导跨国企业为经济和社会进步作贡献。该《三方宣言》不具有法律约束力，但鼓励政府、雇主和工人组织及多国企业自愿遵守这些原则。除《三方宣言》外，ILO 自成立以来还通过近 200 项公约，被广泛运用于 CSR 规则制定，其中最著名的当属 ILO 的八大核心公约（见表 7－6）[①]。但 ILO 标准体系是以发达国家的社会经济水平为基础制定的，发展中国家在 CSR 制度安排方面仍会遇到许多困难。

---

① 匡海波等．企业社会责任［M］．北京：清华大学出版社，2010.

表 7-6　　ILO 的八大核心公约

类别	公约名称	公约号
自由结社与集体谈判	1948 年结社自由与保护组织权公约	第 87 号公约
	1949 年组织权与集体谈判权公约	第 98 号公约
废除强迫劳动	1930 年强迫劳动公约	第 29 号公约
	1957 年废除强迫劳动公约	第 105 号公约
平等权	1951 年同工同酬公约	第 100 号公约
	1958 年（就业和职业）歧视公约	第 111 号公约
禁止使用童工	1973 年最低年龄公约	第 138 号公约
	1999 年最恶劣形势的童工公约	第 182 号公约

ISO 社会责任指南标准即 ISO 26000，是在 ISO 9000 和 ISO 14000 之后制定的最新标准体系，开拓了 ISO 的新领域。不同于《三方宣言》，ISO 26000 适用性强，既适用于发达国家也适用于发展中国家。该标准体系不用于第三方认证、不是管理体系、只是指导性文件且不具有强制性。该标准体系已于 2010 年 11 月对外发布，指引了包括发展中国家在内的 CSR 的发展。《中国企业社会责任报告编写指南 2.0》就涵盖了 ISO 26000 的重要指标，推动了中国本土 CSR 标准与国际 CSR 标准的融合。

2. 行业 CSR 规则

行业协会和跨国公司主导着行业的生产守则和标准，行业 CSR 规则涵盖了 CSR 各个议题。最开始制定 CSR 标准的行业主要是传统行业中对环境影响较大的行业，如服装鞋帽业、煤炭开采业、石油与天然气开采与加工业和玩具制造业等。随着 CSR 理念的传播，更多的行业都开始制定社会责任规则。

3. 一般性 CSR 规则

随着全社会对 CSR 理念关注程度的加大，越来越多的企业、工会、非政府组织（Non-Governmental Organizw tiems，NGO）、消费者等多方参与到制定社会责任标准的行列中，例如美国民间组织 SAI 联合其他国际组织制定了社会责任标准 SA8000，英国 ETI 联盟制定了劳务守则——ETI 守则。相较于行业 CSR 规则，这些一般性规则适用范围更广，适用于世界各地、任何行业、不同规模的公司。

（二）国内 CSR 规则

1. 行业和企业制定的社会责任规则

影响国内 CSR 的发展最主要的力量就是行业协会和企业组织，他们积极开展 CSR 的有关标准、管理体系等研究、制定和推广工作。

中国社会科学院经济学部 CSR 研究中心与中国企业联合会、中国石油和化学工业联合会、中国轻工业联合会、中德贸易可持续发展与企业行为规范项目、中国企业公民委员会、WTO 经济导刊合作发布了《中国企业社会责任报告编写指南》（CASS - CSR2.0）以下简称《指南 2.0》，《指南 2.0》是国内第一本涵盖了 46 个行业的指标体系和具体的 CSR 指南。

2008 年中国工经联与中国钢铁、机械、石化、煤炭等 11 家工业行业协会联合发布《中国工业企业及工业协会社会责任指南》，倡导工业行业完善社会责任体系，协调企业各部门履行社会责任。《指南 2.0》由导言、社会责任体系、企业社会责任和社会责任报告、工业协会社会责任和社会责任报告、定义与术语以及参考的法律、法规六个部分组成。

2. 机构发布实施的社会责任指引

机构发布实施的 CSR 指引和导则中较为著名的是金融业机构发布的两大指引——《中国银行业金融机构企业社会责任指引》和《深圳证券交易所上市公司社会责任指引》。

银行是中国金融系统的核心，银行业的发展状况紧系金融市场乃至整个国家经济的发展状况，因此倡导银行业金融机构承担社会责任尤为重要。中国银行业协会基于《中华人民共和国公司法》、《中华人民共和国商业银行法》等相关法律、法规于 2009 年制定并发布《中国银行业金融机构企业社会责任指引》，要求银行业金融机构至少承担经济、社会和环境三大责任。

《深圳证券交易所上市公司社会责任指引》共 8 章 38 条，从保障股东利益、保障员工利益、保障供应商利益、保障消费者利益以及信息披露等方面对国内上市公司提出要求。

3. 地方政府发布的 CSR 导则

社会主义市场经济的特殊性、国际社会的高度复杂性加之信息不对称使得中国政府直接的行政管制必不可少。“长三角”地区的地方政府率先发布了本地政府制定的社会责任导则，如上海浦东新区发布的《浦东新区企业社会责任导则》、无锡市新区推出的《无锡新区企业社会责任导则》和南京市的《企业社会责任地方“标准”》等。这些地方标准大多不具有强制性，属于激励性管制和协商制模式。就南京市的《企业社会责任地方“标准”》来说，南京市质监局通过公布“红黑榜”的方式来引导、激励企业履行社会责任。

由此可知，CSR 应当纳入企业战略的范畴。然而，将 CSR 融入企业战略的过程必然影响到组织机构的建设以及企业治理结构、治理体系等治理制度（机制）的设计，也由此产生 CSR 治理的必要性。

第二节 责任治理

一、CSR 治理组织

CSR 治理一般是指将 CSR 理念融入公司治理结构的过程。就管理学而言，对于企业管理弊端，最根本也最有效的处理方式是公司治理。相应地，CSR 治理是解决 CSR 实现的最基本和最长效的手段。管理源于理念，以组织的形式进行承载，因此，高效的公司治理离不开科学的组织结构。组织在管理学中是指服从计划进而反映组织计划的方式，而 CSR 治理组织，亦称为 CSR 管理组织，是整个 CSR 治理体系的核心，有效的组织结构和组织方式是企业履行 CSR 的关键。

（一）CSR 治理组织的建设形式

CSR 管理层次分为四层，依次为董事会层次、监理会层次、高级经理层次和经理层次（见图 7－2）。CSR 治理组织可以设定在这四个层次的任意一层，或者是设定在其中的几个层次。例如，在董事会阶层引入利益相关方的董事或独立董事，董事会之下设立 CSR 专门委员会，委员会之下设立 CSR 管理部；那些不具备建立专门的 CSR 部门条件的企业也应在各部门配备社会责任监管岗位。

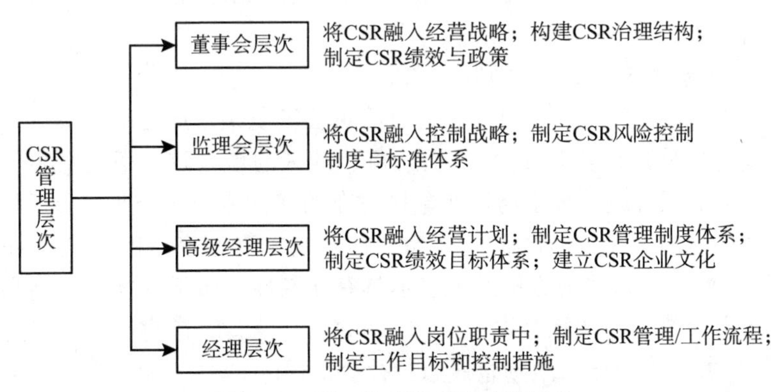

图 7－2 CSR 治理组织的建设层次

资料来源：笔者整理。

（二）国外企业的 CSR 治理组织

国外企业的 CSR 治理组织的形式大致分为三种：一是以董事会决策模式为

特征的美国企业的组织形式；二是以董事会和经理层共同决策为特征的欧洲企业的组织形式；三是日本企业的 CSR 管理组织。

董事会决策模式在北美较为流行。如美国的雪铁龙公司、加拿大铝业公司都采用这种模式。这种组织模式的特点是在董事会层次设立专门组织来负责 CSR 相关事项。一般情况下 CSR 委员会设立在董事会下设机构之中，与审计与财务委员会、薪酬委员会等并行。

董事会承担、经理层决策模式具有以下特点：社会责任的必要性由董事会及其下设委员会明确承担并授予经理层以治理 CSR 的执行权，因而经理层则更多地负责与 CSR 相关事项的操作。该 CSR 治理组织的模式多见于欧美国家。企业董事会的授权方式各不相同，大致分为两种：一种是在董事会下设的执行委员会下设 CSR 委员会，例如英国的 TESCO；另一种是董事会直接授权给 CEO，例如迪士尼公司。

与欧美企业相比，日本的企业没有太大的外部压力。因此，日本企业履行社会责任的驱动力一般来自内部。在日本，CSR 治理组织的架构通常为“CSR 推进委员会与 CSR 推进部并行”。其中，CSR 推进委员会是隶属于高级管理层的协调机构，推进部是执行机构，见图 7－3。此外，还在各下属部门设置社会责任推进负责人、联络人等岗位。

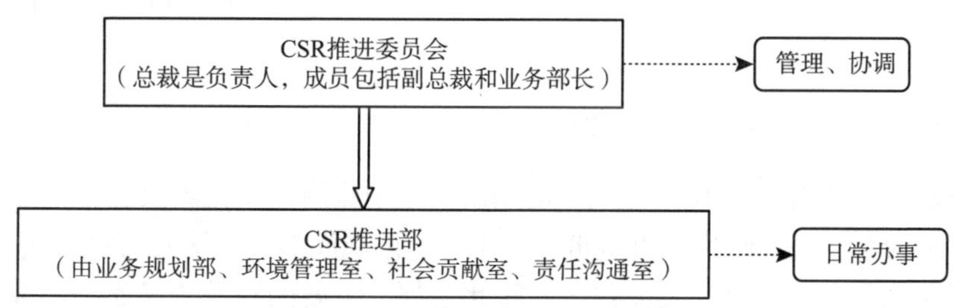

图 7－3 日本企业的 CSR 推进体系

资料来源：笔者整理。

（三）国内企业的 CSR 治理组织

国内企业意识到 CSR 理念的重要性并将其融入公司治理结构是在加入 WTO 之后，企业的 CSR 治理组织的建立尚处于探索阶段，国内 CSR 治理组织、治理体系还不完善，因此，向国外企业学习和借鉴很有必要。最早设置专门管理 CSR 组织的国内企业是联想集团，在这之后又有一批中央企业开始探索 CSR 治理的道路，比较知名的有中远集团公司、中国华能集团公司和国家电网公司等。虽然现阶段有的企业还没有设立专门的 CSR 管理部门，但大多设立了 CSR 岗位以负责 CSR 管理工作。

从国内企业的 CSR 治理情况来看，CSR 治理组织典型的形式为“社会责任工作办公室 + 社会责任工作委员会”的两层次的组织形式。该模式与日本企业的 CSR 治理组织模式有些类似。

二、CSR 治理制度

当今企业 CSR 缺失的根源在于企业的短视行为与治理制度（机制）的缺乏，因而 CSR 治理的本质在于，在 CSR 理念的指导下形成一套有利于 CSR 承担的组织机构和治理制度。上文已经详述 CSR 治理组织的构建，下面论述的重点在于 CSR 治理制度。

从实际角度出发，公司治理就是对公司以及各利益相关者（消费者、债权人、股东、政府、媒体、员工及非人物体）之间的利益关系进行调解的过程，其实现需要一套包括正式或非正式的内外部制度（机制）来支撑[①]。管理分为三个层次，依次为经验管理、制度管理、文化管理。中国企业的 CSR 管理和责任治理现处于第二个层次，即制度管理层次。从管理学的视角看，制度是提升管理效益的重要捷径。因而，要想推行责任治理、提高 CSR 管理的效率，就要将公司各项制度与 CSR 理念相匹配并进行修正、补充和完善。

以下从企业治理结构的变革和 CSR 治理体系的构建两个方面来分析 CSR 治理制度。

（一）企业治理结构的变革

企业治理结构是 CSR 治理制度的基础，是企业制度文化的核心。

传统的企业治理结构是以董事会为中心、以利润最大化为目标的，公司重大的投资和经营决策由股东大会作出，除此之外，主要的经营决策都来自董事会。董事会作为股东的代表，必然代表股东的权益，因此，董事会的经营决策权也要对股东负责。公司的经营决策在影响公司经营行为的同时，也影响着众多利益相关者乃至整个社会，因而仅由代表股东利益的董事会决定的决策很难符合利益相关者的共同利益。在传统的企业治理结构下，决策主体的单一化与决策效应的社会化矛盾不可调和，由此可见，以利益相关者理念和参与机制为基础的公司治理结构逐渐兴起，“倡导除股东之外的利益相关者参与到公司治理”的理念也开始盛行。CSR 的管理在一定程度上促进了公司治理结构的变革，反之，公司治理结构的变革在一定程度上也促进了企业履行社会责任。

---

① 易开岗．企业社会责任多重机制博弈与长效实现机制——基于公司治理的视角［J］．经济理论与经济管理，2011（12）：61－67.

在发达国家，比如欧洲、美国和日本，企业已经开始将 CSR 与公司治理结构相融合，并且有一部分企业在这方面取得了一定成效。欧洲公司治理结构的特征是“职工参与决策”，在一定程度上为员工这一利益相关者提供保障；在美国，公司法强调信托代理、赋予了企业管理层对利益相关者负责的权利；在德国和日本，金融体系以银行为中心，企业邀请相关的主要银行作为“外部董事”参与到公司经营决策中。

（二）CSR 治理体系的构建

为强化企业承担社会责任的意识，并使之日常化、规范化、制度化，就要制定相关的规章制度、考核和奖惩措施，这样才能使 CSR 治理制度成为企业制度文化的重要组成。由此可见，构建 CSR 治理体系就是构建 CSR 治理制度。

CSR 治理体系的构建，应该包括 CSR 治理的主体性内容和 CSR 治理的客观评价。完整的 CSR 治理体系包括四个部分（见图 7－4），分别为组织治理体系、日常管理体系、能力建设体系和业绩考核体系，各部分相互影响、相互依赖，共同推进 CSR 治理制度化。

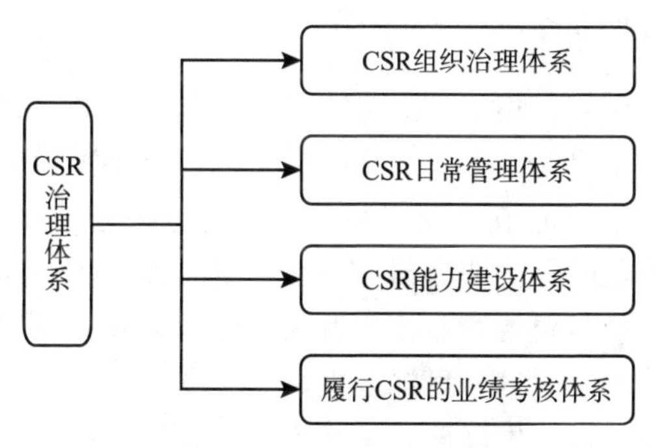

图 7－4　完善的 CSR 治理体系

资料来源：笔者整理。

组织治理体系的一个重要部分就是 CSR 治理组织，上文已详述，在此不再赘述。除此之外，CSR 治理组织的运行程序是组织治理体系的另一个重要组成部分。人员的职责、组织机构间的协调、各机构的权限等都与 CSR 组织治理体系息息相关。

CSR 日常管理体系，是指将 CSR 理念融入企业的日常管理和运营的全过程进而推进 CSR 治理在各部门、各单位有条不紊进行的一系列措施和制度安排。CSR 日常管理体系并没有越俎代庖，是为了改进和完善企业现有的日常管理体系而构建的，它可以保障企业在人员、制度和资源上全员、全方位地参与到 CSR 治理之中。

能力是知识、技能和意愿的总和，CSR 能力就是企业为履行社会责任所必须具备的知识、技能和意愿的总和。企业的行为是内部人员的行为加总，企业内部的每一个员工明确自己岗位所肩负的社会责任、并主动承担起这种责任，才会使整个治理体系更高效运行，因此员工的能力对企业整体的社会责任能力影响巨大。CSR 能力建设体系的构建离不开制度安排和资源保障，可以通过全员的社会责任培训、开展大型社会责任活动、加强国内外交流等方面构建起社会责任能力体系的动态发展机制。

CSR 业绩考核是对员工个人、各单位、各部门乃至整个企业履行社会责任的行为及其结果的具体评价和奖惩制度，是企业履行社会责任的一种激励约束机制。构建 CSR 考核体系的关键是建立完善的 CSR 业绩考核制度。具体的 CSR 考核制度应当依据企业现有的绩效考核制度和考核流程而定，每个企业的 CSR 考核制度都不尽相同。

三、CSR 治理对策

（一）CSR 治理的目标

在明白如何才能做好 CSR 治理之前，先要弄清楚 CSR 治理的目标是什么。

CSR 治理的目标是可持续发展。从本质上说，企业实际是由各利益相关者之间缔结的一系列契约堆砌而成，众多利益相关者也搭起了公司治理和 CSR 之间的桥梁。公司治理的目的是协调公司与各利益相关者之间的利益关系，以期实现企业的经济价值。CSR 是对各利益相关者的责任和义务，以期实现企业的社会价值。两者统一于可持续发展这一目标之中。

CSR 治理与企业可持续发展两者是互为因果、相互促进的关系。CSR 治理是企业可持续发展的基础和措施；反之，企业只有以可持续发展为目标，才能进一步提高 CSR 治理的绩效。这种相互作用、相互影响体现在四个方面，分别为“角色”的转换、理念的转换、管理的转换和关系的转换。

当企业将 CSR 理念融入公司治理之中，即开始关注 CSR 治理，企业在经济社会中所扮演的“角色”变得更加复杂和综合。传统的公司治理是逐利最大化的，企业只是“经济组织”的角色；而随着 CSR 理念的盛行，各界也纷纷开始关注 CSR，企业趋于成为“社会型组织”。作为“社会型组织”的企业也必须承担起相应的社会责任。由此看来，CSR 治理促使企业由“经济组织”转变为“社会型组织”。然而从另一个角度来看，这种角色的转变也是企业以可持续发展为自身目标的体现。因此，这种角色的转换反映出 CSR 治理与可持续发展的互动关系。

最开始提出 CSR 时，关于“是否应当承担 CSR”的争论受到较长时间的关注，反对者认为承担社会责任会增加企业运营成本。随着 CSR 理念的深化和广泛传播，企业应承担社会责任已经基本得到认同，企业不是单一、无联系的个体，企业行为会影响到众多利益相关者。并且有学者认为，从长远发展来看，企业承担社会责任、主动进行 CSR 管理有利于提高企业经营绩效。

企业进行 CSR 治理，促使企业管理由“物本管理”转向“人本管理”，这一过程恰恰体现了以人为本的可持续发展的理念。同样当企业秉承可持续发展的理念，那么该企业的管理重心必然会由“物”转向“人”，在这过程中自然而然地提高 CSR 治理水平。

CSR 治理与可持续发展两者的关系并非矛盾而是统一的，它们是一个事物的两种表达方式。企业可持续发展的理念具体落实在 CSR 治理能力和治理体系上，将 CSR 理念上升到企业发展战略的高度、将 CSR 与公司治理相融合就是奔着“可持续发展”这一方向。

（二）CSR 治理对策

CSR 治理离不开企业内部治理、责任认证、社会监督、行政干预、法律、法规等各种方式的相互配合。下面则主要从企业内部治理的视角探索 CSR 治理对策。

1. 外部环境分析

企业若能清楚认识其所处的环境，分析利弊，利用环境优势而避开不利因素，则会更加从容地应对各种所谓的“随机影响”。企业的外部环境，又称为战略环境，是由利益相关者、法律、法规、众多 NGO 和非营利组织以及社会大环境所构成。特别是在全球化的影响下，“蝴蝶效应”会被放大数倍，企业必须要兼顾具有地域特征的社会问题和 NGO 的全球影响。企业通过外部环境分析以判断整个市场发展的大方向，是责任治理的关键，也是 CSR 管理的起点。

2. 构建 CSR 沟通机制

构建 CSR 沟通机制的目的在于主动与利益相关者沟通、建立互信基础。为构建 CSR 沟通机制，首先就要增强企业自身的信息披露意识、积极接受利益相关者和社会公众对 CSR 实施的监督、树立良好的企业形象。比如，及时、有效地披露企业年报，编制 CSR 报告并且以利益相关者关心的问题作为该报告的重点。再者，企业应顾及利益相关者和公众的利益，与他们建立合作关系，加强彼此的沟通，并向他们传播 CSR 理念。例如，可以组织消费者、政府人员等参观企业，利用媒体搭建与消费者、商业伙伴等的沟通平台。除此之外，良好的 CSR 沟通机制还注重对内部员工的沟通，以强化内部员工的 CSR 理念。企业自上而下或由内而外地开展 CSR 教育和培训，进而深化 CSR 价值观念、修正行为规范。

3. 制定 CSR 管理的规划

CSR 管理的规划应该具有前瞻性和长远性，并且是顾全大局的。在做好企业外部环境分析的基础之上，企业应学会取长补短，使企业发展的战略与 CSR 治理相统一。

4. 执行规划

制定 CSR 管理规划的下一步理应是落实这一规划。执行规划要做好三个环节，分别为事前分析、事中跟踪和事后评估。执行规划其实就是实施 CSR 治理的具体措施，这时 CSR 组织就要负起责任。CSR 管理部门要在事前调研和分析制定的规划，判断该规划的可行性；在实际执行时，专门的 CSR 管理部门要指导并督促相关责任岗位的工作，及时审阅、上报阶段性成果，准确掌握各项进度并作阶段性总结；在事后，企业自身要对执行总过程进行自我总结并编制 CSR 报告。

5. 完善 CSR 绩效管理

完善 CSR 绩效管理能够给企业 CSR 治理带来宝贵的经验和改进的动力。CSR 绩效管理需要合理的考核机制，其中的各项考核标准都应得到广泛共识。换句话说，实施 CSR 绩效管理的前提是科学实效的 CSR 指标体系。对于 CSR 的绩效，可以基于企业整体绩效，从利益相关者绩效、经济绩效、企业价值和企业竞争力等角度进行分析和评价。上述五个 CSR 治理的对策可以组成一套完整的责任治理流程，见图 7－5。

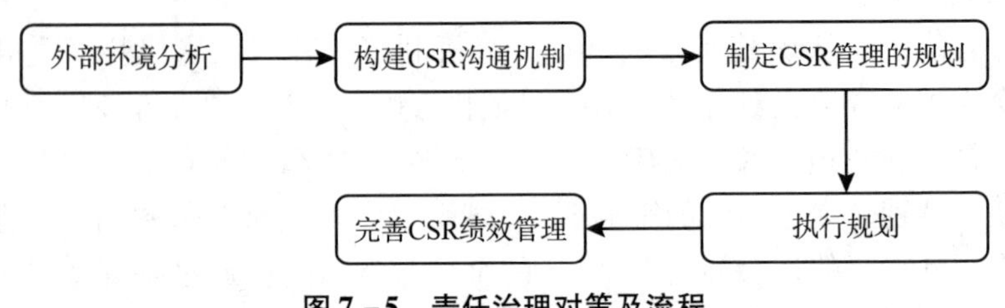

图 7－5　责任治理对策及流程

资料来源：笔者整理。

第三节　责任融合

一、融入企业战略

（一）企业战略与社会责任

战略是企业和环境的平衡，企业制定发展战略就是为了不断挖掘自己的内部优势、并将自身优势与外部环境更好地匹配。企业并不是封闭的系统，为了生存和发展，必须要和外部环境进行物质、能量和信息的交换。从系统论的角度看，企业是整个社会系统中的一个子系统，与社会中的其他系统相互作用、相互影响。整个社会的和谐和可持续发展需要企业自身高效运营，更需要其与利益相关者协同发展。因此，企业应当将社会责任融入战略制定的过程中，从企业的宗旨和使命到企业战略目标再到企业的战略措施都应当体现社会责任的理念。

1. 企业宗旨和使命与社会责任

宗旨和使命规定了朝什么方向和选择哪条道路。企业的宗旨和使命是企业发展的指导思想，是企业战略的灵魂，它在一定程度上体现企业存在的价值。企业的宗旨和原则不是为了满足少数群体的需求。每个企业都只是社会这片“汪洋大海”中的“一滴水”，社会分工赋予企业专门化的职能，虽然任何一家企业都无法满足整个社会的全部需要，但企业的宗旨和使命强调的是企业从哪方面来满足社会的需要，而不是少数群体的需求。将 CSR 思想融入企业的宗旨和使命中，才能促使企业从源头上承担社会责任。从社会需要的角度理解企业宗旨和使命，是将 CSR 贯穿于战略规划始终的前提。

2. 企业战略目标与社会责任

战略目标规定了走到哪里和要走多远。仅仅在宗旨和使命的层面规定社会责任是远远不够的，因为，如果战略目标是基于企业角度制定的，那么很可能出现以牺牲社会为代价的目标。因此，将社会责任融入企业战略目标尤为重要。企业发展的战略目标不应该建立在污染环境、破坏生态、损害他人利益等手段上，而应当以 CSR 为基础、将有关社会责任的指标直接纳入战略目标中。

3. 企业战略措施与社会责任

战略措施规定了如何走好每一步。随着经济一体化和全球化的不断推进，企业意识到了将社会责任融入战略措施中和将社会责任转化为企业发展的动力的重要性，越来越多的企业更愿意选择诸如“不战而屈人之兵”、“和平解放”这一类的策略。企业所实施的战略是企业公众形象的最直接反映，而企业的公众形象是企业的软实力，在某些时候这种软实力的重要性甚至超越硬实力。国外的杜邦公司、惠普公司和国内的海尔公司、中远公司等一大批企业的实践都证明了这一软实力的重要性。

（二）CSR 战略管理的类型

从企业履行社会责任的发展史来看，企业的 CSR 战略类型受到企业对社会责任的认识程度、企业规模和经营状况和所处的发展阶段等影响。本书从两个角度出发对 CSR 战略管理进行分类。第一个角度是企业对 CSR 的认识程度和态度，包括不服从、被动服从和主动适应三种；第二个角度是企业经济效益和履行社会责任之间的关系，主要是判断两者之间是否存在正相关性。如果企业履行社会责任有利于提高企业经济效益，那么履行社会责任对于企业来说是双赢的战略，既可以提高企业的经济效益，也可以改善企业的公众形象。如果企业履行社会责任并不能促进经济效益的提高，那么，根据企业对CSR的认识程度和态度的不同，可以将CSR战略管理分为不服从、被动服从和主动适应三种类型。

不服从战略的观点认为，社会责任是企业经营的负担，认为企业的唯一目标就是利润最大化。从长期来看，这种战略是不可行的，不利于企业的可持续发展。这种CSR战略管理的类型在早期比较常见，但当今社会经济环境下采取这种战略的企业难以生存、更别提发展了。

被动服从战略的观点也认为企业的唯一目的是利润最大化，但是认识到所追求的利润最大化不仅是由其本身决定的，还要受到消费者、供应商等利益相关者的影响。因此，企业追求最大化利润过程中的目标函数得以拓展。虽然CSR不能提高企业的经济效益，但是企业会选择承担有限的社会责任。

主动适应战略与双赢战略的区别在于企业承担社会责任对企业经济效益是否有正效应，这可能是因为企业有不同的经营范围，对于有些企业而言，承担社会责任对其经济效益具有加成作用，而对于另一些企业则不然。两种战略的共同之处在于，都认为社会责任和企业经济效益是相辅相成、集于一体的。

（三）CSR战略的制定

在当今社会中，履行社会责任已是必然的战略选择，并且主动适应战略和双赢战略成为主流趋势。越来越多的企业化被动为主动，积极将CSR融入企业战略之中，从而尽可能地提升自己的公众形象。但在企业制定CSR战略过程中常常会出现各种问题，例如，有些企业盲目追求社会责任的承担，甚至忽视了自身的能力。本书借鉴国内外企业的经验，分析CSR发展现状，提出了企业在制定CSR战略时应当注意的几个问题。

1. 认清自我

“吾日当三省吾身”，企业在制定战略之前，首先要对自己进行定位，明确自身的能力和所处的发展阶段。积极主动地承担社会责任当然有利于企业形象的提升，而如果一味地追求形象，忽视自身的发展现实，那么承担社会责任就成为企业的“面子工程”，企业也只会是徒有其表、缺乏扎实的经济基础。

2. 循序渐进

承担社会责任也不能一蹴而就，企业应当分阶段地承担自身的社会责任。在发展初期，企业更多地要面对自身的生存问题。企业的社会影响力有限，其应承担的责任又是有限的，此时过分强调社会责任是毫无意义的。当企业逐步成长，经济势力和社会影响力的上升必然要求企业承担更多的社会责任和义务。

3. 放远眼光

当企业具备了承担 CSR 的能力，企业就应当更多地关注长远利益和集体利益，将 CSR 融入长期发展战略，在制定战略规划时应思虑周全、不得忽视利益相关者的利益，以期提高企业的软实力。

4. 相互配合

CSR 战略管理离不开企业内部人员的配合，为了将 CSR 更好地融入企业发展战略，需要配以完善的 CSR 治理机制和治理体系。

5. 文化管理

管理的最高层次就是文化管理，CSR 战略管理的最高层次就是使承担社会责任融入企业文化之中，强化内部员工、管理阶层甚至是商业伙伴的社会责任意识。

总而言之，谋求企业与社会的协同发展需要企业将 CSR 融入企业战略之中。

二、融入日常运营

在 CSR 实际管理过程中许多 CSR 岗位和部门容易被边缘化，导致企业的 CSR 管理与日常运营的分裂。但是履行 CSR 不是要求企业去做一件新的事情，而是按照新的方式去做事情，也就是说应当将 CSR 与企业的日常运营相融合。企业的日常运营包括对外经营与内部管理两个方面，将 CSR 融入日常运营就是将 CSR 融入对外经营和内部管理。

（一）融入对外经营

企业在对外经营过程中，需要处理好与政府、社区、消费者以及竞争者的关系。CSR 与对外经营相融合，就要求企业主动承担对政府、社区、消费者和竞争者的社会责任。

1. 企业对政府及社区的社会责任

合法经营、依法纳税、完善内部责任制度这三个方面是企业对政府承担社会责任的表现，其中最重要的就是依法纳税。税收是财政收入的重要组成部分。依法纳税既是企业履行对政府责任的要求，也是企业信誉的良好证明。正所谓，“商无信不兴”，企业如果失去了信誉就无法在市场竞争中立足，商业信誉是企业的软实力，能够为企业的经济效益和社会效益带来加成的效果。

社区，本意是指企业所在的城市。但是随着经济全球化时代的到来，世界成为“平的”，地域性的概念也渐渐模糊。一个城市、一个国家甚至全球都可以成为企业所在的“社区”。企业与社区之间是一种相互依存的鱼水关系，企业自身的发展状况一定会受到整个社区发展状况的影响，因此，企业应当积极参与社区活动。在承担对社区的社会责任方面做得较好的企业数不胜数，其中最著名的就是英特尔公司，英特尔行为准则以及它的社区服务运作机制彰显了 CSR 的精髓，值得许多企业学习①。

谈到企业与社区的关系，就必然要谈及“企业公民”的概念。波士顿学院企业公民研究中心曾提出，“企业公民”是企业将 CSR 理念与日常运营相结合的一种行为方式。“企业公民”是对 CSR 的全新认识，强调企业与社会的对等，认为企业对社会作贡献的同时也应得到社会对企业的关注，这样才能形成企业责任与社会支持之间的良性循环②。从企业公民角度出发，企业对社区的社会责任主要有慈善公益、员工志愿者、与非营利组织（Non Profit Organization，NPO）或 NGO 等组织的合作、战略性慈善等。

在 NPO 中公民自行发现问题，然后寻找解决办法，最后付诸实践。NPO 的非营利不是意味着该组织不能赚钱，而是指该组织的成员不参与组织利润的分配。若企业能够积极参与 NPO 组织的社区项目，就说明企业愿意为行业和整个社会的发展贡献一份力量。

战略性慈善是指企业将那些既能带来社会效益又能提高经济效益的“双赢”的慈善活动划归到战略规划中。战略性慈善可以将企业发展战略与慈善公益相融合，使得社会公益事业与企业自身协同进步。在战略性慈善的思想下，企业做公益慈善不再是纯粹的利他行为，而是兼顾社会效益和自身经济效益的互利行为。

2. 企业对消费者的社会责任

企业与消费者之间的关系就是生产者与消费者之间的关系，两者是对立统一的。在经济学中，生产者追求利润最大化，消费者追求效用最大化，两者之间存在利益冲突。而利润的最大化最终又要依赖消费者购买行为来实现。如果产品质优价廉，销售火爆，销售额就会上升，从而带来巨大利润；如果企业的产品残次、甚至依靠过度包装来蒙骗消费者，那么企业最终只会自食其果。调节双方的关系既要靠法律又要靠道德。企业一定要树立“顾客就是上帝”、“顾客是企业的衣食父母”的思想理念，不能够为谋利而牺牲消费者的利益，否则将是自毁前程。

法律规定，消费者在如数如期交付货款及相关费用后，可要求获得相应价值的产品，并且享有对产品的安全权、知情权、选择权、表达意见权等权利。企业在满足法律要求的同时，还应当满足相应的道德规范，例如生产并销售达到安全标准的产品、不欺诈隐瞒顾客、平等互利、积极听取顾客意见并改进等。

平衡好企业与消费者之间的关系需要企业主动承担对消费者的社会责任，主

---

① 陈岿然，于志宏．英特尔：建设并分享“企业社会责任生态圈”［J］. WTO 经济导刊，2014（4）：83－85.

② 邹东涛等．中国企业公民报告（2009）［M］. 北京：社会科学文献出版社，2009：1.

要表现为以下三点。

一是在产品品种和质量方面，企业应尽量满足消费者的合理要求、杜绝假冒伪劣；

二是在产品和服务定价方面，企业不得依靠价格垄断和价格欺诈来获取暴利，避免出现“天价虾”的现象；

三是在产品促销方面，企业要做到不打虚假广告、不过度包装，产品的宣传促销不得扰乱市场秩序（如医药回扣现象），推销人员不强买强卖等。

3. 企业与竞争者

市场经济中，为了继续留存在市场中，企业无时无刻需要展开竞争。企业是自负盈亏、自主经营、自我约束、自我发展的利益主体，在现代市场经济条件下，不同企业为了实现发展目标、提高自身的经济效益和社会效益会在市场（顾客）、人才、信息和原材料等各方面展开竞争。“物竞天择，适者生存”，市场竞争既是一种激励机制也是一种淘汰机制。企业在市场中的竞争应遵循自愿、公平、诚信等原则，抵制不正当竞争，建立良性竞争的环境。

（二）融入内部管理

1. 企业对股东的社会责任

企业组织形式主要有个人业主制、合伙制和公司制。现代企业制度的主要形式是公司制，它以产权明晰、权责明确、政企分开、管理科学为特征。社会化大生产和市场经济要求要建立以公司制为主要形式的现代企业制度。所有权与经营权的分离是现代企业与传统企业的根本区别，这一特征也使股东与企业之间的关系变得复杂化，例如委托经营过程中的代理问题。

早期，企业作为股东的代理人，它的首要职责是股东利益最大化，此时股东利益最大化与企业利润最大化并不矛盾。随着市场经济的发展，人们生活水平逐步提高、越来越关注理财。早期财富的持有形式就是单一的货币形式，如现金、存款等。而现如今投资方式呈多元化发展，股票、期货、基金、保险等各种投资对象充斥市场。随着资本市场的逐步完善，各行各业的股权拥有者不但数量上不断增加，而且来源于社会的各个角落。基于此特征，企业与股东的关系更体现为一种厂商和社会的关联，进而产生了企业对大众的连带责任。企业的股东责任表现为以下三个方面。

第一，尊重法律所规定的股东的权利是最基本的责任，股东的权利有知情质询权、决策表决权、选举权和被选举权、收益权等；

第二，企业要保障股东的资金安全和收益，不得将发行股票筹集的资金用于违法、不道德的途径，企业的任何投资决策都应当充分考虑股东的利益；

第三，企业有责任如实如期向股东提供经营状况、资产状况等相关的信息，主要的方式为企业年报、年会等。

2. 董事会、独立董事的社会责任

董事会是执行股东会决议的常设机构，并且在股东大会休会期间代表全体股东对企业的重要经营做出决策。因此，董事会必须承担对全体股东的责任。从股东和经理之间双层委托—代理关系看，董事既是委托人也是代理人：在股东与董事会的关系中，董事会充当委托人的角色，股东充当代理人角色；在董事与经理的关系中，董事又是委托人，经理则成为代理人。由于他们三者的利益目标各不相同，“代理问题”、“道德风险”成为企业经营管理中的常见问题。在这种情况下，提高董事层的责任意识可以有效地减少代理成本。

首先，董事和独立董事在履行职责、参与经营决策时一定要保持独立性。独立性是董事和独立董事的灵魂，他们必须与委托人保持精神上的独立、与外界人士保持形式上的独立。

其次，董事和独立董事应做到勤勉尽职、实事求是，在表达意见时保持客观中立的态度，不被个人主观意愿和第三者意愿所左右。

最后，董事会人员应尽力维护企业资产的安全、完整、保值与增值，董事和独立董事均不得擅自挪用企业资金。

3. 监事会的社会责任

监事会是“监督理事会”的简称，属于公司治理结构中的制衡机构，它是股份有限公司常设的监督机构，对董事会和经理层行驶监督权。对于监事会来说，各位监事人员公众审查、廉洁执法是其社会责任的主要体现。随着市场经济的发展，监事会在企业运营中的地位和作用日益提升，企业监事的工作失误或者有意地欺诈行为甚至会影响到整个社会的经济秩序。

4. 企业对员工的社会责任

企业与员工的关系是一种契约关系，也是一种法律关系和道德关系。契约关系最直接地体现为雇佣关系，法律关系是对契约关系的法律规定，道德关系是契约关系和法律关系的升华、是企业与员工之间相互信任和尊重的关系。员工特别是技术工人，是属于人力资本的范畴，当今企业之间的竞争的关键就是人才竞争，人力资本对于企业发展的作用不言而喻。因此，企业的日常运营不得忽视员工的效益和权利。

企业对员工负责任的行为准则是企业承担对员工的社会责任的具体表现。第一，也是首要的责任，就是提供安全健康的工作环境，保障员工的生命安全；第二，是为员工创造接受教育平等、升迁平等以及就业平等等机会平等的环境；第三，是为员工提供民主参与管理的渠道，员工是企业日常运营最基层人员，他们对于企业发展的建议更应当被尊重；第四，是企业尊重工会组织，提升工会在企业中的话语权。

三、融入供应链管理

（一）基于 CSR 的供应链管理

供应链是以核心企业为中心链接供应商、制造商、分销商、零售商和最终消费者的一个整体功能性网链结构。在供应链结构中，通过对商流、信息流、物流和资金流的控制，从采购到生产再到销售各个环节紧密联系。供应链上各企业的关系犹如食物链上动植物的关系，就像破坏食物链中的任意一种生物会导致整条食物链失去平衡一样，供应链中各企业也是相互依存的。

供应链管理是为了使供应链每个环节都保持最佳的状态而对其进行的计划、协调、控制和优化等一系列帮助实现整个供应链的价值增值的行为。供应链管理的核心就是建立供应链合作伙伴关系，简单地说，就是协调各节点企业的设计、生产和竞争策略等以期共同满足最终客户的需求。如果将整条供应链看作一个虚拟企业同盟，各节点企业看作该虚拟企业同盟的各个部门，那么供应链管理就是企业同盟的内部管理。可以说，供应链管理具有敏捷化、集成化、系统化的特点，是一种先进的管理模式。

满足消费者需求是供应链上各企业建立伙伴关系的最终目的，而由于近年来消费者的消费观念和消费模式发生变化，商业模式发生改变的同时也推动着供应链的上下游合作从单纯的商业合作转化为价值链合作，为 CSR 融入供应链管理提供了新机会。现代市场竞争由以往的多企业之间的竞争逐渐过渡到供应链竞争，由此 CSR 的实践也由单个企业逐渐延伸到整个供应链系统。处在供应链上的各个企业不仅要关注自身社会责任的履行，还要监督并催促供应链上其他企业履行社会责任，企业之间相互合作以将 CSR 实践融入供应链管理的各个环节中。图 7－6 详细解释了供应链上核心企业应承担的社会责任。

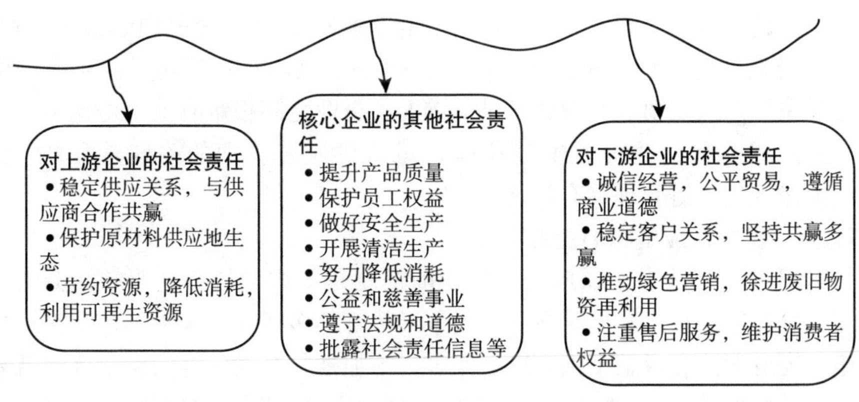

图 7－6　供应链上核心企业的 CSR

资料来源：笔者整理。

（二）融入供应链管理的必要性

企业不能单枪匹马地履行社会责任，需要供应链上企业间相互协作。现代市场条件下的企业都处于一定的供应链系统中，整个链条的社会责任实践水平的提高需要每个节点企业的共同努力。供应链上各企业由于成长阶段不同、主营方向不同，企业的 CSR 实践能力也不尽相同，因而，企业间只有相互配合、取长补短才能提高整条供应链的社会责任时间水平。

现代市场竞争由以往的多企业之间的竞争逐渐过渡到供应链竞争，企业可以通过将 CSR 融入供应链管理来提高自身竞争力。产品已经不能完全决定当今企业的竞争力，对供应链的把控更是竞争胜利的关键因素。产品的质量和安全性以及企业的商誉、经营状况都受到供应商和分销商等商业伙伴的影响，因此供应链上各企业应当共同推进社会责任实践，并且核心企业理应肩负起监督其他同行/企业 CSR 履行情况。

供应链管理和 CSR 是相互影响、相互促进的。基于供应链管理的 CSR 有助于降低单个企业履行社会责任的成本，而将 CSR 融入供应链管理又有助于搭建企业与商业伙伴之间的对话平台、减少企业间的交易成本，增强供应链上各企业的信任，为建立长期的战略合作关系打下坚实的基础。

（三）融入供应链管理的路径

供应链是一个复杂的链式结构，涉及多方企业。这种复杂性使得 CSR 融入供应链管理存在诸多障碍。供应链上各企业实力差异大，进而使得社会责任从供应链切入来应用发展的方式无法顺利执行。在一个供应链中处于关键地位的企业假如缺乏对整个系统的影响力和控制力，那么将 CSR 融入供应链管理就会比较困难。而且当今经济呈现全球化趋势，生产呈现社会化趋势，供应链上各节点分别属于不同的地区甚至国家，不同环境下的企业对 CSR 理念的理解也不尽相同，因而企业间难以达成 CSR 的共识。此外，还有信息不对称问题以及企业间的信息传递壁垒等。最重要的问题就是供应链上各企业之间很难有效地协调成本与利益。企业间成本和利益协调成为将 CSR 融入供应链管理的关键。下面将提出 CSR 理念融入供应链管理的有效路径。

1. 充分发挥供应链核心企业的作用

将 CSR 理念融入整个供应链系统的前提就是要增强核心企业的社会责任意识，充分发挥它的核心作用。在市场竞争形势日趋多样化的今天，单个企业之间的竞争已经逐渐演变成整个供应链的竞争，为加强整个供应链的竞争优势就要求核心企业较好地满足上下游企业的需求，将社会责任理念传播开来，进而形成核心竞争力。

2. 将 CSR 上升到供应战略层面

随着国际合作的日益紧密，对企业的国际化能力要求提高。各国市场的准入规则不尽相同，对于中国企业来说，要想“走出去”且走得更好，就需要快速地从低端上移到高端去适应西方市场较为严格的准入规则。将 CSR 上升到供应链战略的层面是 CSR 较快融入供应链管理的捷径。

3. 加强供应链上企业的社会责任信息披露

为促进以社会责任为导向的可持续发展能力的整体建设，各企业都要通过规范化的社会、环境等信息披露机制，以公开、透明、诚信的企业形象取得商业伙伴以及其他利益相关者的信任。

四、融入危机管理

（一）企业危机的根源以及危机管理模式

危机是个比较宽泛的概念，还没有统一的定义。但是根据以往发生的危机性事件可知，大部分危机事件都具有相似的特征，例如突发性、破坏性、难以预料性、公众性等。

企业危机产生的根源可分为两类：一类是外部根源；另一类是内部根源。外部根源主要包括自然灾害、政治、经济、法律、科技进步等；内部根源主要包括质量问题、企业文化缺失、社会责任意识淡薄、公关危机等。[①]

常见的危机管理模式有 I. 米特罗夫的五阶段危机管理模式[②]、N. R. 奥古斯丁的六阶段危机管理模式[③]和 R. 希斯的 4R 模型[④]（见表 7－7）。综合比较这些文献，笔者得出危机管理模式包括四个阶段，分别是预防和准备阶段、反应阶段、恢复阶段、学习和强化阶段。

表 7－7　　危机管理模式

类型	详述
五阶段模式	信号侦测阶段、准备及预防阶段、损失控制阶段、恢复阶段、学习阶段
六阶段模式	危机的避免、危机管理的准备、危机的确认、危机的控制、危机的解决和从危机中获利

① 陈余磊，李健升．企业社会责任视角下的企业危机管理研究［J］．重庆交通大学学报，2014（2）：58－61.

② 米特罗夫．危机管理手册［M］．中国台湾：五南图书出版有限公司，1996.

③ 诺曼·R. 奥古斯丁．危机管理［M］．北京：中国人民大学出版社，2001.

④ 罗伯特·希斯．危机管理［M］．北京：中信出版社，2001.

续表

类型	详述
4R 模型	缩减、预备、反应、恢复
四阶段模式	预防和准备阶段、反应阶段、恢复阶段、学习和强化阶段

资料来源：笔者整理。

（二）CSR 与危机产生的关系

根据企业所承担责任的大小对企业危机性事件进行分类，具体分为五类。第一是谣言，第二是自然灾害，第三是恶意行动，第四是意外事故，第五是犯罪行为。企业需承担的社会责任随着类型的递增而递增。

1. CSR 与产品质量危机

产品质量问题是导致企业危机的原因之一，把由于产品质量问题造成的企业危机称为产品质量危机。降低产品质量可以给企业带来更大的利润空间，但是一旦这种质量问题超出了消费者的容忍程度，就可能会产生企业危机。产品质量危机产生的根本原因在于社会责任意识的缺乏。如果企业只在乎自己的经济利益而忽视消费者的利益，那么这种危机就是无法避免的。

2. CSR 与企业经营战略

企业经营战略的失误很可能造成企业危机，而经营战略的失误产生于企业战略制定和实施的过程中。在战略制定方面，如果企业高层管理人员缺乏社会责任意识，那么 CSR 理念就不会被融入战略制定中；在战略实施方面，企业缺乏社会责任意识，就会唯利是图，过度追求战略目标而不顾及利益相关者的影响。缺乏社会责任意识会使得企业战略决策失误，甚至导致企业危机。

3. CSR 和公共关系

社会公众、其他企业、政府机构等组成了企业的相关利益群体，如果处理不好与这一群体的关系即对外的公共关系，将可能导致危机的发生。公共关系危机的发生有些是可控的、还有一些是不可控的。由于企业不顾相关利益群体的权益、做出诸如对外公布虚假消息等行为而引发的危机是可控的，然而，由于自然灾害、政治变化和经济环境的变化等引发的危机则是不可控的。对于可控因素，企业应当深化社会责任意识、充分考虑相关群体的合法权益。而对于不可控因素，企业要保证对社会责任的坚守不动摇，假如企业为了弱化不可控因素的负面影响而采取一些不负责的行为来维持其现有的经营成果，由此将不可避免地产生公共关系危机。

总体来说，企业危机的重要根源之一是社会责任意识淡薄，企业的社会责任意识的建设在很大程度上决定企业的发展前景。如果企业缺少 CSR 文化，那么很可能促使企业高层制定和实施错误的或是不完善的战略目标，由此导致损害消费者权益、损害劳工权益、散布虚假消息、破坏环境等行为的发生，进而企业的声誉、形象和公共关系恶化。长此以往，企业的市场份额逐渐下降、人力资源逐渐匮乏、消费额逐渐下降，最终带来了企业危机。

（三）CSR 危机管理

笔者将“CSR 视角下的企业危机管理”定义为 CSR 危机管理，也就是将 CSR 融入危机管理模式，进而提出能够化解危机的管理措施。以下结合上文的四阶段危机管理模式提出具体的危机管理措施。

1. 危机预防和准备阶段

在危机预防和准备阶段，企业应当深化 CSR 理念、将 CSR 理念融入企业文化。

“企业”具有双重属性，一是物质属性，二是精神属性。从物质属性看，企业既是具有独立法人地位的法人实体，又是创造大量财富的经济实体；从精神属性看，企业是由有行为能力、有自由意志的人组成的道德实体。作为法人实体，企业必须承担起法律责任，法律责任要求企业行为必须以法律为准绳，它是 CSR 的底线。作为经济实体，企业需要保持良性经营、保障生产发展需要，例如股东要求的投资回报、员工要求的稳定收入以及客户要求的公道价格等，它是企业最基本使命。作为道德实体，随着现代媒体技术日益先进、公众维权意识不断增强，企业的一举一动都曝光在公众眼下，道德因素在企业可持续发展过程中起到至关重要的作用，从而伦理责任和公益责任也越发受到企业的关注。

2. 危机反应阶段

在危机反应阶段，企业应当直面危机、反应敏捷、敢于承担、积极处理。危机反应阶段是企业危机管理的关键，很可能决定企业未来的走向，所以在该阶段企业必须树立社会责任意识。

企业危机常常避无可避，所以企业遇到危机必须积极应对、化不利为有利。在应对危机过程中，应当站在长远角度看问题，不应当作出短视性行为，因此主动承担 CSR 尤为重要。积极承担社会责任可以提高企业声誉、激活潜在客户，有利于企业的短期和长期利益。例如，当企业发生危机事件时，企业应以低姿态通过媒体向公众表态、勇于承担应负的责任、充分考虑利益相关群体的利益，而不是避而不谈、视而不见、尝试封锁负面新闻。

3. 恢复阶段

企业在重振生产的同时，一定要注重凸显负责任的形象。

危机过后，企业和利益相关者必然会蒙受损失。一般情况下，利益相关者若能得到相应的补偿，便不会再纠结于危机事件。但是对于企业来说，在弥补消费者等相关者的损失之后，还面临着调节生产、重振企业，而在这个阶段主动承担社会责任可以大大地提升企业的形象和社会地位。在恢复阶段，很关键的一环便是赢得相关利益群体的支持，这等同于为企业注入强大的推动力。

4. 学习和强化阶段

企业化解危机之后，就应当从危机事件处理过程中吸取经验和教训以防止危机的再次产生。大部分危机事件的根源都是社会责任意识的缺乏。因此，企业应当不断强化 CSR，把 CSR 理念深入到企业的日常运营、战略制定和供应链管理，使 CSR 理念深入每个员工心中。同时，企业还应积极参与社会公益事业，在社会中树立良好的企业形象。上文主要阐明了企业危机产生的根源之一就是 CSR 意识的缺失，图 7 -7 形象地解释了基于 CSR 视角的危机管理。

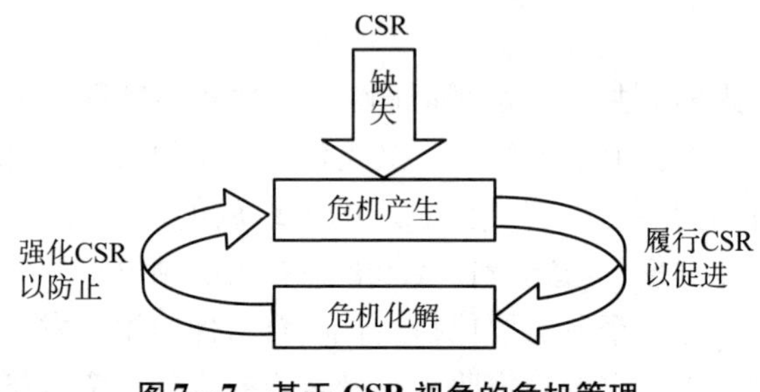

图 7 -7 基于 CSR 视角的危机管理

资料来源：笔者整理。

第四节 本章小结

本章主要从责任战略、责任治理和责任融合三个方面详述了 CSR 的管理，重点关注 CSR 理念的内化过程。在前两节责任战略、责任治理的铺垫下，第三节重点讲述如何将 CSR 融入企业的日常，使得主动承担社会责任成为企业经营的常态。

第八章

国外企业社会责任实践借鉴

第一节　国际组织积极推行企业社会责任

在经济全球化的背景下，为应对在此过程中可能面临的挑战，众多国际组织加大了对企业社会责任发展的重视，积极倡导企业社会责任的开展，相继提出了相关的标准、守则和倡议，并成立了有关组织和机构。其中影响比较大的机构和组织有：联合国全球契约组织（United Nations Global Compact Organization）、国际劳工组织（International Labour Orgainzation）、经济合作与发展组织（Organisation for Economic Co-operation and Development）和国际标准化组织（International Standardization Organization）等。上述机构和组织制定了可覆盖多数行业和区域的社会责任一般标准①，为企业更好地践行社会责任奠定了基础。

一、联合国：全球契约计划

全球契约是在经济全球化的背景下提出的。20 世纪 80 年代以来，高新技术的蓬勃发展促进了全球经济格局的变迁和国际沟通交流的深化。但不可否认的是，经济全球化的过程中既有广阔的机遇也存在着巨大的挑战。在机遇方面，产业结构得到升级，企业兼并重组频繁发生，各国经济技术合作得到加强；在挑战方面，本土文化受到其他文化不断冲击，贫富差距逐渐加大，部分国家失业问题愈加突出，自然资源破坏严重、生态环境逐步恶化。上述问题也逐渐引起了国家相关组织和各国政府的高度关注，在此背景下，“全球契约计划”于 1999 年 1 月在瑞士达沃斯世界经济论坛被正式提出。

全球契约计划的框架包含了 10 项基本原则，覆盖了包括劳工标准、环境、

---

① 易开刚. 企业社会责任教材［M］. 浙江工商大学出版社，2014：38.

反腐败和人权等几个维度。在此框架下，构建起一个获得共同认可、促进可持续增长、提高社会效益的体系，使企业在各自影响范围内遵守、实施，在履行社会责任和不断创新方面做出表率。

（一）全球契约相关概念

1. 全球契约的内容

全球契约是在标准、环境、反腐败和人权四个方面达成的一致共识，该契约共有10项基本原则（见表8－1），源于《关于环境与发展的里约宣言》、《联合国反贪污公约》、《国际劳工组织关于工作中的基本原则和权利宣言》和《世界人权宣言》等。

表8－1　全球契约的主要内容

全球契约的10项基本原则
（1）企业应在自身影响力范围内支持和尊重国际人权
（2）企业应远离践踏人权者
（3）企业界应确实认可集体谈判权并支持结社自由
（4）企业应消除任何方式的强迫和强制劳动
（5）企业应承诺不使用童工
（6）企业不应该在就业方面给予任何歧视
（7）企业应积极预防并应对环境挑战
（8）企业应积极主动采取措施，在环境方面履行更多的责任
（9）企业应积极研发和使用对环境无损害的技术
（10）企业应杜绝和反对任何贪污，包括敲诈、勒索和行贿受贿

从上述全球契约的主要内容可以看出，全球契约主要涉及标准、环境、反腐败和人权四个领域，这些领域尽管从表面来看相互独立，但事实上在内部这四个方面有着紧密的联系，比如，人权与劳工权利之间相互联系；自然环境直接影响着人们的健康和生命；反对腐败有助于维护公民间或企业间的公平竞争，能够帮助人们生活在一个公平安定的社会环境中。

2. 全球契约的目标

全球契约的目标是借助集体团队或集体的能力，使企业都具有一种需要担负社会责任的公民意识，并积极面对全球化过程中所带来的各种挑战。全球契约是一种在自愿意识下企业公民所提出的倡议，它要具备两个相互补充的目标：一是企业的战略和包含全球契约及其各项原则；二是要积极推动并加强利益相关者之间的关系，促进相关企业成为合作伙伴。

全球契约目标的实现需要企业界与联合国相关组织或机构、政府、民间组织联合在一起，通过政策对话或学习鼓励地方机构和企业积极参与相关项目工作，全力推进全球契约的10项普遍原则的应用。它所提出的问题概括了一个履行责任的企业应该具备什么样的行为，企业公民应该实施什么样的行为以推动社会的发展，政府以及联合国应该采取什么机制去加强本国以及全球的社会治理，民间社会团体又应该如何监督和推进企业的社会责任的发展。全球契约不是一项管制手段——它依赖的是对公众信息透明、负责、企业文化，依靠的是政府、民间社会和劳工联合起来如何实施有效的行动来遵守全球契约提倡的各项原则。

在全球范围内，全球契约已成为最大的推动企业公民的倡议活动。在同类倡议中，全球契约是唯一以世界上全部国家政府赞成的普通原则为基础的。不仅如此，全球契约也是与发展中国家的接触程度最深的倡议活动，其中参加全球契约的企业所涉及的国家中有一半来自发展中国家。

（二）全球契约如何推动企业社会责任

2005 年 6 月，联合国成立了全球契约理事会，该理事会由联合国组织机构代表、国际组织、企业和劳工等组成，主要目的是为全球契约的可持续发展提供战略指导和政策建议。全球契约的特点是资源性和广泛性，其对象覆盖了各类企业和机构。与此同时，全球契约也会定期通过举行相关活动、通过一系列程序来促进企业的参与：

第一，通过致函联合国秘书长表明对全球契约及其原则的支持。这是企业履行全球契约的第一步，也是最重要的一步，通常由企业总裁（在可能的情况下经董事会批准）执行。企业最高决策者的承诺既体现了其对该项目的拥护，也展现出企业对社会责任（包括经济、环境、利益相关者等维度）进行承担的决心。因此，全球契约将该声明作为评价企业社会责任方面最基本和首要的标准。

第二，将契约原则纳入企业战略、制度、文化等方面以推进对契约的履行。在中国的全球契约标准和实施程序中，为使企业的社会责任行为得到系统的反映和运行的保障，建立了保障体系和级别评定制度，形成企业履行全球契约社会责任的展示平台，并能够以此检验和改进。

第三，通过各种方式和手段实现对全球契约的推广。企业为了提高社会形象和社会信誉，让社会熟知自身履行全球契约的行为和成果，应当加大公共活动和媒体宣传力度，提高全球契约的“知名度”，呼吁和吸引更多的组织机构参与和加入。

第四，希望企业在其企业社会责任报告（或类似的公司报告）中指出企业在支持全球契约及其 10 项原则采取了哪些实质性的行动或措施。联合国要求企业发布企业社会责任报告或年度报告，描述企业支持全球契约及其 10 项原则采取的实质行动，上报联合国表明企业的改变，并向社会和公众展示。年度报告表现企业在本年度各项目标的实现程度，通过保障体系的各项目标、指标和要素的得分表现出来。同时通过相对于上一年各项目标、指标和要素分数的变化，反映企业改进社会责任行为的成果。企业需要在年度报告中具体描述新增的社会责任行为和所获的各项认证、评定、荣誉以及专项评估，反映企业持续改进的成果。提交年度报表会在一定程度上使企业的行为受到如国际环境组织、消费者协会、人权组织或者相关机构的监督，无形中给企业形成了一定的压力，迫使自己必须主动承担起社会责任，认真履行全球契约的相关原则。

（三）全球契约意义

全球契约计划的提出和推广，为企业在建立国际联系，更好地进行商业合作，提高国际形象和品牌等方面提供了机遇，最终使企业成为具有担负和履行社会责任的公司。企业通过制订有关履行全球契约的管理计划和措施，可以扩大公司的发展视野，获得更大的商业机会。企业根据行业和所在地区的不同，参与全球契约计划的方式也各有差异，但其行动仍有相似之处，例如企业通过对投资者、顾客、雇员、商业伙伴、舆论团体和所在社区利益的关注和保护来形成独特的竞争优势，成为各自领域中的领导者。此外，他们都积极地制定新的发展规划和实施战略，使大多数人而非极少数人在经济全球化的背景下获得收益。

不仅如此，参与全球契约的企业能够获得更多机会与有共同志向的企业或组织机构相互交流、学习与合作，促进与政府组织、非政府组织的沟通协作，以此感受到自身在履行责任方面做出表率后获得的收获。

二、国际劳工组织：国际劳工标准

（一）相关概念

1. 国际劳工标准的内容

国际劳工组织（International Labor Organization，ILO）于 1919 年在社会民主人士、改革者、学者和劳工组织的倡议下，由 42 个国家的政府机构、企业组织和工人组织在华盛顿成立。国际劳工组织成立以后，制定了一系列国际劳工标准公约，其中强迫劳动、童工、结社自由、就业歧视、集体谈判等涉及劳动者基本权利的 8 项公约被称为基本公约或核心公约，此外还有与工资报酬、休息时间、社会保障、工作时间、职业安全与卫生等有关的若干重要公约，这些公约是在国际劳工组织成员国的认同的基础上制定的，对成员国具有较强的约束力。①

① 易开刚．企业社会责任教材［M］．浙江工商大学出版社，2014：76.

ILO 制定的标准包括国际劳工公约和建议书。其中，公约已经成为一个国际性条约，它对劳动和社会问题做出了相关的法律规定，具有一定的强制力，而建议书则是无法律约束力的文书。国际劳工公约有 8 个核心公约，主要涵盖了禁止就业歧视、禁止强迫劳动、消除剥削性童工、结社与集体谈判自由四个方面的内容，8 个核心公约分别是第 182 号《最恶劣形式童工劳动公约》（1999 年）、第 138 号《最低就业年龄公约》（1973 年）、第 111 号《就业和职业歧视公约》（1958 年）、第 105 号《废除强迫劳动公约》（1957 年）、第 100 号《同工同酬公约》（1951 年）、第 98 号《组织和集体谈判权利公约》（1949 年）、第 87 号《结社自由和保护组织权利公约》（1948 年）和第 29 号《强迫劳动公约》（1930 年）。

2. 国际劳工标准的特点

国际劳工标准的特点主要表现在国内性、灵活性、自愿性、三方性和严格的监管程序五个方面。

第一，国内性。该特点主要表现在国际劳工标准的适用范围方面，其目标是协调成员国国内劳动关系。其主要的措施和手段包括改善工作环境、提高最低工资、调整劳动关系、健全社会保险、加强工会权利、限制工作时间等。相对于国内劳动关系，对跨国劳动关系如外籍员工待遇等方面的条款则比较少。

第二，灵活性。该特点主要表现在国际劳工标准条文的规定方面。虽然国际劳工标准普遍适用于各个成员国，但在草拟条文时，为适应不同国家的具体情况，综合考虑多方因素，规定一些在可能出现问题时必要的变通办法。

第三，自愿性。各国在是否批准和执行该标准上具有自主性。虽然国际劳动公约和建议书获得了超过 2/3 成员国的认可，但其不具备即时生效或强制生效的特点。换句话说，公约和建议书在不同的成员国国内仍需要获得当地政府批准方能具有法律效力。因此，成员国完全可以自愿决定对一个公约是否批准。

第四，三方性。所谓“三方”就是指政府、雇主和工人。三方性具体体现在各成员国派出政府、雇主和工人等三方代表团参加国际劳工大会，负责制定国际劳工标准；每个国家的三方代表独立讨论公约和建议书草案，可独立发表意见和投票。

第五，监督性。国际劳工标准通过一般监督和特殊监督两种方式获得实施。其中一般监督是基于成员国提交实施公约状况的报告，该报告是劳工组织章程规定成员国必须提交的；特殊监督包括申诉、控诉和特别控诉三种程序。

3. 国际劳工标准的功能

国际劳工标准的功能包括调节成员国国内劳动关系和国际贸易竞争。在国内关系上，主要目的是促进成员国劳动标准的同一性，有利于各成员国的社会稳定和促进经济发展。在国际性方面，调节不同地区间的劳动力成本，减少对跨国投资的负面影响，促进世界贸易的发展。

（二）国际劳工标准的意义

1. 维持劳工市场上的相对平等

国际劳工标准几乎涵盖了保障劳动者最基本的生活权利、保护安全与健康、保证公平参与社会活动、创造平等的就业和职业发展机会等所有方面的问题，这也体现了国际劳工组织对社会公平的追求。同时，国际劳工标准在削弱贸易壁垒、反对劳工歧视方面做出相当大的贡献，并因此获得了 1969 年诺贝尔和平奖。

2. 推动社会进步

一方面，劳动世界的面貌能够集中体现人类社会发展水平，劳动世界面貌的改变在一定程度上能够促进人类社会的进步。而国际劳工标准正是在政府、雇主和工人三方的共同努力下来改变劳动世界的面貌。

另一方面，当一个国家成为国际劳工组织成员国时，就意味着该国家正式承认了国际劳工组织的宗旨和目标，并承担起改善本国劳动条件、推动社会进步等方面的义务。目前，对各国社会进步的测评标准上已经把该国是否与国际劳工标准接轨纳入其中。

三、经济合作与发展组织：跨国公司行动指南

1976 年，经济合作与发展组织（Organization for Economic Co-operation and Development，OECD）制定了《跨国公司行为准则》，并获得了 34 个国家政府的共同签署，使其逐渐在全球范围内得到推广。该准则在 19 世纪 70 年代在全球范围内的企业准则运动中做出重要贡献。《跨国公司行为准则》自发布以来，已经成为全球投资者、企业和其他利益相关者的一个国际性的基准。该准则成为 OECD 和许多非 OECD 国家在改善公司治理、主动应对法律和规章制定等方面的指导准则。此外，该准则也被世界银行和国际货币基金组织的《关于标准和规范遵守情况的报告》采用，并成为在公司治理方面的一部分。2002 年，经济合作与发展组织对这一准则进行了修订，将其重点放在了可持续发展上，新修订后的准则对于企业履行社会责任具有更强的指导意义。

（一）跨国公司行为准则内容

1. 本书总结了跨国公司行为准则遵循适用原则

见表 8 –2。

表 8－2　　跨国公司行为准则的适用范围

(1) 企业出于自愿而非强制性的遵守本行为准则
(2) 成员国政府须鼓励在本国经营的企业遵守本原则
(3) 本准则适用于任何所有权性质的企业（国有、私有、外企或混合所有制）
(4) 本准则适用于与跨国企业内部所有实体（母公司或子公司）
(5) 跨国企业和国内企业同等适用于本准则
(6) 成员国政府积极推广实施本准则

2. 跨国公司行为准则主要内容

(1) 合理的治理结构。公司治理结构应符合相关法律规定，对市场透明、公开，同时要有清晰的责任分工，能够结合不同的监管和规范，以便更好地实施。

(2) 股东权利和所有权股东的基本权利应该包括对其所有权的登记保密，转让股份，及时、规范地获得有效真实的公司信息，参加全体股东大会并具有投票，推选和解聘董事会成员；分享公司利润。

(3) 股东的公平待遇。股东的权益受到侵害时，企业应该给予合理的赔偿；公平对待同层次、同级别的所有股东；禁止内幕交易和恶意的自我交易；董事会成员和高级管理层应该向董事会披露他们是否直接或间接代表第三方，是否有影响企业利益的交易或事项。

(4) 利益相关者的作用。企业应承认法律或双边协议中确立的利益相关者的权利，积极与利益相关者在创造就业岗位、企业经营等方面积极合作。

(5) 信息披露。企业以报告等形式对以下信息进行披露：财务报告和经营绩效；企业发展战略；主要股东情况和投票权；董事会成员、监事会成员和高级管理人员的薪酬情况和相关简介；董事会成员、监事会成员和高级管理人员任职资格、选举办法；在其他公司管理者任职人员是否被董事会看作是独立的；股东会、董事会会议决议事项；公司治理结构和相关内控制度政策；关于职工和其他股东的问题；可预见的风险因素。

(6) 董事会的职责。公司治理结构应确保公司的战略能够得到有效实施，对董事会可以进行有效的监督，确保董事会能够履行对公司和股东的受托责任。

总之，跨国公司行为准则的内容具有综合性的特点，涵盖一般政策、环境、信息公开、消费者利益、反对贿赂、科学技术、劳资关系、税收和竞争等方面。随着跨国公司行为准则的影响面的扩大，越来越多的跨国公司把该准则作为自身的行为守则。许多国家领导人的政治声明（如 2002 年和 2003 年八国峰会的非洲计划和财务大臣的联合声明）也都特别提及了该准则。

(二) 跨国公司行为准则意义

OECD 关于跨国公司的准则是成员国政府对跨国公司提出的建议，这些建议是依据相关法律对跨国公司的经营行为作了相关规定并制定相关标准和原则。该准则旨在保障公司在经营过程中不会与当地政府的相关制度发生冲突，以改善对外投资，增进跨国公司对于企业社会责任的认识和贡献，对开展公司治理改革、建立公司治理规范、制定新的立法和采取新的监管举措，都产生了重要影响。

第二节　非政府组织及非营利组织全力推行企业社会责任

非营利组织一方面可以很好地弥补市场失灵；另一方面可以适当弥补政府机制的缺失。在企业公民社会背景下，非营利组织既是社会责任标准的制定与推行机构，还是企业履行社会责任的环境创造机构、代理机构、监督机构以及战略合作机构。

非营利组织在倡导公共政策和立法等方面也发挥着积极的影响。非营利组织作为特定群体特别是弱势群体的代言人，要表达出他们的政策倾向和利益诉求，帮助他们在立法和公共政策制定方面谋求更大程度的公正。

一、国际标准化组织：ISO 26000

（一）ISO 26000 相关概念

国际标准化组织（International Standard）是一个全球性的非政府组织机构，1993 年国际标准化组织开始制定了有关环境管理方面的 ISO 14000 系列标准，该标准的目的是通过对现存的所有企业、政府等组织的环境行为进行限制规范，从而实现保护环境、节约资源、改善生态、促进社会可持续发展的目标。1997 年 4 月，中国国家技术监督局将 ISO 14000 系列标准中已颁布的前 5 项标准等同转化为中国国家标准，标准文号为 GB/T24000－ISO 14000，作为中国的一项标准性文件正式实施。

从 2001 年开始，国际标准化组织进行研究和论证社会责任国际标准的可行性。历经一段时间的研究之后，国际标准化组织于 2004 年 6 月决定开发“社会责任”国际标准化组织指南标准，并成立社会责任工作组（WGSR）负责标准的起草工作。该工作组由 54 个国家和 24 个国际组织参与，起草标准的适用对象包括政府在内的所有社会组织。国际标准化组织于 2010 年发布了社会责任指南标准（ISO 26000），意味着社会责任指南标准正式出台。

（二）ISO 26000 如何推进企业社会责任

1. 现代企业变革战略的重要工具

ISO 26000 强调"履行社会责任的重要内容是把社会责任融入组织的管理体系"，并相对系统地介绍了如何开展相关工作。在经济新形势下，企业在很多方面要承受来自社会公众的压力，企业的经营活动以及获得竞争优势的方式必须要考虑并尽量满足外部公众的利益诉求。因为外部公众消费是企业经营收入的重要来源，公众消费者手中持有重要的"货币选票"，他们可以自由选择消费或者不消费某企业的产品。在越来越多的消费者开始信任并选择消费具有 ISO 26000 认证的产品时，企业必须把 ISO 26000 纳入其经营战略规划中，并使之成为组织变革的重要工具，对企业未来发展产生深远广泛的影响。

2. 可持续发展理念的关键推动力

可持续发展理念是使社会具有可持续发展能力，其基本模式是实现人与社会、人与自然的和谐共存。而社会责任能够促使全社会组织在不牺牲对方利益的前提下有效地经营运作，它是所有商业或非商业组织的义务和必须履行的职责。因此 ISO 26000 与可持续发展理念在本质上是相同的，它们的核心观念都是要求给社会组织提高对人类赖以生存家园的重视；保护生态环境、节约资源、坚守社会良知；诚实守信、公平正义、确保产品信息的公开透明；关心公益，为人类社会的健康可持续发展做出贡献。

（三）ISO 26000 的意义

ISO 26000 的影响力除了体现在经济和技术方面外，在宗教、信仰、政治、文化、价值观等诸多方面也有所体现。从本质上来说，这也是各国文化和价值观碰撞及融合的过程。其意义主要体现在以下三个方面。

1. 前所未有的利益相关方的广泛参与和独特的开发流程

社会责任指南制定的 5 年中，有来自 99 个国家的 400 多位专家参与，和市场有关的利益相关方被分为六组：政府、产业界、消费者、劳工（工会）、非政府组织和科技、服务等（Sponsoring Self - Regulatory Organization，SSRO），这六个小组分别组成六个工作组，各组内部形成自己的意见，并在彼此之间相互讨论，最终达成统一意见。由此看来，广泛的利益相关方参与确保了指南的合理性和权威性，是指南最终高票通过的关键。其中，工作组人员的组成成分丰富，包括在性别和来自区域等多个方面保持相关制衡的六名利益相关方。各成员国按照规定推荐相应专家，组成专家委员会，同时建立基金支持发展中国家的参与。这种流程确保了利益相关方的平衡，从而对最终达成国家层面和利益相关方层面的两层共识起到了重要作用。

2. 发展中国家的广泛参与

如上所述，在工作组的成员分配中，发展中国家和发达国家具有同等地位，工作组的主席由发展中国家和发达国家的专家共同担任。同时，在参与开发的99 个国家中，有 69 个是发展中国家。由此可见，发展中国家确实广泛参与了ISO 26000 的制定过程。

3. 与多个组织都进行合作

ISO 联合国全球契约办公室（United Nations Global Compact Office，UNGCO）、联合国的国际劳工组织（ILO）、经济合作与发展组织（OECD）都签署了谅解备忘录，同时和全球报告倡议组织（Global Report Initiative，GRI）、社会责任国际（Social Accountability International，SAI）等组织建立了广泛而深入的联系，确保这些组织能参与到指南的开发过程中，从而使得指南不是替换，而是补充和发展了国际上存在的原则和先例①。

二、绿色和平：保护地球

绿色和平（Greenpeace）又称为绿色和平组织，它属于国际非政府组织，它的前身是“不以举手表决委员会”，该委员会于 1971 年 9 月 15 日在加拿大成立，在 1979 年改为绿色和平组织，总部设在荷兰阿姆斯特丹。绿色和平组织以促进实现一个更为绿色、和平与可持续发展的未来为宗旨，宣称保护地球、环境及其各种生物的安全及持续性发展，提倡有利于环境保护的解决办法，并以行动作出积极的改变。

（一）保护地球宣言内容

1. 绿色技术

绿色技术又称为生态友好型技术。绿色技术要求企业改变传统资源耗竭型的发展模式，努力持久循环利用自然资源。21 世纪以来，绿色技术的开发推广创造了巨大的市场，如污染防治、循环经济、资源效率等，是国际社会未来发展的一种必然趋势。

2. 绿色设计

绿色设计要求产品可以拆卸、分解，并且产品零部件可重复使用，以达到节约资源和保护环境的目的。绿色设计与传统设计相比，在设计构思阶段，将易于拆卸，降低能耗，再利用等方面考虑其中，给予和产品性能、质量等方面相同的重要性，并保证产品能够顺利生产。以西门子咖啡壶和施乐复印机等为代表的绿

---

① 易开刚．企业社会责任教材［M］．浙江工商大学出版社，2014：112.

色设计产品已经日益增加。

3. 绿色投资

绿色投资是通过规范投资去向来防治环境污染和保护生态破坏。世界许多政府对绿色投资持支持态度，其中美国政府公开表示，绿色产品可以在信贷方面给予优惠，享受出口退税，同时美国政府设立绿色产品出口办公室以负责和处理绿色产品的投资和销售；欧盟经济决策部门对绿色产品在税收、货款、出口政策等方面给予政策优惠。

4. 绿色包装

绿色包装要求企业既要考虑到降低包装费用，又要减少包装废弃物对环境的污染。以采用天然植物纤维素制作的绿色纸包装为例，它可以被土壤微生物较快分解，重新加入自然循环。因为其突出的绿色性，已经被很多美国和日本的生产制造企业大量地应用于各自的产品中，并通过广告等宣传手段对其进行推广。

5. 绿色营销

绿色营销指的是为了加强消费者对于绿色产品的需求欲望，通过开展一系列绿色促销的活动等来为自身塑造一个绿色形象。近年来，全球绿色消费总量日趋增加，在需求的带动下，企业和商家们逐渐主动使用绿色观念，推出一系列绿色产品、制定绿色价格、大力开拓绿色市场等，建立一个健康、科学、可持续的绿色营销体系，树立自身绿色企业形象。比如，日本某超市为减少塑料袋的使用要求消费者自备购物袋。

6. 绿色消费

绿色消费是指人们在追求舒适的同时，注重资源的节约，消费心理向崇尚自然、追求健康转变。随着国际上绿色消费潮流的兴起，国际市场消费需求也逐渐由传统消费向绿色消费转变。

7. 绿色管理

绿色管理是指把保护生态环境的理念融入企业的运营与管理之中，在日常经营和管理决策中考虑自身行为的环境影响，并制定相应的对策和措施。以美国最大的化学工业公司杜邦为例，该企业自 1990 年开始回收氟利昂，并承诺在未来 30 年内不断减少废弃物排放，专门设立环保经理的岗位，成为全球化工企业践行“绿色管理”的示范者。

8. 绿色认证

绿色认证是指对绿色产品实施统一的环保认证标准。该标准已经成为未来市场成败的“风向标”——未经认证的产品将会不断失去市场份额。绿色认证的雏形早在 1989 年纽约市的《正式再生产品手册》中就有所体现。该《手册》所认证的产品由最初的 177 种扩大到 1580 种。截至 1992 年，美国已有 38 个州通过立法的手段规定必须使用可再生材料的产品。美国政府也十分支持对绿色认证，规定政府组织不再采购未经绿色认证的产品。

9. 绿色壁垒

绿色壁垒，也叫作环境壁垒，指的是在进行国际贸易的时候，为了保护人类的生存环境，某些国家或政府凭借着自身先进的科技，通过制定相关的法律、法规，对外来商品实行准入限制。绿色壁垒的产生起因于全球日益恶化的生态环境，早期主要是出于保护生态环境和人类安全的需要，而随后消费者环境意识提高和全球绿色消费运动的兴起进一步促进了绿色壁垒的发展。

绿色壁垒的表现形式主要有“绿色反补贴”、环境贸易制裁、绿色关税、“绿色反倾销”、绿色市场准入、绿色消费、强制性绿色标志、严格的进口检验程序和检验制度、强制要求 ISO 14000 认证等等。

虽然绿色壁垒形成于近几年，但是已呈现趋于全球化的态势。国际社会制定的环境与资源保护方面的条约和法规越来越多，总数已超过 150 条。其中仅 2015 年，就有 36 个国家和地区制定了关于 528 种农药在食品中的残留量的标准，对其中不符合规定的，采取相应的惩罚性措施[①]，如限制进口等。

10. 绿色标志

绿色标志也称为生态标志，是指符合一定的环境保护标准、指标或规定的产品，经过相关认证机构认定而获得的认证。标志获得者可将此标志印在所申请的产品及其包装上，以表明该产品从开发、生产、使用、回收、利用到处置的整个过程都符合环境保护的要求。

（二）如何推进企业社会责任

20 世纪 60 年代，全球进入高速发展时期，发达国家的物质生产能力快速增强。各国相继进入了物质产品非常丰富的“大众消费社会”时期。在巨大消费需求带动下，“大量生产、大量消费、大量废弃”作为推动力，带动了经济快速增长。但同时，环境恶化、资源过度消耗等问题也引起了社会的广泛关注，资源浪费型和环境破坏型的生产方式已难以为继。

绿色和平组织以保护地球为主旨，敦促各国政府及企业高度重视对环境的保护，其主要成就有：

（1）绿色和平通过对珠峰以及黄河源地区进行三次实地考察，最终发现了青藏高原冰川为何消融，发表了《黄河源之危》报告，指出气候变暖带来生态恶化的不良后果，并且呼吁人们：只有共同行动，才能有效地减少排放温室气体。

（2）通过对中国市场的婴儿食品的监督检测，披露曝光了亨氏米粉的原材料使用了未经批准、未经安全测试的转基因大米。而该事件也引起了大家对于中国

① 数据来源自中国商务部网站。

是否种植转基因作物的广泛关注与讨论。

（3）通过对于中国香港和广州市地区所销售蔬果的检测，发现农药超标等问题，最终有效地促进中国香港特区政府加大对于进口蔬菜水果的监管力度。并且推动中国香港特区立法会通过议案，对于食物中的残留农药成分进行更为严格的监管。最终，香港特区政府规定蔬果为优先处理项目并且订立了《食物安全法》。

（4）揭露出欧洲和中国的木材企业进口来自“天堂雨林”的非法木材。推动中国打击非法木材贸易、法国以及比利时等国家的企业承诺不在购买使用来自“天堂雨林”的非法木材及其产品。并且成功地说服中国的百安居做出以下承诺：保证到2010年，所有在中国销售的木制品来源均是通过认证的。

（5）揭发披露了存在于中国香港新界的露天电子垃圾处理厂，而且还对电子垃圾进行中转贸易，该举动促使中国香港特区政府修改相关法律。

（三）保护地球宣言意义

绿色和平组织借助自身力量，在促进企业健康持续发展等方面发挥着积极的推动和引领作用。少数企业为追求利益的最大化而忽略社会责任，导致负外部性的产生。这种情况被绿色和平组织发现之后，通过组织自身的影响力采取一系列行动对其施压，最终使得这些企业做出了改变。

绿色和平组织所倡导的保护地球的理念有以下三个方面的意义。

（1）可以帮助提高企业经营管理者的道德思想觉悟，进而规范企业的行为，提高企业社会责任履行的自觉主动性。

（2）最大限度地发挥社会公众力量、抵制那些拒不履行社会责任从而产生巨大负外部性的企业。

（3）有助于提高社会大众的维权意识。绿色和平组织对于社会公德的大力宣传和弘扬，不仅会影响企业行为，还会对广大群众产生示范作用。当社会大众发现企业存在破坏或禁止性行为时，他们会求助相关机构组织来阻止该行为的发生。

三、国际消费者联盟组织：消费者四项基本权利

20世纪70年代以来，由于科学技术的进步、生产要素成本上升，快节奏的生活、教育水平的提高、价值观念的转变、环境的恶化、资源的短缺等，致使西方国家的企业所在的市场环境发生了巨大的变化。许多企业为了获得最大利润以及更好地满足消费者的需求，开始使用虚假广告推销，制造假冒劣质产品，使消费者权益受到侵害。在这种背景下，消费者保护运动开始兴起。

1898年，美国成立了全美消费者同盟，这是第一个全国性的消费者组织，

标志着消费者保护运动的开端。这期间的活动主要是由消费者自发进行的，政府并没有对其进行实质上的支持。到第二次世界大战期间，这种早期的消费者保护运动也相应终止。

消费者保护运动迅速发展起来是在 20 世纪 60 年代以后。1960 年，国际消费者组织联盟成立，这是由澳大利亚、荷兰、美国、英国、比利时这五个国家的消费者建立的。该联盟是不以营利为目的、无任何政治倾向的全世界消费者的联合，拥有 115 个国家和地区的 220 多个消费者组织成员，而且从 1983 年开始，将每年的 3 月 15 日确立为“国际消费者权益日”。中国消费者协会于 1987 年成为正式成员，标志着消费者保护运动开始成为世界性的趋势。

（一）消费者四项基本权利内容

国际消费者联盟规定的消费者具有以下四项权利。

（1）有权获得安全保障；

（2）有权获得正确资料；

（3）有权自由决定选择；

（4）有权提出消费意见。

在此之后，国际消费者联盟组织根据不断的实践积累经验，将这四项基本原则扩展为相应的消费者权利。

（1）产品及服务能满足消费的基本需求的权利；

（2）产品及服务符合安全标准的权利；

（3）消费前有获得足够且正确信息的权利；

（4）消费时有选择的权利；

（5）对产品及服务表达意见的权利；

（6）对产品或服务产生不满时获得公正赔偿的权利；

（7）享有可持续发展及健康环境的权利；

（8）接受消费者教育的权利。

（二）如何推进企业社会责任

贴近消费者是 21 世纪企业竞争力的关键。企业为了更好地迎合消费者的需求，应该承担以下四个方面的社会责任。

1. 保证产品安全

一家企业存在与发展的首要前提就是必须保证自己所提供产品的安全性。消费者是为了满足自己的需求来购买企业的产品，如果该产品不能保证安全性，存在隐患，不仅不能够满足消费者的精神和物质需求，更严重的还会损害消费者的权益，最终产生的不良后果也必须由企业来承担。

2. 确保产品信息的正确性

为消费者提供正确不虚假的产品信息是企业必须承担的责任。企业应该在对产品的宣传和广告中客观真实地提供关于产品的质量、价格、使用方法、使用效果、构成成分等信息，以供消费者作出选择。但是现在出现了越来越多欺骗消费者的情况，由于对产品信息没有及时准确地公开，以至于误导消费者的购买意向，最终出现纠纷。因此，企业必须及时准确地为消费者提供产品信息。

3. 尊重消费者的选择权

消费者在购买产品时具有选择权，是指在获悉产品的各种信息后，通过与其他产品的比较、选择，能够自由地做出购买决策的权利。现在很多企业出现了剥夺消费者选择权的现象，比如：（1）在购买手机时需要另外购买充电器，充话费时赠送的手机必须订购某些指定套餐，这就是明显的捆绑式消费；（2）某些餐厅明确告知消费者禁止自带酒水，这其实是一种强制消费，剥夺了消费者的自主选择权。消费者本来可以自己选择是否购买该餐厅提供的酒水，进行一种公平交易；（3）很多娱乐业都会设置最低消费，进店必须购买产品满足最低消费，不然就选择离开。以上这些情况都是不尊重消费者选择权的表现。

4. 提供便捷的售后服务

产品的买卖交易只是销售的第一个步骤，如果一家企业想要及时解决消费者在产品的购买和使用中遇到的困难以及了解消费者的意见建议，就必须提供方便快捷的售后服务，从而提高改善自己的产品，吸引更多的消费者进行二次购买。另外，企业也应该建立起一个投诉处理机制，该机制应该本着使客户满意、为客户服务的原则，配有专业人员耐心地听取客户的投诉建议，并且能够及时地向有关部门传达投诉意见，尽量快速地解决该问题。

（三）消费者四项基本权利意义

20 世纪 70 年代以来，消费者运动在立法保护的基础上，逐渐向广度和深度发展，使相关制度逐渐得到完善，消费者诉讼和寻求保护的方式、渠道也逐渐增多，如消费者的合同撤销权、集团诉讼制度、小额法庭制度、消费检察官制度、消费者组织或行政机关支持起诉制度和产品责任制度等。许多国家的消费者组织都以国际消费者联盟的四项基本原则作为践行宗旨，从消费者的角度督促企业努力做好自身的社会责任建设，并站在消费者的立场上，为消费者提供健康良好的消费环境。

第三节　政府重视和推进企业社会责任

除了企业的密切配合外，政府的广泛参与对于企业社会责任的推广和深入也非常重要。企业作为承担社会责任的主体，必须要以自治行为为基础才能推动社会责任发展。政府作为企业社会责任的重要驱动力也发挥着至关重要的作用。政府部门意识到，要想使企业社会责任公平、正义、效益的价值目标顺利实现，在企业实现自治的基础上，政府给予一定的干预是唯一的途径。

一、美国的企业社会责任

（一）美国企业社会责任产生的背景

20 世纪中叶，美国现代工业高速发展，但粗放型的经济增长方式带来的是严重的生态污染、有毒物质的排放和放射性物质的滥用等现象引起了民众的广泛关注。缺乏社会责任感、单纯关注利润的企业行为受到社会的抨击。企业的丑闻频频曝光更是引起公愤，“当时大多数美国人认为企业决策层的道德水平比普通民众要低，他们做的很多事都是有损公共利益的[①]。”这种已经达到极限的不信任情绪在整个国家蔓延开来，许多民众结成社会团体，开始对企业提出社会责任要求。企业决策层开始觉悟，为了重立企业形象、获取公众信任和支持，企业开始加强企业道德建设。

（二）美国企业社会责任发展历程

1. 维护劳动者权益阶段（19 世纪 20 年代至第二次世界大战前）

在这一时期，由于受到“信托责任”理念的驱动，企业的所有者和管理者仅关心企业自身的发展前景，却从不考虑工人的利益，出现了许多的“血汗工厂”。在美国，企业员工工资遭到压榨、并长期在非常低劣的环境中工作，这样的情况非常常见，他们认为自己得到公平待遇的权利遭到剥夺，希望能够改变如今的工资水平和环境条件。仅 1919 年的一年中，美国就有 400 多万名工人参与到罢工行动中来。

20 世纪 30 年代，美国政府逐渐意识到构建劳工组织的重要性，因此，美国政府开始着力对其进行建设，并依靠各项法律条款来推动成立劳动组织。其中，1935 年《瓦格纳法案》的提出使劳工组织向前迈进了一大步。正因为如此，工人的力量进一步壮大，但是很多企业在与工人罢工进行博弈和争斗的过程中遭受了很多苦难。通用汽车公司的统计数据显示，1937 年 2 月初，受到大规模工人罢工影响，通用汽车公司产量由 53000 辆直线下降到 1500 辆[②]，迫使福特公司和克

---

① 皮菊云．中美两国企业社会责任对比研究［D］．湖南农业大学，2005.

② 资料来源：中国证券报 http：//www. cs. com. cn.

莱斯勒公司等汽车公司做出退让。以上系列事件的发生，也促使更多的企业重视对劳动者合法权益的保护。第二次世界大战结束后，“血汗工厂”这种现象在美国大工业内部和美国公民社会中已经基本退出了历史舞台。

通过以上可以看出，在这一时期，美国国内的企业社会责任将重心放在工人工资水平和工作环境上。很多的劳工组织在这段历史时期出现了。企业认识到劳工的巨大影响力以后，逐渐开始尊重和保护劳动者的合法权益，不仅提高了员工的工资水平，为其就业提供了更多的保障，也更多地考虑到职业的安全与健康，并在社会保险和福利待遇等方面做出了进一步的改善。这些也正是该时期美国企业社会责任履行的侧重点。

2. 维护消费者权益和环境保护阶段（第二次世界大战后至 19 世纪末）

第二次世界大战结束后，为了促进经济复苏，美国政府鼓励企业提高效率、促进生产，相关的企业得到了长足的发展。然而，企业是以谋求利润最大化为目的的组织，不仅损害了消费者利益，也严重破坏了自然环境，例如，谎报价格、污染环境、生产假冒伪劣产品等行为非常严重。20 世纪 60 年代以后，美国企业出现了诸如抢夺资源、污染环境、损害健康、不合理用工和产品质量不过关等问题，饱受社会的诟病。

在此背景下 J. F. 肯尼迪（John F. Kennedy）总统在《关于保护消费者利益的总统特别国情咨文》（1962）一文中提出了包括“了解、选择、安全以及意见被采纳”在内的消费者基本权利；在此基础上，消费者的“索赔权”于 1969 年被补充进去；美国政府在同一年又出台了历史上某个重要的环境法律——环境政策法。其中对企业承担社会责任的重要性做出了明确规定。此外，为了达到监督企业保护地球的目的，从 1970 年开始，每年的 4 月 22 日被定为“地球日”。

企业迫于各方压力不得不转变过去以损害消费者利益和破坏环境为代价的营利模式，开始注重履行对消费者和环境的社会责任。

3. 全面实施企业社会责任阶段（19 世纪末至今）

在这一时期，美国对企业社会责任的研究越来越完善，各类企业的社会责任标准也得到了企业界的普遍认可。19 世纪末，美国企业在企业应履行社会责任方面基本达成一致意见。但是，在美国，为了履行对国内相关者的社会责任，资源消耗型、环境污染型和劳动密集型产业经由众多跨国公司而转移到其他发展中国家，在其国内和国外实施双重标准。在美国，许多跨国公司没有将企业社会责任管理融入整个供应链，忽略了供货商和转承包商的企业社会责任管理，无视供应链上下游企业给地方文化和当地环境所造成的不可弥补的伤害。2006 年，国际环保组织认为卡夫公司推崇双重标准是不正确的，并对其进行了批评指正。该组织认为，部分企业在中国市场上销售大量含有转基因因素的食物，损害了中国消费者的选择权和消费权，也威胁到了中国消费者的生命安全。

随着发达国家和发展中国家经济社会的发展，他们的企业社会责任意识也越来越强，GDP 至上的时代终将成为过去，开始实行可持续发展方式。在东道国和 NEO 组织的压力下，社会责任国际标准（SA8000）颁布，并逐渐成为全球公认的企业社会责任标准。

（三）美国企业社会责任特征

1. 企业社会责任标准制度化

首先，完备的法律、法规对企业社会责任提出了最低要求。在企业社会责任范畴内运用法律的代表国家是美国，它是较早推行强制性社会责任履行的代表。相关的法律、法规涉及信用管理、环境保护、决策伦理、利益相关者的合法权益、社会福利等多方面的社会责任，是企业社会责任的最低要求。这些法律、法规是企业经营的准绳。

其次，国际上的非政府组织针对典型的企业不负责行为提出了各项准则，进而形成了企业社会责任国际标准。现行的企业社会责任国际标准有 SA8000、AA1000、ISO14000、ISO 26000、全球盟约、全球苏利文原则、OECD 多国企业纲领、全球永续性报告协会纲领和 ILO 等九项。

最后，随着社会各界对企业社会责任理念的认知，民众更加愿意购买那些主动承担社会责任的企业所生产出来的产品或所提供的服务，这促使美国的许多企业自主自觉地在企业管理制度中加入企业社会责任。企业在依据这些制度来进行经营管理的过程中，渐渐地培养出了主动履行社会责任的良好习惯，而这一习惯也成为企业文化中非常重要的元素与活力。因此，要想最大限度地推进企业社会责任的履行，健全的法律、法规是最低保障，还需要国际非政府组织和企业自身的相互配合。

2. 企业社会责任管理专业化

分工导致专业化程度加深。现代企业由于管理的需要而成立了具有不同职能的部门，有专业人员使用专项资源来经营管理，来达到支持企业良好运转的目的。同样地，设置专门的企业社会责任管理部门对于企业承担社会责任来说是极其必要的。20 世纪 90 年代中期，美国成立有专门的企业社会责任管理部门的企业数量占大企业数量的比例已经超过 60%。企业社会责任管理部门主要是对企业社会责任进行日常管理、预防以及危机控制，同公司全体人员共同探讨与企业社会责任有关的问题，对企业社会责任制度进行修改和评定，对企业员工进行社会责任培训，履行绩效评价等。

3. 企业社会责任报告公开化

大众对企业承担社会责任情况进行了解的途径之一是通过阅读社会责任报告。因此，该报告在企业同其利益相关者沟通交流的过程中起着重要的作用，能够督促企业及时地对其自身管理运营状况和其对自然环境产生的影响进行披露，综合反映了企业承担社会责任的行动、业绩、计划和理念。所以，企业应把自身是怎样履行社会责任的按事实记录下来，例如，企业已经承担了哪些社会责任、哪些责任还没有履行、哪些方面需要做出一些调整和改正、有没有具体的履行计划等等，定期发布企业社会责任报告。这样一方面有利于接受社会监督；另一方面有利于塑造良好声誉。

4. 企业社会责任审计系统化

企业社会责任审计是指企业自身或外部对其履行社会责任情况进行审查与评价，以期进一步改善。美国的某些企业由于想要达到更完善的管理与社会责任相关的问题的目的，构建了企业道德委员会或道德责任者等专门机构，由董事会直接领导。这类专门机构能够很好地监督管理企业的各种经营行为，从而形成了完善的企业社会责任方面的内部监督机制。

除此之外，企业外部的社会责任审计机构（主要包括投资基金组织和社会公益监督机构，例如环境保护协会、消费者权益保护协会等）对于企业的社会责任审计来说就是企业社会责任外部监督机制。这两种监督机制相互协调、共同配合，对企业更好地履行社会责任起到了重要的监督促进作用。在这种大环境下，更多的企业逐渐主动地接受来自民众的监管和督促，并主动向民众发布自身的社会责任报告。

在美国，尽管企业并不能全部都能主动地承担并履行社会责任，但这些企业在内部受到专业化管理和社会责任制度的制约，外部由企业社会责任进行系统化的审计管理，从而使企业社会责任报告更加公开透明化。这种健全的机制是企业同社会公众进行沟通与协商的重要方法，非常值得中国学习和借鉴。

（四）美国政府推动并促进企业社会责任的发展

美国很早就对企业社会责任进行了立法。20世纪80年代末就有29个州对公司法进行了修改，要求经营者对各利益相关者负责，而不仅仅是对股东负责。1983年，宾夕法尼亚州针对企业的相关法律、法规明确了董事在企业社会责任方面的授权，准许董事将那些不属于股东利益的但能够对公司长远利益产生影响的因素考虑进去，主要包括国家经济、地方经济和社会因素等方面内容；1991年《联邦判决指南》颁布，规定法官能够依据企业履行社会责任的实际情况对企业的经理人员进行合理罚款和监禁。自从发生了“安然事件”等重大事件后，美国政府又颁布了很多法案以进一步规范公司道德准则，惩罚忽略履行社会责任、侵犯利益相关者利益的企业。2001年，安然公司丑闻曝光，引起公众对企业缺乏社会责任感的强烈不满，为此美国政府颁发了许多法案以治理企业道德，从而进一步提升了对这类事件的惩罚力度。

现如今，美国已经拥有了较为健全的与企业相关的法律、法规体系，从很多方面和角度更加具体的规定了企业社会责任。然而，很显然美国政府更愿意给企业履行社会责任设置一个最低底线——法律、法规，而不会直接干涉企业开展社会责任的方向与内容，更倾向于把企业社会责任看作是通过一种自愿行为来达到推动自身发展的目的。

二、英国的企业社会责任

（一）产生背景

英国企业社会责任的发展与欧洲一体化息息相关。

欧洲推进一体化是为了实行人员、资本、商品和服务的自由流通。贸易壁垒的打破使得各个国家在经济运行过程中的众多不健全渐渐显露出来。企业之间的竞争越发激烈，越来越多的企业开始兼并重组，加之非法移民的不断涌入，使得英国失业率升高、就业环境恶化。失业率上升引发许多社会不安定因素，犯罪率上升、恐怖袭击风险加大。面对这样的经济环境和社会环境，民间力量已无法使大局回转，英国民众强烈要求由政府来处理好这些事情。为了使经济能够正常运行并保证国家和国民生活安全，英国政府依靠国家强制力快速对此作出回应。由此，很多关于企业社会责任的议题就是在此背景下提出的。

（二）英国政府推进企业社会责任

1. 设立相关政府部门

英国政府部门对本国社会责任的发展起了至关重要的作用。英国的文化教育、社会保障、环境、就业、财政和国际发展等众多部门都主动地参加到企业社会责任的推进工作。特别是在 2000 年 3 月，英国政府在贸易与工业部（Department of Trade and Industry，DTI）下设置了“企业社会责任大臣”一职，专门负责企业社会责任管理工作。又在 2005 年，“企业社会责任大臣”晋升为国务大臣一级。

2. 政府通过有效的宣传与激励推动企业社会责任的发展

英国政府实施了较为全面的激励政策推动企业更好地承担企业社会责任。例如，英国政府于 2006 年颁布了关于可持续性采购的行动方案，并于 2009 年在整个英国开始实行可持续性采购。政府部门对部分政府采购产品实施了强制性的生态标准，并优先选择企业社会责任绩效排名靠前的企业作为采购对象。另外，政府部门定期发布 CSR 指数来监督企业社会责任的履行，由部长亲自褒奖履责情况较好的企业。

为了推广企业社会责任、促进更多的企业履行社会责任并提高民众监督意识，英国政府特在贸工部设立了国家联络处（National Contact Point，NCP）用于宣传亚太经合组织（OECD）制定的《跨国企业行动指南》①。

早在2000年，英国政府成立了一所企业社会责任院校，专门从事分析市场和社会中的社会责任以及分享并宣传社会责任践行经验的工作。此外，政府部门还专门建立了企业社会责任网站，形成信息交流的平台，以便更好地宣传企业社会责任。

总而言之，在企业社会责任这场重大的运动中，英国政府从宏观层面上确立了企业社会责任的发展方向，并设立了专门管理部门，从而发挥了全面激励、宣传和推动的重要作用。

3. 英国政府侧重政策规制

与美国政府更注重法律监督有所不同，英国政府十分重视政策规制（见表8－3）。通常情况下，英国政府会为企业从政策层面来提供一些指导建议，从宏观层面上为英国企业履行社会责任制定一个较为清晰的发展方向，并提供了一个有弹性的综合架构以促进企业更好地履行社会责任，再加上各部门之间的密切配合与相互协作，进而使各个企业更好地接受社会责任，并践行到实践中去。

表8－3　　英国政府关于推进企业社会责任的政策规制

年份	内容
1997	英国国际发展部制定一套名为“主动道德交易”的新战略，该战略要求企业改变劳工的工资水平和工作环境
2001	第一次颁布《企业社会责任政府报告》，该报告发布了政府关于企业社会责任的工作计划，主要包括促进企业主动承担社会责任、增加商业中企业社会责任的范围等
2001	发布了企业环境报告指导方针以知道企业更为规范的发布企业环境报告
2002	发布了《企业社会责任政府报告》第二期
2002	出台了《雇佣法案》，以帮助劳动者协调好参加工作与抚育子女之间的关系。这个规定使社会大众的期望得到满足，有效地维护了劳动者的合法权益
2005	出版了第三期《企业社会责任政府报告》
2005	英国贸易与工业部提出国际战略框架和可持续性战略，其中可持续性战略又被称为能够保障未来的国家可持续性战略
2005	英国政府颁布了《公司法改革白皮书》，认为企业应当以成为“谋求大众繁荣和富裕的最佳载体”为最终目标
2006	英国公司法通过法律引进“文明的股东价值”（Enlightened Shareholder Value）这一概念，通俗来讲就是董事只有以全体成员的利益为主要目标，才能实现公司的成功

① 《跨国企业行动指南》第一次以国际文书的形式确认了跨国公司应承担的一些包括劳工标准在内的基本社会责任。该指南已成为严格的政府承诺，用来判别一般跨国公司的行为标准是否与“良好企业公民”的要求相一致，以便约束跨国企业，保证其在东道国履行企业社会责任。

三、日本的企业社会责任

（一）日本企业社会责任产生背景

企业社会责任在亚洲的发展是从日本开始的。历经200多年的发展演化，日本关于企业社会责任的认识和实践逐步走向成熟，从朴素伦理思想发展到标准化和国际化运作模式。

日本商界早在江户时代（1603～1867年）便出现了以“家训”形式为主的企业社会责任经营准则，例如，三井的家训是“贪婪起纷争”、“意见不统一时必须协商处理”；住友的家训有“不可利用职务之便谋取个人利益”、“不可做损害名誉、损伤信誉的事”、“重廉耻、不贪污”、“经营以重信用、诚实为宗旨，以期实现家族的兴隆永固”等；近江商人的家训为“卖方得利、买方得利、社会得利”，体现了“三方受益”的思想；著名的思想家石田梅岩在江户中期总结江户商人家训时提出双赢应当是商人的信条；江户末期，思想家二宫尊德认为企业的经营理念和社会责任意识都根源于儒家的“报德思想”。

进入20世纪后，日本企业家松下幸之助、丰田佐吉等也提出了促进企业社会责任认知与承担的理念，如“感谢报恩”、“产业报国”、“自来水哲学”等创业理念。

第二次世界大战以后，日本提出了新的方针，即“经济优先”，在这个时期战后经济得以恢复并迎来了高速发展的黄金期。然而，伴随着经济高增长的是生产污染和生态破坏。当时，由于工业生产产生了很大的污染，公害事件时有发生。20世纪60年代末，“四大公害”诉讼事件一时间轰动全国，成为震惊中外的公害事件。日本国民在经历了该事件后，其社会责任意识不断觉醒，企业对社会责任的承担和履行情况受到了社会各界的广泛关注。

进入20世纪90年代，受国际大环境的影响，再加上日本经济泡沫纷纷破裂，日本国内外强烈要求企业承担并高度履行社会责任，且呼声此起彼伏，其主要包括以下具体内容：保护环境，提供公平公正的就业机会，尊重人权、打造舒适的工作环境，加强对利益相关者的说明，不做欺骗消费者的行为，保证劳动安全与卫生，支持志愿者活动，支持文艺体育活动等众多方面。

为了响应国内外号召并且增强企业的国际竞争力，日本的企业和其他经济团体纷纷主动地投入企业社会责任推进活动中。在此背景下，日本于21世纪初引入企业社会责任体制。2003年以后，日本经济团体联合会、经济同友会、日本标准协会、日本企业社会责任普及协会等商业性协会成立了专业委员会。通过该委员会的运作评价和指导日本企业社会责任的承担和履行情况。例如，经济同友会制定了“自我评价方法”，日本 CSR 普及协会颁布了“CSR 指导方针”，日本经团联制定并颁布了“企业行动宪章”，日本标准协会构建了“CSR 标准委员会”，进一步加快了企业社会责任标准的制定进度。日本企业在推进社会责任的进程中充分发挥了主观能动性，积极加入“全球契约”，以 ISO 14001、SA 8000、ISO 26000 等国际标准来规范自身行为，并按照事先制订的计划来承担起自身的社会责任。企业社会责任理念已经深深地融入企业的每一个细节中去，成为企业运行不可或缺的一部分。

（二）日本企业社会责任的发展阶段

第二次世界大战后的 60 多年里，日本每 10 年就会发生一次范围很大的企业丑闻事件，随之而来的就是对企业的不断批评与批判，在这种情况下，企业履行社会责任的重要性得到了广泛的认可。按照内容的差别，将日本企业社会责任的发展分为五个时期（见表 8-4）。

表 8-4　　第二次世界大战后日本企业社会责任发展的五个时期

时间	企业社会责任内容
20 世纪 60 年代	在以重化学工业为中心的经济高速增长阶段，人们开始增加对企业社会责任的关注。企业总是以自身利益为首要目标，从而忽略了对自然的污染问题，最终引起公害问题大范围蔓延。因此，社会逐渐认识到“企业的无过失责任”是不正确的，居民和被害者开始兴起各种运动以表达自己对企业的极度不信任和不满意，后来便出现了企业性恶说。与此同时，1967 年，日本颁发了“公害对策基本法”
20 世纪 70 年代	日本列岛改造论的出现使得土地价格出现了第二次大幅度上涨，土地投资和商社过分的商品投机行为使得更为严峻的社会问题出现。企业以利益为中心的原则受到了强烈的批评，国会也集中精力对物价混乱问题进行了处理与解决。1973 年是批判社会企业最为严重的一年，当时，经济团体针对企业应当拥有的态度做出了一些提议，并在企业内部构建了公害部，为了将利益还给利益相关者们，经济团体还设立了一些财团，一时间掀起了一片热潮。1973 年，“企业社会责任”一词首次出现在了《现代用语基础知识》一书中
20 世纪 80 年代	20 世纪 70 年代后半期到 80 年代初，企业开始了一系列自我整顿活动，不再像之前那么激烈地商讨与企业社会责任相关的事宜，社会责任出现一定程度的退步。1985 年广场协议的签订使得日元升值，日本企业海外投资逐渐走向国际化。由于企业文化与国民生活之间存在着很大的落差，因此那些进入美国的企业受到了强烈的冲击。日本还将“好企业市民”概念“引进来”，不论是在学术、艺术，还是在福利以及国际交流等方面，许多社会活动积极地通过利用企业财产为社会做出贡献。许多公益活动和文化支持活动也开始大面积举办，这些活动通常以冠名活动和捐赠讲座为中心。1989 年和 1990 年又分别成立了“企业文化支持协会”
20 世纪 90 年代	从 20 世纪 80 年代后期到地价第三次大幅度上涨时期，日本社会被泡沫所充斥。在日本房地产泡沫逐渐走向破裂之际，接连发生了东芝机械违反巴黎统筹委员会、山一证券和北海道拓殖银行相继破产以及建筑行业的事先商议投标等事件，使得日本逐渐失去国际上的信任和支持 全球气候变化、热带雨林破坏、臭氧层破坏、沙漠化等地球环境问题不断凸显。其中，1992 年召开的地球峰会和 1996 年由国际标准化组织颁发的 ISO 14001 标准，是与环境问题息息相关的

续表

时间	企业社会责任内容
21世纪初	1999年，日本首次出现了环境基金，这一基金使得日本成为社会责任投资（SRI）的始发者。来自欧美的调查机关开展了题为“选定SRI的名牌商品”的调查项目，并得到了日本企业的欣然接受。环境基金在整个调查过程中和资本市场分别对环境问题的解决以及企业的社会性提出了疑问。雪印乳业爆发不良事件，“雪印”大阪工厂因没有按时清洗牛奶槽，造成细菌感染。因为该工厂的工厂长对此事未能及时地做好事后处理工作，而引起了全日本人民的集体抗议，抵制“雪印”产品。经过该事件，雪印30多家分厂中有26家遭到关停，社长在公众媒体面前鞠躬谢罪并引咎辞职 面对一系列的企业社会责任丑闻事件，企业伦理和遵守法律、说明责任、信息公布等方面作为企业社会责任的内容被提出

（三）日本企业履行社会责任的特征

1. 赋予时代精神的企业社会责任理念

企业社会责任来到日本之后，许多日本企业基于时代特征和日本本国特点在传统企业社会责任理念的基础上加入了时代精神。

松下幸之助说过这样一句话：“我们可以将企业看作是个人意志的产物，然而，从更高层次上来说，企业也能够为保证社会生活和提高文化水平提供一定的支持作用，也就是社会公器。”[①] 之后，这种“企业是社会公器”的认识逐渐演变成日本企业观的核心体现。因此形成了该公司的独特理念，即强调“以企业是社会公器这个理念为基础，依靠每位员工的劳动进而在全世界承担社会责任”。

不仅是松下电器，许多排名在世界前500强的日本企业都始终坚持自身的CSR理念，例如丰田汽车公司、马自达公司、日立公司、索尼公司、夏普公司等。丰田汽车公司一直提倡“依靠产品的生产活动来实现社会的可持续发展，以达到人与自然和谐相处的目的”；马自达汽车公司着力强调“社会在飞速发生着变化，因此，我们更要承担起自身的社会责任，争取成为可以得到大家信赖的好企业”；[②] 日立公司认为“主动解决全球社会正在面对的基本问题，依靠技术进步来推动社会不断维持可持续发展”[③]；索尼公司认为“企业社会责任由两部分构成，首先是企业为实现可持续经营必须从事的活动，其次是企业为构建可持续发展社会必须做出一定的奉献”[④]；东京海上保险公司声称将努力做到“引领企业不断创造社会价值以提升企业价值”；夏普公司一直坚持做到“依靠生产产品来为社会做出一定的贡献，并在经营实践中不断取得社会的信任”；软银集团以

---

① ［日］皆木和义．松下幸之助的人生智慧［M］．广东旅游出版社，2014.

② 引自马自达汽车公司社会责任报告。

③ 日立（中国）有限公司获得“最具责任感企业”奖上的讲话。

④ 索尼公司企业社会责任报告。

“作为拥有具体意义的实体企业，应当义不容辞地为人类和社会奉献自己的力量，我们非常希望通过拓展视野来同所有利益相关者一起努力成为承担未来网络社会的主力军为出发点”等。

“社会”、“贡献”、“信赖”、“可持续发展”和“企业价值”等关键词均包含在日本企业的企业社会责任理念中。这些关键词体现了日本企业社会责任的核心价值观，强调“企业是社会中重要的一员”、“企业是因为社会才存在的”。日本企业运用理性思维对企业与社会之间的关系进行了认真的思考，提出了应该怎样构建“社会信赖与社会贡献之间的关系”、“社会可持续发展同企业承担社会责任之间的关系”等很多问题，进而构建了以社会为中心、与时代紧密相连的企业社会责任理念，这对于日本企业来说具有至关重要的作用。

2. 完整的企业社会责任制度体系

虽然所处行业和企业文化不同，但大部分日本企业为了推进社会责任的履行都建立了“三位一体”的企业社会责任制度，该体系包括监督评价、实时操作和组织管理。

组织层面上，日本企业成立了以董事长或总经理等为主要领导人的社会责任推进委员会，实行各部门一同参加、专职管理，构建起将社会责任推进委员会和社会责任推进本部有机结合的组织体系。其中，企业社会责任推进委员会主要负责进行有关政策举措的决策，并促进本部负责具体执行工作。

实施层面上，日本企业构建了一套合理且完善的企业社会责任履行制度。第一，企业社会责任推进委员拟定企业社会责任的理念、宪章、行动方针和行为规范等；第二，每年定期召开会议，拟定企业中长期内社会责任计划，确定相关任务和工作等；第三，对员工进行系统的培训，不断提升员工对企业社会责任的认知程度。除此之外，当发生台风和地震等不可抗的自然灾害时，通常情况下，日本企业会对其进行特别处理，主要包括召开特别会议、决定如何应对等等。例如，2011 年 3 月日本本州岛附近海域发生 9.0 级地震，面对突如其来的巨大灾难，日本国内并没有因此陷入恐慌状态。日本的食品、饮用水和通讯企业立刻作出反应，日本饮料公司三得利宣称，三得利旗下的全部自动售卖机在地震期间全部免费拿饮料，人们只需要按键就可以了；便利连锁企业“7 - 11”（Seven Eleven）和全家也宣称地震期间将免费为人们提供饮用水和食物；日本通讯商不仅不收取任何网络通信费，还提供了免费的公用电话供人们使用，来确保民众能够保持通话畅通，以使其能够与家人朋友保持紧密联络。

在监督和评价方面，日本各大企业为了实现推动企业更好地承担社会责任并保证履行效果的目的，纷纷建立了企业伦理委员会、企业监事会和企业风险管理委员会等机构，来监督、检查和评价企业履行社会责任的具体情况和履行效果，在很大程度上保证了企业能够以较高质量来承担并履行社会责任。另外，企业还运用发放调查问卷和交流访谈等手段来接受来自外部消费者的监管和督促。

3. 广泛务实的企业社会责任内涵

明确企业社会责任的内涵是企业推行责任履行的基础。表 8 –5 从企业家的视角对社会责任定义进行了梳理和总结。

表 8 –5　　日本各家企业对企业社会责任的定义

公司名称	企业社会责任内涵
松下公司	顾客、区域沟通、家庭和生活、国际社会、社会体系、地球环境
丰田公司	顾客、股东、客户、员工、区域社会和全球化社会
日立公司	顾客、信息公开、企业伦理、尊重人权、环境保护、社会贡献
马自达公司	顾客满意、环境保护、社会贡献、尊重人权、信息公开、企业伦理
住友生命保险公司	顾客、员工、社会、地球环境、合作伙伴

由表 8 –5 可知，不同的日本企业对企业社会责任内涵的理解各有异同。一方面，相通之处在于所有的企业社会责任的内涵都可以归纳为经济、社会和环境三个大的领域。在经济方面，企业社会责任主要包括企业伦理、危机管理、信息安全和经营监管等；在社会方面，企业社会责任主要体现在尊重人权、顾客、社会贡献、产品和服务安全等；在环境方面，企业社会责任主要包括预防并治理全球气候变暖、保护生物多样性、资源枯竭对策等。另一方面，对应于不同的行业和企业，日本的企业社会责任内涵有着不同的表现方式，例如，以生产为主的行业将重点放在产品质量、安全和环保等方面，以服务为主的行业则注重顾客的满意度等。

4. 公开透明的企业社会责任报告

日本大概有 90% 的企业每年都会对外公布一份“企业社会责任年度报告”，该报告主要是向公众宣讲企业自身的社会责任相关理念、方针、组织、规划以及在实施过程中的具体情况。“企业社会责任年度报告”的发布一方面是企业对自身履责情况的自我检查途径；另一方面是企业和利益相关者之间沟通的重要环节。

（四）日本企业社会责任行动

1. 产品质量

在日本，企业把所生产的产品或所提供的服务的质量看得非常重要，甚至将其称为企业的生命。日本企业在建立相应理念、方针和规则的过程中一直致力于在研发、设计、制造、销售等领域设置专业进行社会责任管理的部门，以达到全面保证并提升产品服务质量的目的。

例如，丰田汽车公司一直致力于对质量的把控，坚持“丰田要想对顾客履行责任，必须保证产品质量”这个理念，并将该理念贯彻到实际行动当中去，在实施、监督、反馈和改进等方面都制定了严密的指标体系，进而构成了周密的质量保障体系，不论在哪个方面都将日本企业“将产品质量看作企业生命”的宗旨展现得淋漓尽致。尽管这样，丰田汽车公司还是未能够完全地承担起保障产品质量的社会责任。最近，丰田汽车公司发生了汽车召回事件，该事件说明将社会责任理念真正地落实到生产活动中去是非常困难的一件事，其关键就在于能不能始终如一地坚持下去。当然，从另一个角度上看，对不合格产品的“召回”也体现了丰田汽车公司在某种程度上能够良好地承担起企业社会责任。

2. 环境保护

日本企业通常都会建立一个环境推进委员会，并且会制定一整套制度，其中包括明确的环境理念、环境规划、环境教育与评估等。企业要想提升社会对其的信任度，必须增加其信息公开透明度，这就要求企业要及时地将自身相关信息公布出来。

综观日本各大企业的众多环保措施，发现它们将环保着力放在两个方面，首先是在节能减排方面，企业加大对财力和物力的投入来进行技术革命，进而开发出更多的节能减排产品；其次是在员工教育方面，企业号召员工多进行义务植树和义务清扫等活动，来灌输环保知识和培养环保意识。除此之外，日本企业还分别制定出了长期和短期目标，并将评价标准进行了量化，以真正落实环保理念，避免环保只成为空话的不良后果。

3. 尊重员工权利

由于有了“人才是最重要的资产”、“人是经营的根本”、“人是最重要的经营资源”等人才观的引领和指导，日本企业非常注重实现员工的基本权利，主要包括安全和健康权、生育权、个人隐私权、同工同酬权、雇佣权等等，争取做到有理念、有制度、有行动地去培养员工。尤其是在员工培训方面，日本企业做得可圈可点。

日本企业为了给员工提供更好的培训以全面提升员工素质，构建了全面且有制度的人才培训体系，并且能够按照计划和有序的步骤来培养员工。企业培训主要包括两个方面的内容，第一是技能培训，第二是文化培训。在技能培训方面，企业着重培养员工在技术方面的基础知识和实际操作能力等；在文化培训方面，企业则着重向员工灌输企业价值观、经营理念、质量、安全、健康等理念以提高员工在这些领域的认知程度等。日本企业根据员工的不同工作经历和年限制订了不同的培养计划，使得每个员工都能得到针对性的培养，每个员工都能够在经过培养后成为能力突出、技术精湛的优秀人才。

4. 社会贡献

社会贡献是指企业作为一位社会公民对社会做出的贡献，包括开展志愿者活动、社会捐助、支持社区活动、支持文艺体育活动等。当前，日本绝大部分企业都在主动地筹备各种各样的社会贡献活动。日本企业捐献活动主要源于三个动机，即服务社区、履行社会责任和体现企业的管理理念，并且持有这三种理念的企业分别占总数的 75.2%、86.1%、36.9%①。1995 年阪神大地震后，兵库县拿到了来自日本全国企业和个人的无偿捐款，捐款总额高达 1791.29 亿日元，还有 42 万包无偿救援物资。邮政省在地震的两个月期间把从全国各地聚集起来的救援物资送往神户市，并不收取任何费用。

总体来说，日本企业受到了企业社会责任理念的引领和相关制度的约束，在实现员工权利、确保产品质量和保护环境等方面都开展了相关活动。

第四节　本章小结

企业社会责任理念起源于欧美工业发达国家，并随着全球国家工业化和国际化进程的加深不断向发展中国家扩展。西方企业社会责任相关理论体系在半个世纪的发展中得到了极大的丰富和发展，取得了丰硕的成果。根据本章对相关实践的分析与总结，企业社会责任的发展需要国际、国家不同层次的组织，以及政府、企业、社会等不同主体共同参与、协作才能实现。因此，从多主体角度出发，借鉴国外企业社会责任的实践经验，有利于促进中国企业社会责任的发展。

一、国际组织

在经济全球化背景下，许多国际组织为了应对全球化过程中的挑战，提出有关推动企业社会责任的标准、守则和倡议，并且成立相关机构和组织，在众多组织中，以联合国全球契约组织、国际劳工组织、经济合作与发展组织和国际标准化组织为主要代表。

“全球契约”是一个推广企业社会责任意识的倡议，为主动参加的相关企业提供不同范围内应遵守的原则。它不具有强制力，也不是社会责任论坛，更不具有法律效力。而“国际劳工标准公约”是一项核心公约，关注“结社自由、集体谈判、强迫劳动、童工、就业歧视”等劳动者基本权利。此外，还有若干重要公约，这些公约得到国际劳工组织成员国的广泛认同；

“跨国公司行动指南”已经成为全球指定者、投资者、企业和其他利益相关

① 钟宏武．日本企业社会责任研究［J］．中国工业经济，2008（9）：150－160.

者的一个国际性的基准。在 OECD 和非 OECD 国家，都成为改善公司治理、主动应对法律和规章制定的指导准则。

二、非政府组织及非营利组织

非营利组织通常是弱势群体的代言人，帮助他们表达诉求和政策主张，在立法和公共政策过程中谋求实现更广泛的社会公正。在企业社会责任的领域内，它已成为一种专门的机构，负责企业履行社会责任的代理、监督、标准的制定与推行、环境创造，以及推动企业间战略合作。

在众多非政府组织及非营利组织提出的相关概念中，国际标准化组织为规范全球商业、工业、政府、非营利性组织等所有组织的环境行为提出的“ISO 26000”、绿色和平组织为保护地球、环境及其各种生物的安全及持续性发展提出的“保护地球”和国际消费者联盟组织为维护消费者权利提出的“消费者四项基本权利”具有深刻的指导性意义。

三、政府

企业是承担社会责任的主体，其自治行为是实现社会责任的基础。但不可否认的是，社会责任在更大范围、更高层次上得到推广和实施离不开政府的支持和推进。西方国家中，美国、英国的政府行为作为主要代表，在亚洲国家中，日本政府同样具有很高的借鉴意义。

美国企业社会责任主要有以下四个特征：标准制度化、管理专业化、报告公开化、责任审计系统化。

英国政府推行企业社会责任主要通过以下三个策略：设立相关政府部门、政府通过有效的宣传与激励推动企业社会责任的发展、英国政府侧重政策规制。

日本履行社会责任主要有以下四个特征：富于时代精神的理念、完整的制度体系、广泛务实的责任内涵和公开透明的责任报告。

第九章

国内企业社会责任实践

第一节　中国企业社会责任的发展历程

企业社会责任在中国的发展并不是“一帆风顺”的。计划经济时期，国有企业没有承担很多经济责任，反而承担了许多政府责任和社会责任，“企业办社会”成为国企社会责任的主要表现形式。改革开放以来，国有企业改革以及市场经济体制改革之后，企业的经济责任得以强化。但随着市场经济的不断发展，过度强调经济责任，使得企业忽视了社会责任。现代社会责任理念是由西方现代企业系统提出的，随着经济全球化的进程开始传播到中国来。中国企业的社会责任在此背景下得到较快发展，并过渡到了一个高速发展的时期，这一发展浪潮主要是在政府建设和谐社会战略和科学发展观的带动下，在法律环境、学术研究、企业实践和责任运动等方面都得到了有力的支持。

纵览社会责任理念进入中国后，根据不同年份的时代背景，可划定为三个阶段：第一阶段，企业社会责任概念的产生阶段；第二阶段，以关注劳工为核心的全面辩论阶段；第三阶段，中国企业社会责任发展的新阶段。

一、中国企业社会责任的产生阶段

1985～1999 年：中国企业社会责任概念的产生。

（一）政策与法律环境

党的十一届三中全会于 1984 年顺利召开，大会发布了《中共中央关于经济体制改革的决定》（以下简称《决定》）。该《决定》的颁布开启了中国式社会企业责任讨论。在此之后，中国经济进入全面改革开放的发展阶段，从新中国成立初期的计划经济向社会主义市场经济制度转变。在此之前，企业社会责任的履行在行为上主要体现为“企业办社会”，企业是为政府职能和政策进行服务的配套机构，这与现代意义的企业内涵相悖。因此，企业必须拥有独立的法人组织地位，从一个为政府服务的配角转变为独立的商品生产和经营单位，才能有效承担起社会责任，于是“政企分开”成为此次改革的一个重点。在这一时期，以立法为依据，中国企业履行社会责任的法律意识基本形成。

（二）学术科研环境

从相关文献来看，《新时期商业工作的社会地位和社会责任》发表于 1982 年①，这是首次探讨企业社会责任的文章。但这一主题在沉寂八年之后，直到 1990 年才有一部名为《企业社会责任》② 的专著出版，使企业社会责任这一重要命题重新回到正确的发展轨道，此书可以被称作是中国社会责任理论的开山之作。作者借鉴法律的框架，从环保、纳税、公共服务、消费者等多个方面切入，深入浅出地论述企业社会责任在中国目前是怎么样、之后应该是怎么样，该书提出，“企业在争取自身生存与发展的同时，面对社会需要和各种社会问题，为维护国家、社会和人类的根本利益，必须承担的义务。”

（三）中国企业社会责任运动的开端

这是一个全新的时期，企业的法律环境初步形成，企业的法人地位基本确立，同时也以法律责任为基础，明确了企业应主要履行的经济责任。1989 年“希望工程”启动，1994 年中华慈善总会、中国光彩事业促进会成立，以及其他一系列具有积极意义的事件发生，意味着履行社会责任已经成为多数企业的共识，不少企业已经用如扶贫和馈赠的实际行动来予以支持。

二、中国企业社会责任的引进阶段

2000 ~ 2005 年：企业社会责任理念大量引进。

（一）政策与法律环境

在这一阶段中，“劳工”成为企业社会责任理念所关注的核心。21 世纪后，经济全球化进一步加深，企业间合作交流日益频繁，数量众多的中国企业投身于全球一体化的潮流中去，外资企业也在中国得到了认同和接受。自 2001 年中国加入世界贸易组织（WTO）后，更多的中国企业走出去、进入全球市场的同时，

---

① 杨春旭．新时期商业工作的社会地位和社会责任［J］．商业研究，1982（1）：2 - 5.

② 袁家方．企业社会责任［M］．北京：海洋出版社，1990.

也受到了全球市场规划和管制的影响。因此，中国政府通过制定外资企业法、合资企业法，引导外资企业履行必要的法律责任。

除此之外，中国政府配合相关政策加以辅助。2002 年党的十六大提出“科学发展观”和“建设社会主义和谐社会”的战略目标，将积极引导和鼓励企业履行社会责任提上日程。《中华人民共和国行政许可法》自 2004 年 7 月 1 日起开始施行，将企业与政府间的法律关系清晰化，给各级政府的审批工作细节制定统一标准，营造了一个规范的、有利于企业更好地承担相应社会责任的法律环境，用法律规定的方式对企业履行社会责任的行为予以支持和鼓励，将企业的社会价值提高到新的高度。

（二）学术科研环境

为了将理论与实践结合起来，清华大学当代中国研究中心于 1999 年大力发起了一项研究，名为“跨国公司社会责任运动研究”。专家和学者们以公司社会责任运动的理论和运动模式为核心，与中国实际情况关联，层层深入地探究。此次研究为中国的企业社会责任研究奠定了基础。自此以后，学术期刊上发表的相关论文数量急剧增长，学术研究表现得异常活跃。

这一阶段对企业社会责任的讨论主要包括：企业社会责任问题是否存在、企业社会责任的具体内涵、企业社会责任与企业绩效的关联方式、企业社会责任的适当标准、企业社会责任与公司治理的相互联系、履行企业社会责任的主要有效途径等等。通过激烈的辩论与探讨，中国学术界就企业社会责任的基本内涵达成一致，达成了广泛的共识，即企业对除股东外还对其他的利益相关者承担一定的责任，因此其发展目标不仅仅是股东利益最大化。目前许多人对于社会责任的认识一直以来存在某些误区，如“企业社会论”、“企业负担论”、“贸易壁垒论”、“SA 8000 论”等，这些不正确的观点都被逐渐地纠正。“中国企业社会责任问题学术研讨会”于 2005 年 12 月召开，由中国社会科学院管理科学研究中心联合中国企业管理研究会发起，此次学术研讨会是第一次全国性的正式会议，专门探讨中国企业社会责任的相关议题。

（三）企业社会责任的实践

企业社会责任的发展在国际范围内迈入一个相当成熟的时期。各个跨国公司相继根据 SA8000 标准制订管理方案并予以执行，加强对供应链的完善与运行，并且对于来自中国的进口商品提出劳工议题的规定；与此同时，以联合国为首的众多国际组织建议把企业社会责任进行全球化这一任务提上日程。面对这样的趋势，2005 年 9 月 7 日，中国的企业代表在中欧企业社会责任北京国际论坛上联合发声，表示中国企业将不辱使命，以身作则，将社会责任扛在肩上。这些企业代表们分别来自长安汽车集团、青岛海尔股份有限公司、红豆集团有限公司等10家大型中国企业、民营企业和国有企业。这说明对于社会责任履行这一点，中国的企业尤其是出口型企业是极其重视的，而且毫不逃避，积极为企业社会责任全球化事业增添动力。

（四）企业的社会责任运动的兴起

在这一时期，中国先后涌现出数量众多的致力于发展企业社会责任组织，比较典型的有可持续发展工商委员会、中国社会工作者协会企业公民委员会、中国企业联合全球契约推广办公室、广东省企业社会责任研究会。中国纺织工业协会还开始举办各种各样的企业社会责任论坛、研讨和评奖等。企业社会责任运动十分流行，随处可见，并且形式越来越多样化。

三、中国企业社会责任的发展阶段

从2006年至今：中国企业社会责任发展与推进的“脚步”从未停止。

（一）政策与法律环境

2006年，政府力图使企业在履行社会责任上更有作为，出台了与企业社会责任相关的法律、法规及系列政策，提出了社会责任进一步的要求和规定，并对一些企业和实践活动给予了必要的肯定。这一年可以说是中国企业社会责任的诞生期。

国家电网公司于2006年3月公布了一份企业社会责任报告，时任国务院总理的温家宝同志阅览后，说道“这件事情办得好，企业要对社会负责，并自觉接受社会监督”。[①] 肯定了其带头表率作用，并且更多的企业也采取按期发布社会责任报告的方式或其他适当有效的方式，为履行社会责任的伟大事业“添砖加瓦”。

国家政策方面，党的十六届六中全会于2006年10月顺利召开，会议通过了《中共中央关于构建社会主义和谐社会若干重大问题的决定》（以下简称《决定》），明确地提出了中国企业应履行社会责任的要求。该《决定》不仅对企业的经营行为提高要求，对公民、各种社会组织也都提出了增强履行社会责任意识的倡议。《决定》明确指出：“广泛开展和谐创建活动，形成人人促进和谐的局面。着眼于加强公民、企业、各种组织的社会责任”。

至此，“承担社会责任”这一重要的社会命题已经从学术辩论走向了社会关

---

① 温家宝同志2006年对中央企业首份社会责任报告的批示。

注的前台，并通过法律政策的制定将舶来品赋予鲜明的中国特色，取其精华、去其糟粕，成为中国企业所必须坚守的行为底线。

（二）学术科研前沿

随着中国企业的社会责任的研究热度的不断攀升，相关的研究成果也日益丰富。同时，议题研究的方向也更加广泛，由对企业社会责任概念、动力和内涵的研究开始，发展到与利益相关者的关系研究以及与企业市场绩效的联动机制。另外，企业社会责任与科学发展观的关系、企业社会责任与国家竞争力的相互影响等也是较热门的研究议题。

（三）中国企业社会责任的实践先驱

中国第一份由中央企业发布的社会责任报告就是国家电网公司在 2006 年发布的企业社会责任报告，成为中国企业社会责任报告的“领头羊”。在此之后，更多企业开始定期发布社会责任报告。2006 年 3 月，共有 66 家外资企业签署了《企业社会责任北京宣言》，其中包括上海大众汽车有限公司、美国通用电气、摩托罗拉中国有限公司、微软计算机软件公司等知名企业响应中国外商投资企业协会工作委员会的号召，顺应时代潮流，用实际行动为和谐社会的建立做贡献。

企业对社会责任的许多议题和行动都关注起来，也通过许多实际行动来践行承诺。如按期发布企业社会责任报告、建立科学有效的社会责任管理体系、对员工进行社会责任价值观教育等，这都是企业主动性的表现，并且都取得了不错的社会影响。至此，履行企业社会责任已经在各类企业，不论是国有、民营还是外资企业的思想和行动两方面形成统一。

（四）企业社会责任运动的特点

在这一阶段，中国国内的社会企业责任运动的突出特点有两点：第一，国家机关开始在企业承担社会责任的运动中起重要作用。在最近几年召开的有关会议与其他活动中，政府部门都积极参与，派出高层领导出席，其重视程度可见一斑，而且部门的类别非常多样化，有国家商务部、发改委、劳动保障部、卫生部，还有国家工商总局、环境总局、国家民族事务委员会，以及立法机构等，各个不同领域的公共管理者从多个视角认真探讨、献言献策，积极参与到推动企业社会责任的发展规划制定之中，此外，以深圳市政府等为代表的一些地方政府也开始将企业社会责任的理念纳入其城市发展战略和治理政策中；第二，企业社会责任的发展开始越来越有深度并且趋向系统化，不再只是限于理论上的单一形式。各个国家或地区的组织和机构以及国际性组织都纷纷发起不同主题的论坛、会议和其他活动，并且各个组织在国际层面上展开更加频繁和深入的合作。上市公司作为商业市场中的中坚力量，也认识到了自己有能力并且有义务担负起社会责任，广泛地对企业内部及联合外部合作伙伴开展社会责任的传播和教育活动，并且增强其导向性。

第二节 企业社会责任现状

一、不同所有制企业承担社会责任的具体形式

（一）划分企业类型

首先对中国目前企业类型的划分做一些探讨，再来针对不同类型的属性使企业社会责任的内容框架更加细致与合理。目前，中国有着依据法律的、详尽的企业类别划分，相关规定是标准化和规范化的。按照企业的规模划分，企业可被划分为大型企业、中型企业和小型企业；按照生产资料的所有制划分，可被界定为全民所有制企业、集体所有制企业、股份制企业、民营企业以及外商投资企业；根据劳动力、资本、技术等生产要素用于生产中的密集程度，中国企业可被划分为劳动密集型、技术密集型、资本密集型等；若以产业为依据进行划分，中国企业可被分为工业企业、农业企业、交通运输业、金融服务业等。总之，市场上的企业间在规模、生产资料所有制、所属产业、生产要素比重等方面都有很大不同，所以“因地制宜”地对其社会责任进行规范是必要的。

生产资料所有制在生产过程中发挥着至关重要的作用，很大程度上决定了生产、分配、交换和消费关系，是生产关系的基础。生产资料公有制是生产资料所有制的一种，指联合在一起劳动的劳动者们对生产资料都拥有同样的占有权、支配权和使用权。中国是世界上最大的社会主义国家，也是实行生产资料公有制的最大主体，生产资料的公有制相较于资本主义体制具有优势。长期以来，为满足生产力发展水平的需要，提升国家经济活力，中国实行以公有制为主体，多种所有制共同发展的所有制结构，实践最终检验了这种开创性的尝试是正确的，成为中国创造世界经济神话的动力之一。

笔者选用生产资料所有制性质为依据的划分方式，根据界定的所有制的不同，联系中国企业的社会、经济、政策背景，赋予不同类别企业的社会责任不同的侧重点。

以生产资料所有制划分的不同，企业类型的定义和特点在于：全民所有制企业是指全民都是企业财产权的拥有者，依法自主经营、自负盈亏、独立核算的商

品生产和经营单位，它属于国有企业的一种。除全民所有制企业之外，国有独资公司、国家控股的股份有限公司、有限责任公司都在广义的国有企业范畴内；外商投资企业是指外国投资者投资，或外国投资者与中国投资者共同参与的，依据中华人民共和国相关法律，在中国境内成立的企业；股份制企业是指社会上多个利益主体自愿地把各自的资源汇聚起来按比例分配股权，商议并任命拥有经营管理才能的人去负责企业的运行，自负盈亏并依照所占股份来分配利润的企业组织形式，将所有权和经营权分离开来，强化了企业经营管理职能。控股权的主体可以是国家、外商，也可以是个人，以此分别形成了国有控股企业、外资控股企业和个体控股企业。如果按照控股权所有者再一次划分，可以把国有控股企业界定为国有企业，外资控股企业界定为外资企业，而个体控股企业就是我们俗称的民营企业。考虑到企业承担社会责任的程度与股东意向之间的相关性，这种分类方法是较为客观的，企业的具体社会责任行为都必须由控股者的决策导出。本书单独讨论集体所有制企业，原因是在社会责任履行上集体所有制企业与国有企业大体是相同的。

综上所述，笔者从企业所有制为切入点，针对不同企业的特点进行有差别的研究，将中国企业划分成三种类型：国有企业、民营企业和外资企业。

（二）企业社会责任的具体形式

相对于许多西方国家，企业社会责任理论在中国的发展较为滞后，也在较大程度上影响了中国企业实践社会责任的效果。从第二章的文献综述中可以看出，国内外学者多运用实证和计量的方法来探究履行社会责任与经济绩效以及企业产业成本或收益之间的关系。由于运用不同的研究方法、采取不同的变量设置难以得出统一的结论，无法对所研究的产业或者具体的某个企业产生指导性的影响。对所有中国企业提出整齐划一的要求、履行同样的社会责任是不现实的。为了以一个合理的逻辑对不同类别的企业履行社会责任行为进行分析，笔者先依照所有制的划分法对中国企业进行分类，再把各个性质类别的企业单独提取出来分析其与社会责任有关的具体行为。尽管相关的比较研究有限，但现有研究有着很强的现实意义。因此，细化分类能够更好地促进中国企业履行它们应当承担的社会责任，进而形成外部经济，提高社会福利程度。

2008 年 1 月 4 日，国务院国资委发布《关于中央企业履行社会责任的指导意见》（以下简称《意见》）。《意见》指出："中央企业要增强社会责任意识，积极履行社会责任，成为依法经营、诚实守信的表率，努力成为国家经济的栋梁和全社会企业的榜样。"从中不难看出，在实际的社会责任履行当中，国有企业是发挥主导作用的，是民营企业和外资企业都无法替代的一面旗帜。国有企业必将担负着更艰巨的任务和更核心的使命。其特殊性可表现为以下三个方面：

第一，承担社会责任内容的侧重点不同。国有企业可以说是众类型企业的“领头羊”，履行责任范围更加广，要求更加严格。国有企业除了必须将法律规定的企业社会责任要求切实执行外，更要有效地履行“超越法律”的企业社会责任，担任起严格要求商品质量、努力改善工作人员工资、减少生态破坏、调整收入分配结构、保护职工权益、参与慈善活动等责任。一直以来中国国有企业都具有特殊性，这是具有中国特色的经济制度造成的。我国的基本经济制度是以生产资料公有制为基础的，而无论是在改革开放前还是在改革开放后，国有企业都在经济发展中有着不言而喻、举足轻重的地位，它是宏观经济的支柱，科学技术的传播中心，以及在国家经济转轨时或市场发生局部失灵时进行调控的直接工具。国有企业比民营企业和外资企业在社会责任上面临更严格的要求和更多的挑战，肩负着改善社会福利的重要使命。

美国商会对企业的社会责任的界定方法也有相仿的地方。美国商会认为，国有企业应当在预先考虑新的社会需求的前提下，主动承担伦理责任、慈善责任，以领导者的姿态树立企业社会表现的标准和榜样。民营企业和外资企业，由于其本身的盈利性，决定了它们是以履行法律规定（按照美国商会所规定的法律责任行事，包括：劳动者保护法、环境保护法、食品安全法，等等）、符合社会大众期望为主要责任的企业，它们所应该承诺的底线是符合当地现有法律的要求和满足公共期望和社会需求。民营企业和外资企业中相对实力较强的企业，可以追求更高层次的社会责任。

第二，承担社会责任的主观意愿不同。国有企业在最开始被建立的时候就带有承担社会责任的“意愿”，我国经济制度是从计划经济慢慢转变而来的，直到现在政府都对市场有着较大的干预性，政府无法直接对市场进行调控，而国有企业就是政府对经济运行采取宏观调控时最佳的工具和手段。国有企业具有天生的使命感，体现在保护国家经济命脉、稳定市场价格、解决社会就业、保障市场秩序的作用。从某种程度上讲，国有企业具备前瞻性，它们承担社会责任的主观意愿，已经超越了法律、法规所规定的具体范畴，也就是说，国有企业在必要的时候，哪怕是自己的一部分经济利益受到损失，也会将提升国家整体福利、维护社会健康发展、地区的可持续发展等公共利益摆在首位。另外，由于生产资料是公有的，某些生产资料具有非竞争性和非排他性，使得民营企业和外资企业在社会责任的履行方面远不如国有企业那样有主观意愿，所以，现实情况常常表现为民营企业和外资企业只是对法律规定的那些内容付诸行动，满足社会公众的期望中最基本的部分，很少涉及法律未规定的如道德责任这样的高层次的企业责任。但某些民营企业和外资企业甚至连最基本的法律责任都不能很好承担，逃税避税、违法经营的现象屡有发生，给社会带来负外部性的影响（环境污染、拖欠工资等）。所以，迫于政治或者舆论的压力，民营和外资企业承担社会责任往往是被动的。

第三，履行社会责任的地位不同。在社会责任方面，无论是从外部要求（中国目前的现实国情和中国企业所处发展阶段的特征）进行分析，还是从内部性质（国有企业的所有制）拓展研究，国有企业对社会责任的实践都理应作出表率。有一些社会责任范畴在正式的规章制度中还未被提到，但却受到社会的普遍关心，聚焦了民众眼光的社会活动，如慈善活动、救灾援助等。1978 年改革开放后中国才开始引入市场经济，1992 年党的十四大才正式提出发展社会主义市场经济体制，正是由于中国市场经济体制的发展起点较晚，中国企业社会责任发展也处于初级阶段，导致中国国有企业与民营企业、外资企业在履行社会责任内容上有着层次的划分。甚至少数民营企业和外资企业竟然有偷税漏税、生产假冒伪劣商品等违背法律的行为，破坏市场的公平，降低市场效率，给国家的经济治理工作造成了极大负担。此时，国有企业可以借助与民营企业和外资企业在生产、流通、商品交换领域的关系，作为一种有效的市场调控手段，带头成为有责任感、有担当、为社会创造福利的企业，并将这种正能量通过企业间的脉络传递给民营企业和外资企业，引导全社会的企业都产生对社会责任的使命感。

简单概括来说，上述三种类型企业从履行社会责任的详细内容到地位和主观意愿性，国有企业与民营、外资企业都是非常不一样的。所有制的特点决定着不同企业各自的社会责任表现形式：

1. 国有企业

履行法律责任虽然对国有企业来说是十分基本的要求，但却也是通向更高层社会责任的桥梁，是展望高层社会责任的手段①，概括地说，就是要以“法律”为手段、履行“初层”、引领“高层”。法律责任的承担是一切的前提，绝不能在履行“初层”和“高层”社会责任时遗漏了法律责任，同样地也绝不能仅仅为了保证法律责任的实现而全然不顾初高层社会责任。法律责任与初层社会责任、高层社会责任互相关联、互相影响、互相促进，三者不可分割。国有企业履行好了法律责任之后，企业才能拥有良好的经济基础，好的财务状况，为履行初层社会责任和高层社会责任做铺垫。前文提到，所有制性质决定了国有企业与生俱来的义务与责任——履行初层社会责任和高层社会责任，这是作为国有企业不

---

① 本章把企业社会责任层次模型划分为三个层次：法律责任、初层社会责任和高层社会责任。法律责任是指国家法律、法规明文规定的企业应该承担的责任范畴是最低限度的道德要求。初层社会责任是指约束力低于法律责任而高于高层社会责任，社会大众普遍期望的责任范畴，包括环境责任、社区责任和政府责任。高层社会责任是指相对于法律责任和初层社会责任约束力最弱的责任范畴，企业在完全自愿的基础上从事着惠及全社会人民的责任活动，由于企业实力之间存在差距，即使是有些企业不履行高层社会责任也不应该受到道德的谴责。

可推卸的光辉使命。

国有企业应恪守法律责任，并权衡法律、“初层”和“高层”社会责任之间的关系。通过对不同层次社会责任的战略制定和履行，树立良好的企业形象，增加企业竞争力。从企业的人力资源角度看，股东责任、贸易伙伴责任、消费者责任和员工责任构成了企业的责任结构，不应将股东责任与贸易伙伴责任、消费者责任和员工责任对立，认为它们之间的利益是此消彼长的，那样违背了股东权益最大化的初衷。将股东责任与贸易伙伴责任、消费者责任和员工责任联系为一个统一的整体，将其总和与法律责任对等，不仅不会损害股东的利益，还能够对股东权益最大化起促进作用。企业的存在具有社会性，利益相关者的利益能否得到保障也是企业股东利益大小的决定性因素之一，即消费者、员工、贸易伙伴的可能因其权益受到侵犯而作出报复性举动，导致股东的权益也会随之受损。企业若想达到最佳的市场绩效，从内部角度就必须实现股东、消费者、贸易伙伴和员工得到理想的收益。国家的所有权在于人民，而国有企业的经济责任又是服务于国家的，所以从本质上来看，股东、员工甚至贸易伙伴和消费者都是国有企业的服务对象。因此，国有企业必须要充分协调消费者、贸易伙伴和员工权益的关系。

国有企业的初层社会责任包括环境责任、社区责任和政府责任。中国经济自改革开放以来保持快速增长，人民物质生活水平得到很大提高，但在经济利益的背后，却是牺牲了生态环境的结果。从电视、网络、报刊等媒体渠道接连有环境破坏的负面新闻报道：2010 年 7 月，福建省某铜矿造成水源污染，导致数千吨的水生生物死亡；吉林省数千个装有毒性化学品的原料桶被冲入松花江；大连发生石油泄漏事故……工业企业的环境污染问题引起政府有关部门的高度重视，中国环境保护部出台了一系列的政策措施，覆盖环保问题的方方面面，但是并没有发挥理想的效用，企业的污染行为还在继续，没有得到有效的约束。在这种情况下，国有企业尤其是国有工业企业必须挺身而出，以实际行动来呼应政府的号召，将环境责任的大“旗”扛起来，给民营企业和外资企业作一个带头的表率，营造一个共同携手治理环境问题的格局。当然，除在保护环境的方面，维护社区利益、响应政府号召等社会责任的重要组成内容，国有企业都应带头执行，用自身行动引导民营企业和外资企业。

在高层社会责任的部分，国有企业要做的有很多。国有企业要分析当前社会不断变化的需求并判断未来走向，采取行动积极配合；还要在企业社会责任的标准翻新时起推动作用，保证新标准的顺利普及。与历史上的西方人权运动相类似，倡议和推广企业社会责任的运动也逐渐进入人们的视野之中。我国的社会责任运动起步很晚，但是发展速度却是不断加速的。该现象是社会大众意识的觉醒和对企业责任理念的充分体现。企业的利益相关者由自身权益出发也对企业施加各种压力，这使得企业社会责任内容也在不断地拓展之中。目前国际经济形势不佳，很多国家政治都十分不稳定，这就需要国有企业承担起高层社会责任，缓解国内的紧张局势。具体来讲，国有企业（尤其是国有非竞争型企业）需要在关系国家长治久安的方面有所建树，例如慈善事业、环境保护、促进就业、调节收入分配等，成为民营企业和外资企业的榜样。针对贫困地区、贫困群体和突发性自然灾害（地震、泥石流等）等重大社会事件，国有企业积极贡献力量，引导正能量的社会舆论，能够增加全社会的凝聚力。应推动中国特色社会主义物质文明、精神文明、政治文明三位一体，打造社会主义和谐社会。除了在慈善事业领域国有企业应首当其冲外，更要在突出的就业问题中献言献策。目前，中国的就业状况不容乐观，体现为劳动力市场供大于求，劳动力尤其是高校毕业生就业困难，很多城镇人口越来越不愿参与劳动，农民工回流速度加快，另外社会收入差距不断在扩大，贫富分化严重。目前最新的数据统计的中国城镇居民与农村居民之间的收入差距大约是3.3倍，所有行业中收入分化最严重的两个行业间的这个比值高达15倍。人力资源部表示，在国有金融企业内部，少数企业高管的年收入为普通职员的上百倍，极个别企业高管的薪酬不可思议地居然是国民平均收入的1000余倍。温家宝同志曾经说过："缩小收入分配差距，实现社会公平正义，是我们政府的良心。"[①] 维护社会公平、实现共同富裕是社会主义的基本要求，国有企业本身作为政府宏观调控的工具和政策实施的载体，应该在收入分配时保障公平，以按劳分配为基本原则，多劳多得，少劳少得，对于特殊情况可以做适当调整，提高员工的劳动回报率，对于不合理的收入分配制度加快改革的步伐。国有企业建立的初衷是确保国家安全、维护经济命脉，这也同样是国有企业的历史使命，但是切忌急于求成，国有企业也需要根据自己经济实力量入为出，保证企业经济责任和社会责任的可持续发展，否则就难以收到良好的效果，事倍功半，甚至影响国有企业自身的健康发展。

2. 民营企业

民营企业更多地带有"经济人"的属性，追求企业利润最大化是企业的最终目的，所以民营企业在经营过程中，只要在满足法律责任不被遗失的条件下采取各种商业目的的行为都是可取的，而某些民营企业主动承担社会责任，是他们想要追求更高层次的企业价值的表现。总结地说，民营企业以"法律责任"为基本要求、尽力履行"初层社会责任"、展望"高层社会责任"。2005年《国务院关于鼓励支持和引导个体私营等非公有制经济发展的若干意见》出台后，民营企业的发展进入一个前所未有的繁荣阶段，成为出口创汇的重要力量，极大地带动了国家的经济发展。民营企业的生产资料是私有的，所以经济责任，即为企业的利

① 引自2010年第四届夏季达沃斯年会开幕式。

益相关者带来丰厚的物质回报顺理成章地成为民营企业的第一要务。企业切实地履行消费者责任、贸易伙伴责任和员工责任，为他们实现承诺的福利，也同时巩固了企业的股东责任，这是一个共赢的过程——履行初层社会责任、高层社会责任也会对经济责任的实现起推动效果。综上所述，在尊重民营企业的逐利性的前提下，不应把经济责任与社会责任相互对立，二者应该是相互协同相互促进的，履行好社会责任并不会损害企业的经济利润。

尽力履行“初层社会责任”的内涵在于，企业可以根据经营实力、资产状况等自身条件，量力而行，肩负起适当程度的环境责任、政府责任和社区责任。保证承担的社会责任内容必须与自身能力相匹配，这对民营企业来说颇为关键，过多的社会责任捆绑不仅企业无法顺利执行，还会对企业的根本利益甚至全行业造成负面影响。通常国有企业的规模都比较大，而民营企业由于起点低，政策支持少等原因，普遍企业规模不大并且技术水平不高，管理方式也不够正规化。所以，民营企业在创造经济利益时，更容易忽视对生态环境的保护，有时又由于资金投入不足或技术能力有限，造成了对环境的污染，注重短期利益而忽视可持续发展，这些都不利于人类的可持续发展。尽管民营企业环境责任的缺失有其经济实力不足的客观原因，但也必须在力所能及的范围贡献力量，从自身造成的污染着手，以法律、法规的相关要求为底线，尽可能地将污染的外部成本内部化，为自己的行为“买单”。可持续发展理念于 1980 年诞生，而中国政府也已将可持续发展作为一个长期的战略来规划实施，用“壮士断腕的决心”治理环境问题、加强生态保护，将可持续发展战略落到实处。政府通过制定相关政策和法律、法规对企业提出硬性要求，要求企业承担起社会责任，对自己负责，对国家负责，对全人类负责。民营企业者应当认识到，与多方合作共赢的发展才是长久之计。民营企业不仅要面对政府，还要面对所在地理位置的周边社会环境，所以民营企业不仅要和政府搞好关系，还应与所在社区和谐相处，多进行良性的互动，这样一来不仅能得到政府政策的大力支持，还能收到社会环境的良性反馈。因此，政府责任和社区责任也应受到民营企业的重视。

展望“高层社会责任”，反映的是对更高企业价值的追求。相比较其他层次的责任，高层社会责任是最难达到的层次，也是法律约束力最弱的责任范畴。对民营企业来说，实现高层社会责任是一项极其艰巨的任务，因为实现高层社会责任的成本是很高的，甚至有可能会给企业带来一定经营风险。民营企业大多都是规模小、成立时间短的小型企业，实力不足以支撑去履行好高层社会责任。从操作层面上讲，这些高层社会责任的实现也会给企业带来很高的操作成本，有时甚至这样的发展规划和发展任务会与企业的盈利性不符，实施高层社会责任范畴中的有关行为虽然为社会带来了正的外部性，但是对于企业的收益却是非常有限的，与其巨大的成本相比实际上是牺牲了企业更好盈利的机会成本。所以，民营企业往往是不愿意主动实施的，民营企业应根据自身能力和意愿选择是否要将履行高层社会责任作为其整体发展战略的一部分，这是一种自主选择的能力，不应受到道德的硬性要求。社会大众中的一部分人坚决要求民营企业履行高层社会责任的观点是偏激的、片面的，高层社会责任的实施需要行为主体投入巨大的成本，以强大的资源配置能力来支撑，无论是组织、参与慈善活动，吸收社会剩余劳动力，保护本土幼稚产业，无一例外地都会对规模偏小的民营企业造成巨大压力，来自社会的不理智的过分要求与民营企业建立的初衷相背离。令人欣喜的是，即使是民营企业并未受到政策或法律的要求，还是在承担高层社会责任方面做出了很大的贡献，在慈善活动、爱心捐助、解决劳动力就业、抢险救灾等诸多方面，很多民营企业比国有企业做得更好。例如 2008 年汶川大地震，民营企业发扬民族团结的精神，主动捐款捐物，有的还赶赴灾区一线进行救援活动。在资金援助方面，天津荣程联合钢铁集团捐款 1.1 亿元，切实地表现出了民营企业对社会的责任感。

3. 外资企业

外资企业有着其独特的文化背景，其所有者本身来自其他国家或地区，西方的经济发展模式、社会体制都很不一样，这导致西方发达国家在企业社会责任的认识和行为偏好上与中国企业也有着很大差异。所以对外资企业的社会责任要求是比较轻松的，外资企业只需严格遵守“法律”，尽力履行“初层社会责任”，其来自“母国”的文化差异也理应受到尊重。尽管外资企业在社会责任的履行上呈现不同的特点，但是不可否认的是，与民营企业一样，外资企业在中国特色市场经济的建设中也发挥着重要的作用。目前，中国境内的外资企业以跨国企业在华设立的分支机构为主，所以，中国境内外资企业社会责任的履行很大程度上依附于其“母国”的社会责任理念。中国的传统文化以儒家思想为典型代表，对外资企业的运营者也产生了潜移默化的影响力，中国伦理价值体系中最核心的内容便是来自儒家文化中的“仁”、“义”、“礼”、“信”，而“己所不欲，勿施于人”，强调绝不能为了一己私利而去做出使他人受到损害的行为，这同样也体现出了“利他主义”。在中国传统文化传承的影响下，“大公无私”的精神被极力弘扬，“利己思想”自然而然与“自私自利”、“不道德”等内容联系在一起。然而，西方发达国家的文化崇尚个人主义，重视个人利益的实现，以美国文化为例，理性人的必然选择就是追求个人利益最大化。企业，作为社会中的“独立法人”，拥有像“经济人”一样尽可能得到更大利益的偏好。对于企业经理人来说，首先要保证法律责任的履行，从反不正当竞争法、同工同酬法、消费者权益保护法等法律、法规中，西方企业对法律责任的重视程度可见一斑。一般情况下，在保障企业股东不受损失、企业正常运行的前提下，大部分外资企业都会选择自觉履行社会责任，这是一种达成共识的默契行为，也是一种较为明智的做法。在美国，企业经理人们普遍认为股东利益的实现是建立在消费者、贸易伙伴和员工利益之上的，多方的利益相互依存。因此，美国企业对股东利益、员工利益的实现和消费者权益的保护等方面的重视程度，是超出中国企业目前水平的。

一方面，只要外资企业没有做出有违中国法律、法规的行为，中国政府没有权力要求外资企业履行高层次的社会责任；另一方面，社会大众对外资企业履行社会责任的期望很高，由此也引发了某些不理性行为。例如，2008 年 5 月 12 日发生了令人心痛的汶川大地震，灾难前中国企业、人民团结一致，通过各种形式将爱汇聚到灾区。然后，地震发生后一周，没有及时捐款或捐款数额较少的知名企业被列入“铁公鸡排行榜”被公布于网络上，其中包括许多知名的外资企业。这种做法仿佛是在谴责那些企业的“罪行”，认为他们犯下了未完成应尽义务的错误，这实质上是一种彻底的“道德绑架”。虽然中国社会民众的出发点并无恶意，是在危急时刻想要尽可能地帮助自己的同胞，但是这种行为会给外资企业的声誉带来负面影响，同时也容易扭曲企业社会责任的根本内涵。慈善捐赠的确是企业履行社会责任的一种非常重要的方式，但它不是企业履行社会责任的唯一标准。所以，类似“铁公鸡排行榜”这样的做法是不合理、不公平的，应尽力避免。与民营企业相比，外资企业的法律强制力相对比较低。

企业社会责任理论起源于西方，外资企业在企业社会责任方面的实践更早、更多、更成熟。必须承认，外资企业在生态环境保护、优化能源消费结构、提高能源效率等方面做得更好，有的甚至优于国内的大型国有企业和民营企业，这是因为外资企业的“母国”通常为西方先进国家，企业社会责任理念的发展更为成熟，并且利用先进的生产技术降低对环境的负面影响。所以，即使外资企业作为“初来乍到”的市场新进“角色”，且受地域、文化、环境等多重因素影响，但外资企业的经济实力和成熟的责任体系使得其能够轻松应对社会责任的履行，只要将主要精力放在与中国政府和所在社区保持友好关系上。外资企业也存在一些缺陷。一方面，外资企业经常会采取“双重标准”——在华标准与其本土标准差异很大；另一方面，有时为了争取到地方政府的财政、资金支持和政策倾斜，外资企业可能会铤而走险，与政府有关行政人员勾结，行贿受贿的问题日益凸显，“寻租现象”不但不是履行政府责任的表现，更是对社会责任的阻碍和扭曲。此外，由于外资企业履行高层社会责任而得到的预期收益相对来说是非常小的，所以外资企业并不关心高层社会责任所包含的内容，我国也没有寄希望于外资企业，所以没有对他们提出履行高层社会责任的要求。①

---

① 郭宏涛．不同所有制企业承担神会责任具体形式探讨——基于创新型 CSR 模型基础之上［J］．经济问题探究．2012（2）：95－100.

二、不同所有制企业社会责任的历史演进

（一）国有企业

1. 1949～1956年：确立国有企业的核心地位

1949年3月5日，中国共产党第七届中央委员会第二次全体会议顺利召开，会议明确提出“在中国人民革命在全国胜利以后，使中国由农业国转变为工业国，由新民主主义社会转变到社会主义社会的总任务和主要途径”。以“无产阶级取得国家政权后，要运用自己的政治统治，逐步夺取资产阶级的全部资本，把一切工具集中在国家手里，即集中在已组织成为统治阶级的无产阶级手里，尽可能更快地增加生产力的总和”为概括的马克思思想传入中国，从此打开了中华新篇章。马克思主义指引着中国共产党朝着正确的方向前进着。而后为了初步建立起工业，使中国工业从无到有，中国政府借鉴（前）苏联15年内基本实现工业化的经验，很快将中央集权的计划经济体制建立起来。这个阶段由于政府缺乏经验和缺乏管制等原因，一些工商业者利欲熏心，为了得到超出寻常的物质回报不惜侵犯法律——偷税漏税、偷工减料、行贿公务人员、盗窃国家情报等，这些行为严重破坏了法律的庄严并损害了国家利益。在这种危急状况下，国家对资本主义工商业进行了社会主义改造，即对农业的社会主义改造、对手工业的社会主义改造和对资本工商业的社会主义改造，合称“三大改造”，于1956年基本完成。从此，中国制定了“生产资料公有制的基本经济制度”，历史趋势下国有工业企业迅速成长，逐渐确立了在国民经济发展中的核心地位，得到了空前的发展机会，“一家独大”的局面基本形成。国有大型企业是服务于中国政府的机构，也是计划经济体制的必然结果，它是政府实现经济目标、政治目标的手段。国有大型企业承载着非常多的最高层次社会责任内容，包括宏观层面的提高人民生活物质水平、保护国家优质产业、保证国家战略安全、解决失业问题等。因此，国有大型企业所担负的历史使命是与众不同的。

2. 1956～1978年：企业办社会阶段

中国经济发展曾面临过各种各样的危险境地。1958年的“大跃进”和“人民公社化”运动造成了一系列经济危机和社会混乱，使国民经济几近崩溃。党中央和政府力挽狂澜，重新审视国民经济的发展状况对其提出了有针对性的举措，来调整工作重心、巩固和发展经济。从宏观调控上，国家增加了许多计划指标并加以分类，扩大计划范围。而中央在接下来的两三年掌控工业管理权，并把管理权划分成中央、中共局和省（自治区、直辖市）三个级别。1963年，国有烟草公司实现了对全国范围内原料、生产和经销的垄断。1964年，中央又先后成立

了纺织机械、长江航运、制铝工业、汽车工业、拖拉机内燃配件、橡胶工业公司等 11 个托拉斯①，都在各自所属的行业形成完全垄断。1965 年，中共各部直属的企、事业单位的数量激增，由 1959 年的 2400 家上升到 10533 家，总产值占全国工业总产值的比例高达 42.3%，成为国家经济发展的主力军。但“文化大革命”的爆发，不仅扰乱了社会秩序，也对国民经济的运行造成了致命的打击。后来直到政治局将“四人帮”打倒，也就是 1976 年，中国经济才在邓小平同志的带领下重回正轨。为了促进经济的发展、维护社会的长治久安，党中央作出“整顿企业、发展工业经济的决定”。1978 年，党中央以责任制为核心，提出了“工业三十条”，并建立了六条标准——“各项规章制度是否建立和严格执行”、“资产阶级坏风邪气是否刹住”等等。在这个过程中，国有工业企业发挥了不可替代的作用。

作为中国特色社会主义制度的一种独特设计，国有企业在社会中的作用是十分独特且具有不可替代性的。国有企业与政府联系紧密，关系复杂，作为政府的下设机构，国有企业一定程度上替代政府承担着部分公共事务管理，体现着中国社会主义制度的优越性。这一时期，政府以行政命令的方式安排国有企业的产、供、销等经济活动，国有企业成为政府的下设机构，“企业办社会”的不正常现象出现了。

“企业办社会”指的是企业除了商业活动之外，还承担了一部分对非自身机构的相关组织和团体进行管理的行政职能。具体就是建立了类似政府一般对社会进行管理的工作机构和行政部门，这些职能与生产经营活动并没有直接关系，这样一来一部分本应由政府履行的责任，变成由国有企业来承担。这个责任范畴十分的广泛，不仅包括社会保障、职工福利、政府的行政管理职能（公、检、法等执法机构），也包括一系列后勤服务（企业办学校、办劳服公司、菜场粮店、幼儿园等）的提供。基本上从“摇篮”到“坟墓”，国有企业都提供了企业员工所必需的服务。国有企业由于本身经济实力的局限，过多地承担了额外对社会提供服务的职能，使得外部成本与内部成本的界限变得越来越模糊，而承担这些责任又没有适当的利益回报，这造成了国有企业的经济利益流失，将自己的劳动成果无偿地转化为了社会福利，使得企业的财务负担越来越重，随着时间推移，企业逐渐陷入困境。又因为“共产主义”、“赶超英美”等不合实际的偏激口号泛滥，使得客观的生产关系人为的拔高，群众对生产力的认识变得不科学，忽视了“生产力决定生产关系，生产关系反作用于生产力”的真理，因此，国有企业的改革势在必行。

---

① 托拉斯，英文 trust 的音译。垄断组织的高级形式之一。由许多生产同类商品的企业或产品有密切关系的企业合并组成。旨在垄断销售市场、争夺原料产地和投资范围，加强竞争力量，以获取高额垄断利润。

3. 1979～1991 年："双轨制" 阶段

1978 年召开的党的十一届三中全提出了"党和国家的工作重点转移到社会主义建设的道路上来"的基本方针，国有企业的改革正式开始，这是中国经济的重要转折点。丁任重、王继翔等概括了国有企业改革的发展历程："第一阶段（1978～1980 年），扩权、让利、减税，增强企业的经营自主权；第二阶段（1981～1982 年），试行经济责任制（利润包干），企业在完成包干任务后可获得超额利润；第三阶段（1983～1986 年），利改税；第四阶段（1987～1991 年），完善企业经营机制，租赁制、股份制、资产经营责任制等经营机制出现。"在这一时期，体制外增量改革是主要的改革形式，国有企业的国有性质没有根本性的改变。

只靠国有企业的力量，对于中国经济的腾飞是远远不够的，非国有企业也迫切需要得到成长，此时"双轨制"的确立为其提供了良好的生存土壤。"双轨制"体现的是非国有企业参与市场机制的一种制度安排。即当非国有企业在保证计划配置资源的体系顺利运行的前提下，可以在市场上获取生产资料并进行生产经营活动。"双轨制"的成效十分显著。到 1984 年，非国有企业工业总产值已经占全国工业总产值的 31%。而这一时期国有企业改革的情况并不理想，与非国有企业的繁荣发展景象相比之下相形见绌，国有企业在我国的经济结构中虽然一直处于不可动摇的垄断地位，但是也已感受到了来自非国有企业的巨大压力。一方面，在新的产权制度模式还没有建立的情况下，国有企业通过放权让利的方式扩大企业自主权，必然导致"内部人控制状态存在"的结果。另一方面，国有企业的财务预算受到的管制越来越宽松，一些被任命到国有企业的政府官员滥用职权，倒卖、贱卖国有企业资产，以达到盗取国家经济利益的企图。这种临时性的制度安排具有严重的漏洞，成为违法分子"寻租的温床"。在此阶段，企业被"追求利润最大化"的目标冲昏了头脑，甚至不惜使用任何手段，忘却了国有企业本应为社会创造福利的使命，逃避社会责任成为这一时期国有企业的主要特征。此外，农村劳动力的过剩问题越来越严重，越来越多的农民只能外出打工寻找更多的工作机会，而国有工商企业改革的进程缓慢，产生的工作岗位非常的少，无法与农村提供的大量劳动力匹配，越来越多的农民陷入失业，使得失业率上升并未得到改善。并且，国有企业改革在过程中本来就会淘汰一些岗位上的工人，导致大量工人失业，给社会保障制度增添了更多的负担，欠发达的社会保障体系无法解决所有失业者的基本生活，降低了社会的和谐程度。在短期内，由于国有企业在进行改革，生产经营活动中，国有企业的行为造成了巨大的负外部性，使环境、员工和消费者等利益相关者的利益受到损失。

4. 1992～2001 年：经济责任的重树阶段

20 世纪 90 年代上半期，中国对国有企业进行整体性的推进和改革（国有企业股份制改造），确立了这一时期的重要任务："建立现代企业的经营管理制度、剥离企业社会服务和行政管理职能"。

为了使国有企业更好地发展，焕发新的活力，我国将国有企业的社会服务和行政管理职能抽离出来，这使得国有企业能够专注于商业的运营，生产效率得到大幅提升，进而也对中国 GDP 的增长作出了不可否认的贡献，但一系列的负面问题也随之出现了。首先，国有企业的社会保障功能和宏观经济的调控能力势必会因改革的推进而有所削弱，整体性的社会福利很有可能因此降低，政府在解决就业问题、提供社会保障与福利、保护国家战略安全等方面还没有做好充足的准备，少了国有企业的强力支持，就会显得更加"捉襟见肘"；其次，国有企业由于改革过程中存在会计核算不清、监督机制不健全等许多弊端，导致不法分子有可乘之机。大量的国有资产流失到私人手中，把原本属于职工合法劳动换来那份收益给剥削了，破坏了收入分配的平衡，进而使得社会贫富差距被进一步拉大；此外，社会福利机制的不健全无法有效解决下岗职工问题，大批职工在失业过后，再就业变得难上加难，更有甚者，某些无良"企业主"也以各种名义克扣下岗分流员工的经济赔偿。再加上滞后的劳动用工制度和收入分配制度，国有企业员工与企业外员工的收入差距越来越大。改革所带来的社会矛盾变得日益尖锐。

5. 2002 年至今：经济与社会责任的并行阶段

这一时期的主要任务是"塑造有竞争力的市场经济主体"，继续深化国有企业改革。此时国内局势和国际环境都在不断地变动着。2001 年 12 月 11 日，中国经过 15 年的不懈努力，终于成功地加入了世界贸易组织，成为 WTO 的第 143 个正式成员国，这标志着中国在开放经济中又迈出了伟大一步，更好地与世界经济一体化的浪潮融合。全球 500 强企业纷纷在中国进行大力投资，成立分公司或办事机构。2010 年 7 月 8 日发布的"《财富》世界 500 强企业"排名中，中国石油化工集团公司、中国国电集团公司和中国石油天然气集团公司分别列第 7 位、第 8 位和第 10 位，进入前 10 名的光荣行列，而中国企业的上榜数量达到 54 家，相比 2009 年又增加了 11 家。由此可见，从经济效益的角度来讲，中国国有大型企业的成绩是值得肯定的。但在创造辉煌的同时，大型国有企业也存在着突出的问题，如生产劣质产品、生态环境破坏、员工利益不受保障等，这些方面长期以来都受到西方国家和国内社会的诟病，这些问题也自然成为西方实行贸易壁垒和非贸易壁垒的主要理由，在国际贸易中造成中国企业的巨大损失。

中国的出口型企业从惨痛的教训中吸取经验，认识到社会责任的缺失会造成企业的经济效益受损，下决心要切实履行社会责任，与国际接轨，树立良好的国际形象。于是企业的社会责任运动应运而生了，中国企业开始追求对企业生产守则、SA 8000 准则的严格遵守，尊重全球契约精神等，这是企业社会责任发展的必经之路。国有企业必须发挥应有的带头作用，在这场声势浩大的企业社会责任运动中，旗帜鲜明地为民营企业树立榜样。针对这一运动，国资委出台了《关于中央企业履行社会责任的指导意见》，要求中央企业“要积极履行社会责任，增强责任意识，努力成为依法经营、诚实守信的表率，成为国家经济的栋梁和其他所有企业的榜样。”少数的国有企业却仍然做出有损政府“颜面”的事情。以中国储备棉管理总公司（以下简称中储棉公司）为例，其职责本在于“平抑国内棉花市场价格、保障棉花物资的顺畅供应”。但是，中储棉公司作为国有独资企业，大规模低价买入棉花，囤积居奇，再以高价卖出，企图利用垄断地位赚取暴利，但是，由于当时棉花市场的一路走低，过多的库存积压给中储棉公司带来了严峻的挑战，10 亿元的资本金超过一半都白白流失。这种的做法严重背离了国有企业建立的初衷，破坏了市场原本的均衡状态，引起社会上广泛的不满和愤慨。中国政府联合社会民间组织，开展了以企业社会责任为主题的形式多样的活动以扭转局面：2001 年 12 月，中国企业联合会和联合国开发计划署联合举办了题为“21 世纪的中国企业”的研讨会；2002 年 9 月，联合国开发计划署（The United Nations Development Programme）携手中国光彩事业促进会、中国企业联合会，共同主办“21 世纪中国企业社会责任论坛”；2005 年 12 月，中国上海举行了“联合国全球契约峰会”等等。一些知名报刊如《中国经营报》、《南方周末》、《WTO 经济导刊》开始纷纷成立专栏来对企业社会责任进行定期报道，这反映出中国的媒体从业者们也对企业社会责任运动投以期待的目光，并且为其宣传起到了巨大作用。

国有企业改革在当时也面临着两难的局面：一方面，国家要求国有企业剥离社会服务职能和行政管理职能，改变“企业办社会”的旧体制；另一方面，虽然国有企业不必再强制性的为社会服务，但政府要求国有企业必须全面合理地履行社会责任，起带头表率作用，不能将“高层社会责任范畴”弃之不顾。将外部成本进行内部化的行为为国有企业增添了必要的负担。这两个要求看似矛盾，但也存在着必要性和统一性，如何顺利完成这一过渡，对于国有企业的领导者来说既是一份挑战也是一份机遇。

（二）民营企业社会责任的历史演进

1. 1949～1978 年：改造没收阶段

19 世纪 60 年代，民营企业重新回到中国的经济体系中。1869 年，孙英德和方举赞合伙建立了中国近代第一个民营企业——发昌机器厂。在近代中国的特殊经济环境下，民营企业始终在夹缝中求生存，饱受帝国主义、封建主义和官僚资本主义三座大山的压迫。但是，其生命力始终顽强，就像山石中的种子一样，为中国的民族经济做出喜人的贡献。而在此之前，一大批民族资本家拥有先进的思想，他们是早期的民营企业力量，并且为中国的解放事业兢兢业业、肝脑涂地；

新中国成立后，由于特殊的历史时期，民营企业仍然无法逃脱被改造的命运。1949～1952 年，与国有经济和谐共处的私有经济、民营企业，秉持“节制资本”的原则，得到了一定程度的发展。1952 年，毛泽东同志结合当时中国国情和时代潮流趋势，提出了两个观点，分别是：“中国内部的主要矛盾是工人阶级与民族资产阶级的矛盾”、“不应再将民族资产阶级成为中间阶级”。由此拉开了全面改造私营经济的帷幕。与陈伯达、廖鲁言谈话时，毛泽东同志这样说道：“扩大国有制，将私人所有制改变为集体所有制和国有制，才能提高生产力，完成国家工业化。”[①] 毛泽东同志在 1953 年的中央书记处会议上又提出，“要消灭资产阶级，消灭资本主义工商业。”从中可以看出，对于私人资本的没收和改造是势在必行的，中央领导在这件事情上下了很大的决心。经过不到 3 年的时间，中国已经基本完成了对资本主义工商业的社会主义改造。到 1956 年，公有制经济占据中国经济绝对垄断的地位，与之形成鲜明对比，中国的民营企业所剩无几，三大改造基本完成到改革开放之前，由于高度集中的计划经济体制的存在，使得资源是由行政体系进行统筹配置的，抑制了民营企业的发展空间和活力。

民营企业的艰难处境有其历史必然性。19 世纪鸦片战争用炮火轰开了中国尘封已久的大门，之后中国长期处于“水深火热”之中，遭受着封建主义、帝国主义和官僚资本主义的压迫，中国共产党领导人民推翻“三座大山”，农民翻身做了国家的主人。与此同时，马列主义思想和（前）苏联榜样效应也深刻影响着国内的热血青年，他们迫切地想要打倒“剥削者”。根据相关统计的一份身份名单中，81 名私人企业主里有：25 名官僚地主（30.86%）、41 名买办和商人（54.32%）、6 名华侨商人（7.41%）和 6 名工作坊主（7.41%），因此，民营企业主被认为是剥削者，有碍社会的稳定和经济的发展。

2. 1979～1991 年：经济责任至上阶段

改革开放后，一大批上山下乡的知青经历过生活的锤炼返回家乡，国家领导人就如何解决知青的就业做出重要指示。中共中央、国务院批准了第一个有关“个体经济发展”的报告，指出：“各地可根据市场需要，在取得有关业务主管部门同意后，批准一些有正式户口的闲散劳动力从事修理、服务和手工业个体劳动。”这份文件虽然不是正式的，但是暗示着民营企业的地位即将走向合法化，仅 1979 年年底，全国批准开业的工商户就激增到 10 万户，私营经济终于得到了迅速发展的机会。此时的民营企业，承担着为国家解决就业需求的历史使命，也积极地为私营经济的发展做着努力，赚取利润成为民营企业的一项主要任务，关系着私营经济的生存和发展。

3. 1992～2003 年：法律责任的导向阶段

法律责任有两层含义：一方面，是指民营企业正式获得合法化的身份；另一

① 毛泽东．毛泽东选集第五卷［M］．人民出版社，1977.

方面，是指法律责任范畴以立法的形式确定。第一，民营企业的地位从此正式合法化。1992 年，中共十四大正式提出“在所有制的结构上，以公有制包括全民所有制和集体所有制为主体，个体经济、私营经济、外资经济为补充，多种经济成分长期共同发展”的方针。党的十五大，进一步确定了“公有制为主体、多种所有制经济共同发展，是中国社会主义初级阶段的一项基本经济制度。”所有制结构方针定为我国的基本经济制度。民营企业获得合法化的身份，重新回到经济发展的大舞台上。第二，法律责任范畴以立法的形式确定。由于国内生产资料匮乏，卖方市场中的民营企业在生产经营中出现了一些不利于经济发展的现象，例如，产品质量不合格、侵犯消费者权益、员工权益得不到保障等等，这也是民营企业的利润机制缺乏法律和道德约束所带来的副作用。在经济逐渐得到恢复的过程里，卖方市场逐渐转变为买方市场，民营企业的转变势在必行，再加上企业社会责任的思想从西方发达国家传入中国，社会自然而然，对民营企业提出了更高的要求，要求企业履行社会责任。为了解决民营企业与利益相关者的利益纷争，中国政府决定，通过规范化、法制化的进程，不断明确企业应当履行的社会责任范畴。1993 年 10 月 31 日，政府颁布了《中华人民共和国消费者权益保护法》，明确了消费者权益保护事项、规范了企业的生产经营行为，并且自 1994 年 1 月 1 日起正式实施。同样，为了企业劳动者的权益能够得到有效保护，根据《宪法》，政府于 1995 年 1 月 1 日颁布了《中华人民共和国劳动法》，规范了各方的权利和义务，强调了工会、雇主以及企业员工之间的利益关系，明确表示企业除了要保护股东和企业主的利益，而且要保护好企业员工的福利。国家法律、法规的出台，为消费者权益、员工利益和股东利润等方面填补了法律上的空白。所以说，在这一阶段，法律责任是民营企业的主要特征，亟待民营企业解决的首要任务是处理好民营企业与其直接利益相关者（股东、供应商、消费者以及员工等）的关系。

4. 2003 年至今：以法律责任为基础履行社会责任阶段

现代民营企业的主要特征是在法律责任的基础上，积极对初层社会责任和高层社会责任进行承担。在不同层次的社会责任中，法律责任是最基本的，由消费者责任、员工责任、股东责任和贸易伙伴责任组成，具体可参见“创新型企业社会责任模型①”中所讲到的法律责任。所谓社会责任，可分为初层社会责任和高层社会责任，是除法律责任之外企业自发为企业带来正外部性的活动。对于民营企业，追求利润首先要履行好法律责任，这基础责任更是践行更高层次社会责任范畴的铺垫，其重要性可见一斑。21 世纪以来，中国经济以其他国家不可比肩

---

① 郭宏涛．不同所有制企业承担神会责任具体形式探讨——基于创新型 CSR 模型基础之上［J］．经济问题探究．2012（2）：95－100.

的速度迅猛发展，“后发优势”推动国家经济经历了连续多年的高速增长，在这一飞速发展的过程中，私营经济发挥着不可替代的重要作用。与此同时随着发展，一些社会问题也越发严重：随处可见的环境污染、劳动力过剩产生的就业问题、频繁爆发的自然灾害等等，这些都给国民经济的可持续发展带来了不容忽视的威胁。

目前，中国的经济发展进入新常态，过去“三高发展”的模式必须做出调整和改变。例如，2000～2005年，中国的能源消耗总量增长了70%。其中，仅煤炭这一个产业的消耗就增长了75%，各种污染物的排放量存在严重超标的现象，如二氧化硫的排放量比上年增加了42%，中国至今仍是世界上二氧化硫排放量最高的国家，而煤灰的排放量也有所增多。“高污染”方面，1990～2003年，水资源的污染量平均每年增加12%，7条主干河流、54%的水资源已经不适合人类食用；除水污染之外，空气污染也面临着严峻的形势，中国幅员辽阔，雾霾近年来成为最热话题之一，以我国华北地区为主的绝大多数的人口还处于恶劣的空气环境之中，治理雾霾的路任重而道远。“高消耗”导致了“高污染”的产生，因二氧化硫排放所引起的“酸雨”导致价值300亿元的庄稼受到损害，约占农业总产值的1.8%，另外，“酸雨”也对建筑物造成了影响，经济损失达70亿元人民币。包括小型私营工业化企业和煤炭企业在内，一些民营企业不惜以破坏环境为代价，过分地追求经济利润，它们的行为对环境污染负有很大责任。

目前，中国的就业环境并没有实质性的改变发生，就业形势仍然严峻，从业结构性问题突出，制造业的“民工荒”问题存在的同时，社会就业率也保持低迷。除此之外，还需要解决农村劳动力过剩和高校毕业生求职的均衡问题。中国近些年自然灾害频发，从汶川地震到玉树地震，再到云南省、广西壮族自治区、贵州省三省的大旱都给经济和社会带来了较大冲击。

为了解决以上的社会、环境等问题，使中国能够健康平稳地发展下去，中国政府提出了构建和谐社会的价值主张和可持续发展观的发展理念。很多民营企业，积极响应政府的政策号召，摒弃过时的发展理念，以前卫的发展理念塑造企业文化，把履行社会责任作为企业理所应当的光荣义务。首先，民营企业在吸收就业人口这一方面具有突出的贡献。2003年、2005年和2009年，民营企业吸纳的就业人口分别达到4922.1万人、6236.1万人和9788.9万人。直至今日，民营企业依然是吸收就业人口的有力渠道之一，它们维护了社会的稳定，用实际行动切实履行着解决就业问题的责任。当国家遭受自然灾害的无情袭击时，民营企业，作为社会经济中重要的组成部分，反哺祖国，做出了重要的奉献。以主营钢铁的民营企业天津荣程联合钢铁集团有限公司为例，在钢铁市场整体不景气的当今，民营钢铁企业的运转更为艰难，而该公司董事长张祥青已经累计捐款1.1亿元人民币，张祥青不仅是一个优秀的企业家，更是以其模范带头作用对其他民营企业家做出表率，而他也只是千千万万民营企业家的一个代表。这一时期的民营企业普遍表现为对社会责任的积极承担，并且其实践范围超越了最基础的法律责任。

（三）外资企业社会责任的历史演进

1. 1949～1978 年：被没收和改造阶段

自 1949 年新中国成立到 1956 年，外资企业经历了被社会主义改造和没收的阶段。随着共产党吹响全国解放的胜利号角，国民党统治时期的“三座大山”终于土崩瓦解。垄断资本和官僚资本成为帝国主义在华的残留，羁绊着中国的经济发展。据不完全统计，1950 年中国境内，大大小小的外贸企业有 540 余家，其进出口贸易额占中国进出口总额的 6.52%；短短 5 年光阴，截至 1955 年年底，只剩得 28 家，其进出口比重也下降为 0.005%，少得可怜。随着国有经济占据了市场的绝对垄断地位，外资企业于 1956 年进入“真空期”，同民营企业一样，很难找到生存的土壤。后来，国内的社会环境在逐渐发生变化。政府间外交活动的增加推动了国际化进程的加深。尤其是邓小平同志访问日本、美国通用汽车公司派大型访问团到中国商议合作事宜等外交事件对外资企业进入中国起到了不可忽视的作用，中国经济也得益于此，迎来了历史性的转折。1978 年，中国政府吹响了改革开放的号角，向全世界表达了开展国际经济合作、鼓励外资进入的意愿，与西方各国签订了 78 亿美元的外资引进协议。

2. 1979～1992 年：经济利润的导向阶段

在经济利润的导向阶段，外资企业的尴尬地位也在逐渐合法化。改革开放初期，虽然没有规范性的文件出台来明确支持外资企业的合法地位，但事实上中国已经默认了外资企业的存在是合理的，并且为其发展大开方便之门。1979 年，北京外企服务集团有限公司成立，专门为在京的外商投资企业提供各种商业服务；1980 年，可口可乐公司获得许可，正式在中国建厂投产。中国的发展模式是“从点到面”、循序渐进的过程，两个重要的沿海省份——广东省和福建省——成为外资入华的主要试点区域，我国港、澳厂商与两省毗邻，凭借区位优势、以“三来一补”的方式进入，为中国吸引了第一轮的外资。1979～1985 年，中国吸引外资的金额累计达到 47 亿美元，其中，70% 都来自中国港、澳厂商，广东省、福建省两省的投资项目占全国总数的 69.4%。经济发展的同时推动着法治的进程，1992 年，中共十四大正式出台了外资企业合法化的规范性文件。至此，中国经济发展的基本经济制度得以确定，多种经济成分长期共同发展成为历史趋势，包括个体经济、私营经济和外资经济在内的非公有制经济均获得了正式的合法化身份，是对公有制经济的补充。

改革开放之初，中国政府在土地、赋税、劳动力等多个方面都给予了外资企业特别的优惠政策，增加来华投资的吸引力。在强大的利润驱动下，大量的外资企业争相进入中国。而中国政府出台这样的优惠政策，也是出于国内实际情况的考虑，希望通过引进外资来实现促进本国经济的发展、改善就业状况、引进高新生产技术等多方面的目标和计划。同样，对于外资企业来说，中国市场一个潜力巨大而亟待开发的国际市场，资本主义逐利性的本质驱使外资企业进入中国、享受优惠的投资政策、利用廉价的劳动力资源和土地资源，进而赚取不菲的收益。这是一个双赢的战略布局，而且，从客观上讲，外资企业在追求自身利润的同时，也的确推动了中国的经济发展、创造了就业岗位，为中国的建设带来了发达的经验和企业社会责任的萌芽。在这个时期，中国尚未对非公有制经济形式的社会责任产生清楚的认识，处于朦胧的状态，而此时的外资企业，已经在西方先进的企业社会责任理论的熏陶下，形成了各自的企业文化和履行社会责任的价值观念。相较于同时期的国有企业和民营企业，在社会责任的履行上，外资企业有时的确做得更好。

3. 1993～2003 年：法律责任和社会责任的并重阶段

20 世纪 90 年代初，大型跨国公司纷纷加大对中国的投资，在中国设立了分公司或办事机构，中国的企业社会责任运动因而得到了蓬勃的发展。大型国际跨国企业的生产运营之中，处处体现着较为领先的社会责任理念，例如，麦当劳连锁快餐店、沃尔玛公司、耐克公司等跨国企业的“工厂守则”，要求中国供货商或者分包商履行员工责任；1997 年美国经济优先委员会认证机构（CEPAA）颁布 SA 8000 社会责任标准等等。从中国的角度出发，加入世界贸易组织的曲折经历，对外开放的必然要求，都促进了中国企业社会责任研究的发展和高潮。这十年间随着中国的对外开放的程度越来越高，外资企业在华投资总额从 3823.89 亿美元逐年增加到 11174 亿美元。

“师夷长技以制夷”，中国企业社会责任的发展战略是在改革开放中具体实现的，是在跨国企业的社会责任运动中吸取经验的，也是在中国企业对外交流机会越来越多的基础上发展的。与中国相比，西方发达国家企业社会责任的发展处于领先地位，因此，“逐利入华”的外资企业能够切实把应尽的社会企业责任完成好，对股东负责，对消费者负责，对企业员工负责，对合作伙伴负责。以员工责任为例，由于中国是一个人口大国，所以中国企业的发展比较依赖劳动力要素，长期享受着“人口红利”带来的成本优势，员工的收入水平和福利水平都不高，这种情况在注重员工权益的西方企业是恰恰相反的。究其原因，关于员工福利的问题，国外早已在制度建设的层面上有了针对性地安排，美国的《反歧视公约》、《同工同酬公约》等，就是其中的典型代表。在华的外资企业往往保持着其“母国”的经营习惯，在员工责任的履行上相对较好。不仅如此，在履行好法律责任的前提下，外资企业在更高层次的社会责任上其实也是有所追求的。比如在环境责任方面，外资企业在中国设立生产部门，虽然消耗了东道主国的大量能源，不可避免地形成了一些污染，但是，通过对生产环节的优化和管理、对生产技术的创新和进步，外资企业成功实现了节能减排、绿色制造，优化了能源消费的结构，提高了能源消费的效率，树立榜样的同时，也让中国企业看到了差距所在。

4. 2004 年至今：逃避社会责任阶段

正如前文所言，由于保持了“母国”优秀的企业社会责任理念，恪守商业准则、尊重法律、法规的外资企业在社会责任的履行上表现得更加出色，这符合中国政府招商引资的初衷，也的确带动了中国经济环境的优化和企业社会责任理念的发展。但是，充满逐利动机的外资企业，在中国站稳脚跟后，也开始利用宽松的市场管理和优惠的政策法规，贪图一己私利而去做出违背职业操守和良心、在道德和法律上都是不被允许的事情：寻租、行贿受贿、侵犯劳工权益、偷税漏税、双重市场标准、破坏生态环境等等。接下来，本书选取行贿受贿、侵犯劳工权益和漠视环境责任三个方面，结合生活中的实际案例，对外资企业逃避社会责任的表现进行具体说明。

（1）行贿受贿。天津德普有限公司，是隶属于美国 DPC 诊断设备生产企业的外资企业。1991 年和 1992 年，该公司被美方查出存在严重寻租行为，为了拓展业务渠道先后向很多国有医院实施行贿，涉案金额累计 162. 3 万元，违反了《反商业贿赂法》，决定对其处以 479 万美元的罚款，这件事当时引起了国内外的高度关注。2006 年，中国建设银行行长张恩照被查出存在受贿行为，一并揭露出的还有美国 IBM 公司（著名的电脑生产商）的行贿丑闻。根据调查，张恩照曾以“服务费”的名义收受 IBM 公司高管的 22. 5 万美元“好处费”。2009 年 7 月，澳大利亚力拓公司被查出曾向中国内地多家钢铁公司行贿，公司的 4 名在华员工，也因“非法盗取中国国家秘密”而被批捕。

（2）侵犯劳工权益。2006 年，全国政协外事委员会对位于广东省、福建省的若干沿海城市进行随机的走访调查，发现很多企业存在着工资不能按时发放，薪酬水平低还会被任意克扣，不为劳工购买保险等现象，极大地侵犯了中国劳工的权益。之后爆出美国迪士尼的“血汗工厂”丑闻也令人发指。2009 年 7 月，有关部门专门了一个调查小组，先后调研了 5 家迪士尼代加工工厂，发现侵犯劳工权益是迪士尼代工厂普遍存在的现象。著名的迪士尼公司，来自劳工运动的起源地、提倡人权保护的美国，却在中国境内如此经营，如此损害“母国”形象，实在使人望之兴叹。

（3）漠视环境责任。商务部外资司统计了 2004 ~2005 年的中国外资企业 500 强数据，发现制造业企业总数高达 405 家，在所有企业类型中占有较高的比重。这说明中国作为“世界加工厂”，其经济发展对制造业的依赖性很强。但是，国外制造业企业支付给中国微薄的加工费远远难以弥补工业污染所带来的损失，中国的生态环境遭到了严重的破坏。针对这一问题，国内学者王克群曾做过一项调查，将外资企业的环保违规情况进行记录。在黑名单上，共有 33 家外资企业上榜，其中不乏国际知名跨国企业的分公司，包括：上海松下电池有限公司、上海雀巢饮用水有限公司、长春百事可乐饮料有限公司等等。由此可见，没有完善的法律、法规，没有严格的市场纪律，在华的外资企业很难像在其“母国”一样，切实履行环境保护义务、承担企业的社会责任，这对中国政府而言，也是一个紧迫的难题。

三、不同所有制企业的社会责任发展历程

（一）不同所有制企业在履行社会责任方面的不同点

1. 历史起点不同

通过对不同所有制企业（即国有企业、民营企业和外资企业）社会责任历史演进的对比可看出，不同类型企业履行企业社会责任的历史起点具有较大差异。国家政权确立的伊始，推翻了资本主义、封建主义和官僚资本主义“三座大山”，而后马克思、恩格斯共产主义思想在中国社会的普及，以及受（前）苏联社会主义国家的实践带动，建立公有制经济体制势在必行。在这样的形势下，作为国有经济存在形式的典型形态，国有企业应运而生，与之形成鲜明对比的是，国内的民营企业和外资企业先后经历了打压、没收和社会主义改造的几个阶段。1949 ~ 1956 年，“企业办社会”运动的盛行赋予国有企业以政府附属机构的特殊角色，使国有企业成为事实上社会责任的完全提供者。国有企业不仅为其员工打造了终身制的配套福利对策，而且也承担着本应由国家政府承担的社会责任范畴。与此同时，有“地下经济”之称的民营企业和外资企业，在国内尚未取得合法的法律地位，其经营情况恶劣，因此，中国政府也没有对它们提出任何履行企业社会责任的要求。社会生产力落后、缺乏经济基础做保障的“企业办社会”运动无法长久地维系，国有企业履行社会责任的经济负担也渐渐加重。面对这样的情况，中国政府开始对国有企业进行改革，旨在提高国有企业的经营效率、释放国有企业的经济活力，为国有企业松绑，逐步剥离国有企业难以承担的社会责任范畴。

在国家认识到计划经济体制有着不少弊病，仅凭国有企业的力量是不可能支撑起国民经济的发展的，于是，使民营企业和外资企业重新回归历史舞台成为历史趋势。得到了重新回归历史舞台的机会，逐渐成长，发展成为公有制经济的重要补充力量。为提高落后的社会生产力、加固国内薄弱的经济基础，“发展经济，拉动中国的经济增长”成为民营企业和外资企业的根本任务，经济责任成为它们首要承担的责任，经济利润最大化成为它们生产经营的重要目标。综上所述，在

企业社会责任的历史起点上，国有企业被看作是履行社会责任的“主角”，而社会对民营与外资企业的态度与期望则有较大不同，此二者更多的是对经济责任的承担。

2. 发展轨迹不同

国有、民营和外资企业的社会责任发展历程也有较大差异，并出现了以下发展轨迹：第一，国有企业体现的是“企业办社会——逃避社会责任——确立经济责任——经济责任与社会责任并重”；第二，民营企业体现的是“‘负’社会责任——经济责任至上——法律责任导向——在法律责任的基础上，履行社会责任”；外资企业则表现为“利润导向——法律责任社会责任并重——逃避社会责任”的发展轨迹。可以看出，民营企业履行社会责任遵循着从低维度到高维度的科学的发展轨迹，而外资企业则沿着利润导向到法律、社会责任并重再到逃避社会责任的轨迹发展着。

对国有企业、民营企业和外资企业三条不同的发展轨迹进行细致的分析，逃避社会责任的现象出现在了不同轨迹的不同阶段，这是企业社会责任发展中暂时性的现象。中国政府大力推进“加强法律、法规体制建设、建立健全监督机制”并取得一定成效，原本部分企业那些不履行社会责任的行为数量会越来越少。因此，短期内的责任逃避现象虽然是负面事件，但毕竟只是暂时性的，国有企业、民营企业和外资企业的社会责任发展前景依旧乐观。现在的外资企业社会责任已趋向于回到正轨，良好地履行法律责任，并在履行社会责任也有一些涉及。

（二）不同所有制企业在履行社会责任方面的共同点

1. 共同的最终目标：经济责任基础上履行社会责任

根据 A. B. 卡罗尔提出的“企业为股东谋取利润的责任”的论述，经济责任指在创新型模型中的企业对股东的责任。在企业法律责任范畴内，包含了股东责任、消费者责任、贸易伙伴责任和员工责任。由此可见，股东责任属于法律责任的一个部分。与谋取股东利润的相关方中最直接的几个有消费者、贸易伙伴和员工等等，相关方利益的实现情况会直接决定企业和股东利益的实现。根据前文的论述，按照“初层”和“高层”两个维度可以对社会责任进行划分，经济责任属于“初层”。因此，企业只有在履行好经济责任的前提下，才能更好地履行好高层的社会责任，照顾好消费者、贸易伙伴、员工和股东的共同利益，实现以经济责任为基础的社会责任的履行。

为了更好地发挥出社会主义制度的优势，实现人民的共同富裕，我国确立了国有企业的核心地位。但是，中国经济的现实情况却没有被真正地认识清楚，中国在思想意识上脱离了实践，忽视了我国经济基础薄弱的真实现状，甚至还导致“企业办社会”等反常现象的发生，逐渐恶化到“人人没有饭吃、企业难以为继”的状况。众所周知上层建筑由经济基础决定，因此，只有国有企业先将自身赚取最大化利润的经济责任完成好，实现利益相关者的权益得到满足责任后，才能够腾出空间、集中力量去履行社会责任，为社会大众作奉献。而对三类企业的综合分析可以发现它们的共通点，企业责任发展的最终结果都是在法律责任基础上履行社会责任。所以，不论企业归属何种类型，它存在的本质意义都是获取经济利益，包括中国国有企业在内，实现法律责任、发展可盈利的经济实体是基本要务。

2. 历史赋予的责任：履行社会责任，国有企业首当其冲

从上文三种所有制经济发展的过程对比得出，国有企业在最初诞生时是一种制度性的安排，它的基本使命与高层社会责任范畴有众多交集，具体有：发展国民经济、解决就业问题、维护社会和谐等。从客观上来看，国有企业有限的经济实力是不足以满足以上各种需求的，这使得国有企业承担社会责任的范围十分受限，在实践时力不从心，“企业办社会”的成本远远超出了国有企业所能承受的水平。面对这样的情况，国有企业只有通过体制改革、切实提高其经营能力和盈利水平，才能履行起应尽的社会责任范畴。此时，为扫清思想上的障碍，必须明确几个重要的问题：国有企业的经济责任和社会责任是否有先后顺序？如果有，那么谁在先、谁在后？谁是目标？谁又是手段？这几个问题，并不难回答。毫无疑问，履行好社会责任，是国有企业的根本目标。在“企业办社会”难以为继的情况下，之所以为国有企业“减负”，适当地对国有企业的社会职能做减法，其目的是为了更多地解放出国有企业的经济能力、在把自身经济基础打扎实之后更好地投入社会责任事业中去。所以，对国有企业而言，重视经济责任是履行社会责任的一种手段，换句话说，国有企业改革、现代企业制度构建、经营效率的提高等都是为了实现国家经济发展、社会秩序稳定、就业形势良好等社会责任的重要方式。民营企业和外资企业在最终目标的确定上对比国有企业存在着本质的不同。生产资料所有制性质决定了民营企业和外资企业经营的根本目的——就是赚取利润以实现股东利益的最大化。因此，履行社会责任成为重要途径，以帮助企业获得更多潜在利益。

中国企业社会责任理论发展迅速，企业受利益相关者强烈要求必须用行动来履行社会责任，所以时代潮流决定了只有重视企业社会责任的民营企业和外资企业才能继续良性、健康地发展下去，反之，实现了利益相关方的利益也有利于企业自身利益的实现。因此，如何实现共赢的利益传导机制，如何将企业履行社会责任时所付出的成本真正成为一种能使企业获取经济利益的有效要素投入，是民营企业和外资企业所关心的话题。

国有企业社会责任的历史起点表明了国有企业的社会责任是历史赋予的。经济和社会是国有企业与生俱来的两重目标，必须共同实现，不能顾此失彼。因此，国有企业要想更好地履行社会责任，就必须在经济目标和社会目标间取得平衡。内在关系的权衡需要根据不同的行业和不同的资产性质对国有企业进行细分：对竞争激烈行业中的国有企业而言，应以经济责任的实现为重；资源垄断型的国有企业更应着重于社会责任目标，经济目标只是给社会责任目标其支撑作用。综上所述，以垄断性质为代表的国有企业，应“以法律为手段、履行初层社会责任、引领高层社会责任”，切实承担起社会责任范畴，成为企业社会责任的先头兵，为民营企业和外资企业树立榜样。

3. 企业社会责任在实践中的问题

国有企业、民营企业和外资企业在履行各自社会职责的过程中看到许多实践中出现的问题，这些问题多以“企业忽视社会责任、过分追求企业利益最大化”为主。而这些问题出现主要有以下三个原因：

（1）企业作为经济实体的主要体现是具有一切经济人所具有的特征。“经济人”简而言之便是在经济运行过程中以营利为主要目的的企划执行者，多称为“理性人”和市场中的“唯利人”，以追求经济利润最大化为生存的主要目的。企业也是这样。现实生活中，企业的经济效益会溢出，形成正外部性；企业的生产成本也会溢出，形成负外部性。也就是说，在绝大多数情况下，企业履行社会责任会使得其应得的自身利益小于其创立的成本值，而此时企业逃避社会责任所带来的惩罚会小于其预期中所应受的社会效益。对企业而言，通过成本—收益的比较，权衡利弊之后的选择是逃避社会责任，对国有企业也是一样。因此，不同的企业在选择不同的人格起主导作用的时候，所做出的选择是不同的。让社会人人格作主导时与经济人主导时的主要差别就在于社会人人格会引导企业切实履行社会责任。而在国有企业选择让经济人人格作主导的时候，国有企业可能会因此而做出逃避社会责任的选择。

（2）阶段性特征影响着企业社会责任的发展。中国企业社会责任的发展的阶段性特征大约可以简述为从被动履行社会责任到主动履行社会责任。而一些附带现象的发生也是不可避免的，例如一些偏离社会目标的行为。“阶段性特征”有其优越性同时也有其滞后性存在。一是相对于企业的建立与管理这方面的法律、法规还未健全与完善；二是市民社会建设的滞后性。首先，法律、法规建设的滞后性。市场经济体制改革至今已有近 40 年的发展，为中国经济的发展带来巨大的成就，注入了活力、提供了增长的动力，但是，配套的市场法律、法规体制还不完善，中国的经济实力走在了法制建设的前面，这也是企业逃避社会责任的客观原因之一。其次，市民社会建设的滞后性。市场经济的高速发展为市民社会的产生创造了前提条件。社会活动领域主要包括政治、社会化大生产、经济、社会管理等内涵，精神生产领域则主要包括科学、艺术、哲学等，二者在高速发展中创造了现代工业文明。就市民社会中独立组织的作用，民主思想家达尔曾经做出如下高度评价："独立的社会组织在一个民主制中是非常值得需要的东西，而且这种社会组织的出现，不仅仅是民族，更是国家统治过程民主化的一个直接结果，也是为民主过程本身所必需的。"目前，国内的社会组织发展相对落后，对企业没有实质性的约束力，无法对企业逃避社会责任的行为进行有效的处罚，不具备监督社会企业履行其应尽社会责任的强制力及影响力。

（3）制度约束软化。制度的形式可以分为正式和非正式两种。不论其中的哪一种制度，对于稳固企业的发展、克服内部失衡以及在监督企业社会责任职责上都有十分明显的促进作用。

一方面，国内的正式制度过于笼统，弱势群体的维权成本很高。在正式制度方面，中国政府先后颁布了企业法、环境保护法、消费者权益保护法、劳动法等等正式的法律、法规。虽然在一定程度上对企业的负面行为起到了惩罚作用，但是执法难度大、维权成本高等问题，大大软化了正式制度的约束力，一些自身利益受到侵害的人们可能会因为不懂相关法律、法规或是没有足够能力走法律的维权途径，自身权益受到了非正常手段的剥夺却手足无措。在通常情况下，由于现实情况过于复杂，正式的制度不可能完美规定到每一个细节，无法兼顾企业发展过程中的生产、经营行为的方方面面，而当违法成本过于低廉，企业自然敢于铤而走险、挑战法律的权威、逃避社会责任范畴。

另一方面，非正式制度的宏观制度环境尚未形成，中国企业在整体上缺乏履行企业社会责任的使命感，行业协会等社会组织也没有行之有效的奖惩措施，这使得国内许多企业的发展体现出利润导向型特征，履行社会责任的使命感不足。制度缺陷不可避免地成为国内企业逃避社会责任的因素之一，且在短期内难以得到较大改变。

第三节　企业社会责任评估

一、社会责任指数

大多数的社会责任投资都是在金融市场上完成的，从最初少数团体的价值投资形式，逐渐发展成为资本市场的资产管理形式，这样的转变不但使得金融市场的投资现状日益朝着最火热的方向发展，还使得社会责任指数不断产生和增长。

（一）社会责任指数的内涵

所谓社会责任投资（Social Responsibly Investment，SRI）不过是指在对自身

经济情况作了精确而又稳定的分析之后，在一定经济范围内考虑在社会及环境方面进行可能会产生积极和消极后果的投资。社会责任投资与传统投资的区别除了考核被投资者各项经济实力、财务状况、绩效等方面，然后进行严格的审查之外，社会责任投资对被投资对象从社会责任、环境友好程度等角度建立标准，进行考核打分，在投资决策过程中综合考虑被投资对象的方方面面，其目的在于实现经济、社会和环境等方面的多重投资价值、投资盈余。

目前，在国内资本市场上，SRI 基金和理财专项账户等是社会责任投资的主要形式，社会责任投资指数应运而生。所谓社会责任指数，指的是：在对企业发展过程中的各项指标进行专业化的量化评估，包括企业履行社会责任的情况、管理水平以及信息披露情况等，并将其整理成一个应用性广泛的指标体系，面向所有企业进行推广，客观评价企业社会责任履行现状。在编制社会责任指数的方法上不断取得进步和创新，这个过程也为 SRI 基金的发展提供了直接的技术支持。其中，以上市公司为研究对象而编制的社会责任指数（Social Responsible Index，SRI），较为客观地评价了证券市场中企业社会责任的履行情况，成为资本市场里社会责任投资的重要参考指标之一，对社会责任投资的投资规模、投资方式等产生了直接的影响。

（二）社会责任指数的作用

为了向投资者提供及时的投资信息、引导投资方向，针对资本市场中可持续发展战略执行较好的公司，交易所会以直接或间接的形式对其做出评价，并向大众展示这些公司的社会责任指数。即只有企业社会责任得到很好地履行、并且效果优秀、排名靠前的企业才能被选入社会责任指数的量化和编制中，当然，股本规模、经营业绩等惯用指标也在考核之内。通过对样本企业的选择，保证了指数标的样本企业的企业财务绩效和社会责任绩效，进而确保了社会责任指数参照的价值和投资价值。例如，著名的道琼斯可持续发展指数（Dow Jones Sustainability Index，DJSI），所选取的标的样本是道琼斯全球股票市场上最大的 250 家公司，利用同行业最优法则将投资者关注的企业囊括其中，从经济发展、社会责任和环境保护等三个方面综合评价企业的可持续发展能力。

与此同时，SRI 基金产品的创新也依赖于社会责任投资指数的发展。其中，社会责任 ETF（SRI Exchange Traded Funds，SRI EFT），即社会责任交易型开放式指数基金，是其中最典型的产品。SRI EFT 复指标的指数成分不仅有流动性强的特点而且管理费用低，之前的例子中，跟踪 KLD Select Social Index 的美国 KLD Select Social Index Fund，希望从公司治理、环境保护、社会影响等方面进行最大程度的刻画和反应，并在最终成功实现了与 S&P 500 相似的风险收益特征。香港市场上也有类似的创新，香港恒生指数公司发布了可持续发展指数，其中就包含了社会责任指数；证券公司方面，为了给香港市场上相应指数 EFT 产品的开发提供便利，香港证券交易所也为 EFT 管理者提供了相应的交易平台。

社会责任指数同样有激励上市公司履行社会责任的作用。对于上市公司来说，如果被选入社会责任指数的编制样本之中，其投资价值和知名度会得到一定的提升，得到投资者青睐的上市公司，其市场融资就会得到更好的支持，所以，持续经营中的上市公司也会更有履行社会责任的动机和动力，具体表现为财务绩效和社会责任绩效相互成正比的都很好。例如，SAM 公司编制的 DJSI 评估报告在商界具有很高权威，对企业社会责任起到了不可忽视的规范作用，很多上市公司对此高度重视，以成为美国 DJSI 成分股作为企业的发展目标，把反馈作为参照，对自身进行发展、加强。随着上市公司对履行企业社会责任的不断重视，DJSI 所包含的成分股质量也在不断提高，从客观上证明了 DJSI 指数系列的确激发了上市公司履行社会责任的动力，为企业的可持续发展带来积极的影响。

（三）社会责任指数的发展及现状

无论是在老牌的发达国家还是正在蓬勃发展的新兴市场经济国家，社会责任指数已然扮演着重要的“角色”，在全球多处证券交易市场被推出，以反映证券市场中的社会责任投资情况，满足基金经理对社会责任投资的参考需求。其中，出现了一些影响深远的指数系列，如道－琼斯可持续发展指数系列（DJSIG），英国富时社会责任指数系列等。DJSIG 又由全球指数（DJSI World Index）、区域性指数（DJSI Europe&Eurozone Index、DJSI North America、United States Index、DJSI Asia Pacific Index）和国家指数（DJSI Korea Index）组成。英国富时社会责任指数系列的内容为：FTSE4Good UK 50 Index、FTSE4GGood Europe 50 Index、FTSE4Good US 100 Index 以及 FTSE4Good Global 100 Index。

世界交易所联盟（World Federation of Exchanges，WFE）2009 年对 SRI 指数进行了研究，在研究报告中指出了 SRI 指数在不同经济发展阶段的国家中的差异性，例如高经济发展水平的发达国家和相比之下有所欠缺的新兴市场经济国家推出的 SRI 指数在指数功能上的侧重点有所不同。发达国家的 SRI 指数更多地被用于市场产品的开发，以满足投资基金等投资者的特殊需求；而新兴市场经济国家的 SRI 指数则更注重企业形象的提升，以树立交易者信心为目的，并对上市公司的行为进行约束和监管。

在美国，主流的投资方式很大一方面取决于企业的社会责任，并且这种企业社会责任投资有不错的发展。从美国 SRI 论坛的数据中就可以看出其发展速度之快，1995 年，美国全国在市场上运作的 SRI 基金只有 55 只，涉及资产约 120 亿美元；到 2012 年，仅仅经历了 7 年时间的发展，SRI 基金产品数量就达到了 333

只，总资产达6405亿美元；到2012年，SRI专业管理的资产数额也有了空前的提高，37500亿美元的总额充分显示着其超过市场总体水平的增长速度，以DJSI为基础、包括特别账户ETF、共同基金等在内的投资工具，所占资金也已达60亿美元。

以社会责任指数为跟踪标的的指数型基金也展现出不错的绩效水平。以FTSE KLD 400为例，它是目前运作时间最长的SRI。自1990年起，年度回报率达到9.51%，高于同期S&P500指数的回报率（8.66%）。FTSE KLD的高回报率持续了20年之久。再如，KLD基金（Index Fund，跟踪标的为KLD Select Social Index）和DSI基金（跟踪标的为Dimini 400 Scial（SM）Index）的市场表现都超过了Vice Fund（主动管理型基金，主要投资于烟草、酒业、赌博、国防军工等“罪恶”领域）。社会责任投资者大多都得到了不错的市场收益。

中国作为新兴市场经济体，同样编制出自己的社会责任指数，但是发展现状不容乐观。自2008年起，中国的主要交易所和研究机构均编制了社会责任指数，跟踪社会责任指数的指数基金随之产生。中国证券市场上第一支社会责任指数的SRI ETF基金——建信责任ETF（510090）——诞生于2010年5月28日，采取完全复制的跟踪策略。与发达国家的市场情况不同，国内SRI ETF基金的交易十分冷清，2011年中国的社会责任ETF日均成交额只有109.3万元，发展过几年后在2012年日均成交额已经下降到13.1万元，这种社会责任指数投资在中国ETF基金市场上有点难以维持，收益率也难以吸引投资者的关注。总而言之，社会责任指数投资在中国市场上的发展和欧美发达国家存在着较大的差距，造成现状的原因是多方面的。

二、中国企业社会责任评价指标体系

（一）中国工业企业社会责任评价指标体系

中国工业行业企业履行社会责任，既是提升企业竞争力、推动行业继续发展的需要，也是中国经济新常态下转型升级的需要和构建小康社会的需要。确保工业企业切实履行好企业社会责任，对中国国民经济社会的全面、协调、可持续发展具有重要的意义，对“稳增长、转方式、调结构、惠民生”的目标实现也有巨大的推动作用。

2008年，第一版《中国工业企业及工业协会社会责任指南》（以下简称《指南》）出版。该《指南》是中国工业经济联合会（以下简称中国工经联）与多个行业协会共同发表的研究成果，包括中国煤炭、矿业、钢铁、石化、纺织、有色金属等10家工业行业协会。该研究在内容上清晰地定义了中国的工业企业应该履行社会责任的具体内容和方式。2010 年发布了新一版的《中国工业企业及工业协会社会责任指南》，进一步补充了之前未规定的内容；中国工经联于次年发布《中国工业企业社会责任指南实施手册》，对企业的社会责任进一步完善，形成对工业企业社会责任范围和实践的进一步指导与细化；2012 年，中国工经联组织制定了《中国工业企业社会责任评价指标体系》。该研究全面评价了工业企业在经济、社会、环境等方面的表现，要求工业企业高度重视社会责任的履行，并在行动上做出实践。至此，中国工业企业社会责任评价指标体系得以建立，从制度上，为了加强社会诚信建设，提高企业诚信指数，建立了评价机制来为工业行业企业的可持续发展“保驾护航”。

《中国工业企业及工业协会社会责任指南》对中国工业企业社会责任评价指标体系做出如下定义：“中国工业企业社会责任评价指标体系是为反映和衡量中国工业企业管理自身运营对利益相关方和自然环境影响的效果和效率而设置的指标体系”。以三重底线模型、利益相关方理论、可持续发展理论等重要企业社会责任理论为依据的《社会责任评价指标体系》，对中国工业企业社会责任评价指标体系的范围和所遵照的基本原则做出详尽的阐述，构建起包含三级共 98 个指标的评价体系，从企业生产经营与管理模式的视角形成对责任履行的评价。该体系中各个评价指标的考核重心都有具体的阐述，并解释说明了该体系的评价应用方法。《社会责任评价指标体系》为中国企业社会责任的发展提供了基础支撑和根本保证，在督促中国工业企业履行社会责任、自我评估等角度做出积极的贡献，总结出“如何履行社会责任星级评价”、“如何进行中国工业企业社会责任指数编制”的合理解决方案。

（二）适用范围

《社会责任评价指标体系》适用（但不限于）以下三个方面。

1. 中国工业企业可依此开展履行社会责任的自我评估；
2. 相关单位和机构可依此对中国工业企业履行社会责任进行星级评价；
3. 相关单位和机构可依此编制中国工业企业社会责任指数。

（三）构建原则

1. 实质性与完整性相结合原则

实质性表示各个指标必须具有现实的可行性，是与企业社会责任直接相关并且具有实质影响力的内容。完整性指的是评价指标体系应覆盖企业生产经营活动中可能对利益相关方造成影响的各个方面，并且要对企业可持续发展的关键内容有所突出。总体来说是指标的高质量性和充分性。

2. 目标导向与外部期望相结合原则

企业自身的可持续发展需要同时满足企业内部和外部期望。因此，相应的评价体系需要得到外部利益相关方的认可，满足社会各方对评价指标体系的期望。

3. 科学性与实践性相结合原则

科学性是构建包括社会责任评价体系的基本原则。此外，将科学性与实践性良好地结合，同时体现科学性和实践性也是合理的指标体系必须兼顾的方面。

4. 一般性与特色性相结合原则

一般性指要求评价指标体系能够反映企业经济、社会和环境责任的共性。此外，根据不用行业和其他特征，也要突出不同特性企业的特色性。

5. 实用性与前瞻性相结合原则

评价指标体系不仅要从企业的日常运营管理中搜集原始数据，保持及时性和实用性，也要对未来具有一定的判断和把握，借鉴国内外先进的发展经验，在技术、资金等方面体现前瞻性。

6. 定量与定性相结合原则

对于企业履行社会责任的绩效要以结果性指标定量测量，对于企业社会责任的制度安排和具体行为要以制度性指标和过程性指标进行定性分析，综合定量、定性两方面对企业社会责任的履行情况进行评价。

（四）评价指标体系的结构

1. 指标层级

评价指标体系的具体构成结构见表 9－1，包含 5 个一级指标、22 个二级指标和 98 个三级指标。

表 9－1　　中国工业企业社会责任评价指标体系指标结构

一级指标名称	二级指标数量（个）	三级指标数量（个）
社会责任价值观与发展战略	2	2
社会责任推进管理表现	5	14
经济影响	6	24
社会影响	5	37
环境影响	4	21
合计	22	98

资料来源：笔者整理。

2. 指标分类

指标体系中的评价指标可以按照不同的标准进行分类。下面，本书将按照指标属性、指标标准化处理技术要求两个标准进行分类。

（1）以指标属性为标准分类。

第一类：底线类指标 - A1。作为一种否决性指标，底线类指标主要反映刚性的法律底线要求，是企业必须严格履行的社会责任。在评价年度内，如果企业无法满足底线类指标的要求，则不得参与企业社会责任的年度星级评价。

第二类：关键类指标 - A2。关键类指标主要反映企业履行社会责任的重点实践内容，涵盖企业管理的在经济责任、社会责任、环境责任等方面的重点实践内容以及企业社会责任理念的推进情况，对激励企业履行社会责任、引导企业重视社会责任绩效等有巨大的积极意义。

第三类：基础类指标 - A3。基础类指标用于体现社会责任的共性，而该共性不会受到行业背景差异的影响，着重从实践行为角度考量和测评企业履行社会责任的状况。

（2）以指标标准化处理技术要求为标准分类。

第一类：定量连续指标 - B1。定量连续指标对企业社会责任绩效进行量化评价，指标数值连续可微，例如，劳动合同签订率、工业用水循环利用率等。

第二类：定量离散指标 - B2。定量离散指标同样对企业社会责任绩效进行量化评价，但该分类下的指标数值是离散的，例如，某企业组织以社会责任实践为主题的活动次数、参与人数等。

第三类：定性指标 - B3。定性指标对企业社会责任绩效难以量化的方面进行描述和评析，例如，某企业履行社会责任有关的实践行为、活动组织的合法合规性、企业内社会责任制度的完整性等。

3. 评价指标体系内容

（1）社会责任价值观与战略（见表 9 - 2）。

表 9 - 2　　社会责任价值观与战略指标

指标	指标说明	指标编号	指标类型
社会责任价值观	企业认识、理解、总结并公布符合企业发展战略的社会责任价值观	C1	A2B3
社会责任战略规划	企业制定社会责任专项战略规划，明确社会责任的中长期目标、重要任务和实施路径等	C2	A2B3

资料来源：笔者整理。

（2）责任推进管理（见表 9 - 3）。

表 9-3 责任推进管理指标

二级指标	三级指标	指标说明	指标编号	指标类型
推进管理体系	治理结构	企业通过建立健全社会责任治理的内部结构，将社会价值和企业的社会责任目标内化于其中，实现企业“自我管制”情况	M1	A2B3
	组织架构	在企业内部各层级、各部门建立社会责任的管理责任主体，明确社会责任工作的职能、责任和权限的情况	M2	A2B3
	管理机制	企业内部建立社会责任推进管理的制度规范和机制流程，通过规划、实施、检查和改进，推进社会责任管理的责任	M3	A2B3
社会责任能力建设	社会责任培训	参加以“社会责任”为主题，目标在提升社会责任整理认识和能力建设的专项培训的员工占员工总数的比率	M4	A2B3
	社会责任知识管理	对“社会责任”相关知识进行归集整理，并在知识内外部进行共享与传播的情况	M5	A2B3
社会责任沟通和参与	社会责任信息日常披露	在官方网站/出版物/媒体等渠道，公开及时发布企业社会责任专项工作内容的信息披露制度建设情况	M6	A2B3
	发布社会责任报告	定期编制并发布企业社会责任报告的情况	M7	A2B3

资料来源：笔者整理。

（3）经济影响（见表 9-4）。

表 9-4 经济影响指标

二级指标	三级指标	指标说明	指标编号	指标类型
依法运营	公平竞争	考察企业是否存在《中华人民共和国反不正当竞争法》规定的使其他经营者合法权益受到侵害，扰乱社会经济秩序的行为，以及企业内部是否建立形成反不正当竞争的管理机制、举措的情况	EC1	A3B3
	依法纳税	在依法纳税的情况下，企业评价年度实际缴纳税款总额与企业正式员工数量的比值	EC2	A3B1
	尊重知识产权	考察企业是否发生侵权知识产权时间，以及建立促进知识产权保护的制度、措施情况	EC3	A3B2
	反腐倡廉	考察企业是否出现重大受贿或商业贿赂事件，以及反腐败及商业贿赂管理体系的建设情况	EC4	A1A3B3

续表

二级指标	三级指标	指标说明	指标编号	指标类型
公司治理	三会一层	考察企业治理结构中股东大会、董事会、监事会和高级管理层“三会一层”的构建情况和完善制度	EC5	A2B3
	独立董事	考察企业独立董事制度的构建情况和完善程度	EC6	A3B3
	科学决策机制	考察企业专业委员会、重大决策的民主，通过机制的构建情况和完善程度	EC7	A3B3
科技创新	研发投入占比	企业在研发领域的投入占销售收入的比率	EC8	A3B1

资料来源：笔者整理。

（4）社会影响（见表9－5）。

表9－5　　社会影响指标

二级指标	三级指标	指标说明	指标编号	指标类型
安全生产	安全生产管理体系	企业建立安全生产体系的情况。包括企业建立安全生产组织体系、制定和实施安全生产制度、建立应急预案、开展应急演练、安全生产培训等方面的制度和措施	S1	A2B3
	生产安全事故数	企业评价年度发生一般、较大、重大、特别重大生产安全事故的情况	S2	A1A2B2
	千人死亡率	企业评估年度内平均每千名职工中，因伤亡事故造成的死亡人数 伤亡事故是指：在企业正常生产劳动的过程中，企业职工发生的人身伤害、急性中毒等事件	S3	A3B2
	千人负伤率	企业评价年度每千名职工中因工负伤人数。分为千人轻伤率、千人重伤率	S4	A3B2
员工权益	平等与职业发展	企业建立平等的雇佣制度，公平对待不同民族、性别、种族、国籍、年龄、宗教信仰的员工，保障员工职业发展机会平等，以及企业为员工终生学习计划及职业发展通道的制定、规划及履行情况	S5	A2B3
	劳动合同签订率	企业依法签订员工劳动合同的比率	S6	A3B1
	社保与公积金缴纳	企业依照《中华人民共和国社会保险法》等，为员工缴纳国家规定的“五险一金”等社会保险的情况	S7	A2B3
	禁止童工	企业遵守相关法律禁用童工的情况	S8	A1A3B3
	反强迫劳动	企业遵守国家劳动法律、法规，不得非法强迫员工进行劳动的情况	S9	A1A3B3

资料来源：笔者整理。

（5）环境影响（见表9－6）。

表9－6　　环境影响指标

二级指标	三级指标	指标说明	指标编号	指标类型
环境管理	环境管理体系	环境管理体系包括为制定和实现环境目标建立的组织机构、规划活动、机构职责、惯例、程序、过程和资源，以及能力建设。也包括组织的环境目标和指标等。如企业节能减排管理体系，ISO 14001 环境管理体系等	EN1	A2B3
	项目环境影响评价	企业对当年立项的新建、改建、扩建以及正在建设中的项目进行环境影响评价的情况	EN2	A2B3
	环境事件应急机制	考察企业建立突发环境事件应急预案、检测机制和应急救援机制的情况，以及防止污染措施“三同时”的实施情况	EN3	A3B3
	环境污染与破坏事件数量	考察企业发生环境污染与破坏事件的数量及严重程度	EN4	A1A2B2
	获得与环境保护有关的认可	企业获得的省部级以上单位颁发的有关环保科技创新、环保贡献等方面的奖项；企业产品获得的国家环境标志认证；企业产品入选国家有关部委的推荐目录	EN5	A3B2
清洁生产	万元产值有毒有害预案裁量使用减少率	企业在生产过程中每万元产值有毒有害原材料使用量同比减少的比率	EN6	A3B1
	工业用水循环使用率	工业企业循环冷却水的循环利用量占外部新鲜水量和循环水利用量之和的比率	EN7	A3B1

资料来源：笔者整理。

4. 评价指标的得分计算

首先，对原始指标进行打分。在指标原始数据标准化的基础上，消除量纲和数量级的影响，进而借助计量模型计算得出三级指标中定量的部分；再根据专家评分等办法得到三级指标中定性评价。

其次，对指标动态赋权。针对参评企业，根据指标得分的离散度确定其权重。

再次，算出各指标的得分。将三级指标评分与对应的指标权重相乘，得到各指标的指标得分。

最后，计算各企业的最终得分。将指标按照前文介绍的框架（关键类指标A2、基础类指标 A3）分类，把同一类指标对应的最终得分加总后，再次加权平均得出企业的最终得分。其中，赋予关键类指标总分 40% 的权重，基础类指标总分 60% 的权重。

第四节　本章小结

中国现代企业社会责任大致经历了三个阶段：第一阶段是企业社会责任概念的产生，第二阶段是以关注劳工为中心的相关理念的探讨，第三阶段是中国企业社会责任全面发展的新状态。

按照所有制形式，笔者将国内企业分为国有企业、民营企业和外资企业三种企业类型，分别进行了讨论，并加以对比。企业所有制形式不同，其承担社会责任的具体形式及历史演进也有所差异。比较不同所有制企业社会责任发展历程，不难发现：经济责任基础上履行社会责任是所有企业发展的最终目标；国有企业与生俱来的先进性决定了国有企业履行社会责任的首要地位，这也是历史的客观发展所赋予的责任；以上三种类型的企业在生产经营的过程中，为追求企业利益最大化而未及时履行社会责任的现象都时有发生。

在中国，企业社会责任的管理离不开企业社会责任评估。社会责任指数和评价指标体系是开展企业社会责任评估工作的必要条件。中国现有的社会责任评价指标体系包含关于社会责任价值观与战略、责任推进管理、经济影响和社会影响四大类指标。社会责任评价指标体系的应用只需要三步：第一是进行指标评分，第二是指标动态赋权，第三是计算指标最终得分。

第十章

中国特色的企业社会责任

第一节　中国传统文化和企业社会责任

企业社会责任概念虽由西方学者提出，但早在我国春秋战国时期企业社会责任理念就已经在华夏文明中生根发芽。从思想起源来看，儒家的“义利观”和“家国一体论”、道家的“天人合一”、墨家的“兼爱非攻”以及法家的各种思想言论都蕴含着朴素的企业社会责任思想。

企业社会责任包含四个层次，分别为经济责任、法律责任、伦理责任和公益责任。经济责任可以说是企业对自我的责任，是企业满足自身发展的基本诉求。更高层次的社会责任依次为法律责任、伦理责任和慈善责任。以下主要用中国传统文化诠释企业社会责任中的法律责任、伦理责任和慈善责任。“己所不欲，勿施于人”代表着不损人利己的法律责任，“予人玫瑰，手留余香”是功利性的伦理责任，“大爱无疆”诠释出高尚的慈善责任。增强企业社会责任感的方式可以中西结合，共同借鉴。不但要向西方先进的经验与思想学习，还应当吸收中国优秀传统文化的营养，如可以借《论语》中“企业社会责任”的精神来引导企业在正当竞争的过程中认真履行社会责任，从而端正社会风气。

一、法律责任

“己所不欲，勿施于人”出自《论语》。意为自己所不想要的任何事物，就不要强加给别人。《论语卫灵公》中，子贡问曰：“有一言而可以终身行之者乎?”子曰：“其恕乎！己所不欲，勿施于人。”这里的“恕”指儒家的推己及人，仁爱待人。孔子在这里言“恕”而不言“忠”，是因为“忠”是有积极意义的道德，未必每个人都有能力来实行，比如“己欲立而立人，己欲达而达人”就是“忠”。但是，“恕”只是“己所不欲，勿施于人”，是谁都可以做到的。比如

《礼记·大学》中“絜矩之道”就是“恕”道。企业若能做到己所不欲而勿施于人，则是做到了“恕”，相当于承担了社会责任中的法律责任。法律责任更多地强调企业在盈利的同时不能损害他人的合法权益。不仅儒家思想蕴藏法律责任的理念，法家和墨家的言论也涉及了法律、规制等概念。

（一）儒家思想中的法律责任

1.《论语》中的可持续发展观点

资源枯竭、雾霾天气及食品安全问题，在严重阻碍企业永续发展和国家经济健康发展的同时，还凸显了企业对于自身社会责任的普遍忽视。不论是个体的人还是企业都会有欲望，但是人或是企业都不能贪婪、更不能浪费。下面以企业的环保责任为例，追溯其在中国文化中的根源。

2014 年修订、2015 年实施的新《环境保护法》进一步加强了企业环保责任的法律约束。发展生产不能以牺牲环境为代价，遏制企业的贪欲，这种思想在中国传统文化中早有体现。《论语·雍也》记载，“子曰：闲哉，回也！一箪食，一瓢饮，在陋巷，人不堪其忧，回也不改其乐。贤哉，回也！”。人要懂得知足，善用周遭的环境和资源来满足每日的需求，不需要将简单的温饱变成饕餮大餐、海参鲍鱼。类比企业，亦是如此。企业不能因为资源环境作为公共品，便全然不顾生产方式对其的负面影响。古代圣贤早已认知，自然资源是人类赖以生存的物质基础，而当今的企业却好像把这些理念抛之脑后。现行的环保法就是以强制力来唤醒企业对于生态环境的社会责任感。假设一家上游企业为了节约废弃物处理成本而将有毒有害物质排入河流中，那么下游企业生产所需水资源的质量将严重不达标，这也将直接影响到下游企业的正常生产。上游企业明知是“己所不欲”的事却还要硬施于人，这不仅与儒家正统思想相悖，同时还触犯了法律，最终将自食其果。

联合国代表大会在 20 世纪 90 年代便通过了在全球范围内禁止在公海用流刺网捕鱼的决议。这与“子钓而不纲，弋不射宿”的思想有着异曲同工之处。两千多年前，孔子便知可持续发展的观念，而许多现代企业却无视最基本的法律责任、为一时获利而肆无忌惮地掠夺、挥霍和破坏自然资源。现代企业若要长远发展，必须学会善用现有资源、不得浪费资源。“人无远虑，必有近忧”，企业若仍然如此短视，不具备深谋远虑、居安思危的观念，那么带给他们乃至整个人类的必将是近忧和远患。

各国颁布的环保法规目的其实就是告知企业应当保持谦逊的态度。正因为许多企业不谦虚的掠夺导致各种自然灾害频发。“奢则不逊”，若企业总是带来负外部性而不承担任何责任，那就是一种奢侈的、甚至是越礼违规的行为。

2. 义利观与法律责任

企业社会责任，可以看作是企业作为社会公民的义利观。“利”有两种性质，分别为公利和私利。“义”并不否定正当的私利。企业社会责任就是提倡兼顾公利和私利，追求利己主义和利他主义的平衡。

《论语·里仁》记载，子曰：“富与贵，是人之所欲也；不以其道得之，不处也。贫与贱，是人之多恶也；不以其道得之，不去也。君子去仁，恶乎成名？君子无终食之间伟仁，造次必于是，颠沛必于是。”富裕和显贵人人趋之，但君子不用不正当的方法得到它；贫贱和低贱人人恶之，但君子不会用不正当方式摆脱它。因为舍“义”取“利”，君子则不能称为君子。企业也是如此，每个企业都是逐利最大化的，但是违反法律、法规、以不正当手段获利的企业是不能够长存的。儒家思想并不否定“利”的正当性，只是强调企业不能将自身利益置于社会整体利益之上、不能为了一己私利而损害顾客等利益相关者甚至是国家的利益，企业的正规经营非常重要。对于企业来说，不择手段谋取利益是不合法的，是利欲熏心的恶性膨胀，与最基本的法律责任的要求背道而驰。

《孟子·梁惠王》大谈义与利。孟子拜见梁王，梁王便问“叟不远千里而来，亦将有以利吾国乎？”，孟子回答，“王何必曰利？亦有仁义而已矣，上下交征利而国危矣”。推及到当今社会，如果市场中所有参与者只征利而不论其他，那么这个社会不也是“危矣”吗？

企业，亦称企业公民，是社会经济的重要分子，它和人一样都应当做到牟利和守义的统一。“君子爱财，取之有道”，“不义而富且贵，于我如浮云”。孔子的思想主张“以和为贵”，极力反对欺诈的卑鄙行为。从现代企业从事的经济活动和创造企业价值的方式来看，儒家文化对于联合垄断、商业欺诈等行为是极力反对的，它倡导企业对消费者、供应商、投资者等相关利益群体做到“以和为贵”。

3. “礼”与法律责任

在《论语》中的“礼”是一套用于维系社会秩序、具有广泛约束力的制度体系，社会上不同的人都按照礼的要求来明确自己的定位。这里的“礼”与后来的“法”意思相近。春秋战国时期，人们的衣食住行均依礼而为，礼多用于维持社会秩序，反对任何不合法、唯利是图的手段和行为，如“非礼勿视，非礼勿听，非礼勿言，非礼勿动”中的“礼”就是法度规章的意思。正如“礼”一样，法律在现代社会发挥极其重要的作用，是社会生活不可或缺的元素。礼为治国之方略，为人安身立命，法的作用亦是如此。礼法对于国家和个人的作用也是其对于企业的作用。礼是立之本，而知礼、学礼是企业续存最基本的要求和准备。

在中国传统文化中，立命是人生旅途的第一步，就现代企业而言，立命也是其在市场经济中发展的第一步。《论语·季氏》记载，“问一得三，闻诗，闻礼，又闻君子之远其子也”。由此可见，企业要想立于社会，就要学习“礼”，没有其他捷径。

（二）法家思想中的法律责任

法家是中国历史上研究国家治理方式的学派，提倡法制。与儒家的“修身、齐家、治国”的道理大同小异，经营企业就好似治理国家。韩非对法家学说加以总结、综合，成为法家集大成者。法家是先秦诸子中对法律最为重视的一派，他们把法律视作管理和统治的强制性工具。出于救亡图存的远大理想，法家极其关注社会现实问题，与儒家学说留意于终极关怀、道家的自我超越不同，法家学派强调寻找具体的解决方案。从先秦的政权统治到如今的国家管理，法制的重要性不言而喻，党的十八大以来，我国政府更是强调依法治国。就现代企业管理而言，大到一国之法、小到一个部门的制度章程都是促进企业发展的重要保障。激励企业履行社会责任，必须做到有法可依、有法必依。

《韩非子》提倡“法治”代替“人治”，主张依法治国，用法律制度去对人进行约束和管理，并强调法律面前人人平等，“王子犯法与庶民同罪”。韩非子的思想中，以法为本位，还包括“术”和“势”。法是道与理的体现，法家的法具有复杂的、多样的内容，与企业社会责任相关的法规制度就属于其中一种。规范、严谨的制度构成企业承担社会责任最底线，才能保障企业利益相关者最基本的权益。企业在制定经营管理决策时，必须按照章程办事，履行法定的社会责任，做个合法的企业公民。

社会各行业、国家各部门在制定相关法律制度时，要讲求赏罚分明。韩非子说过，“明主之所导制其臣者，二柄而已矣。二柄者，刑、德也。何谓刑、德？曰：杀戮之谓刑，庆赏之谓德。”韩非子主张“刑德”二柄，认为赏罚管理方面具有永恒的价值。由此可见，赏罚分明的企业社会责任法规制度必不可少。一般来说，国家在规范企业社会责任行为时，应多用赏的一柄，少用罚的一柄，以进一步激励企业将社会责任感内化为企业日常经营之中。

（三）墨家思想中的法律责任

《墨子》第四篇《法仪》记载，“天下从事者不可以无法仪，无法仪而其事能成者，无有也。”市场经济竞争激烈，企业若不履行法律责任，就不可能占据市场份额，不仅法律不允许，就连社会也不允许。无论在哪一方面，不遵守法律准则，都是不能成事的。企业是经济社会的一分子，必须对由于生产外部性等各种原因带来的社会影响负责，履行法律规定的社会责任。

第十篇《非攻》中记载，“今有一人，入人园圃，窃其桃李，众闻则非之，上为政者得则罚之。此何也？以亏人自利也……苟亏人愈多，其不仁兹甚矣，罪益厚。”企业和人一样，都不能做出损人利己的不仁不义的事，不损人利己也是企业经营最基本的法律责任。如果企业“以亏人自利”，必然会落得众人非之、为政者罚之的地步。

二、伦理责任

“予人玫瑰，手留余香”指的是在帮助别人的过程中，自己也会得到回报。现代企业为员工提供表面上是体现企业服务于员工的良好的环境，但其同时也会使得员工提高工作的努力程度，最终为企业创下更多收益。企业对所在社区负责，积极参与社区活动，表面上是企业为社区建设做贡献，但其同时能够给企业带来更高的声望并且被社区更好的接受，甚至可以说社区中的企业活动给企业带来的好处大于给社区带来的好处。从相关者理论角度看，企业主动承担对于利益相关群体的责任、赠予利益相关者“一束玫瑰”，必然能够“手留余香”甚至得到更多回报。有些回报是直接的效益增加，如员工对企业的回报，有些回报则较为间接，如帮助企业树立良好的商业声誉和企业形象。从长远来看，企业“予人玫瑰”式的经营方式有利于其持续、健康的发展。

表面上看，企业是为了“手留余香”，才会“予人玫瑰”，具有一些功利性。企业经营的目标是利润最大化，只有在利他能够利己的情况下，企业才能够将承担社会责任的动力内化。这是符合经济学中理性经济人假设的，因而我们将这一层次的企业社会责任称为伦理责任。正如前文所述，这里的伦理偏重于西方的解释，有合乎理性的含义。

（一）儒家思想中的伦理责任

《论语·为政》记载，子曰：“道之为政，齐之以刑，民免而无耻；道之以德，齐之以礼，幼齿且格。”从治国角度，用政法、刑罚来整顿子民，人们只是暂时不犯罪，却没有廉耻之心。如果用道德、礼教来引导他们，才会人心归服。经营企业和治理国家一样，法律责任只是一种外在强制力，只有将企业社会责任内化为伦理责任，才能将企业社会责任真正地融入企业的日常经营和管理之中。

在本章的第一节提到，儒家思想倡导重义而轻利。“义利之辩”在于是否合乎人性，是否符合社会的价值标准。虽然重义轻利是社会所提倡的，但是理性的企业大多是重利轻义的。所以，将“义”内化于“利”，使得企业为了利己而不得不利他，这样才能将承担社会责任的强制性外力转化为内在动力。

儒学中的“礼”既是一种外在的约束力，也是内在的伦理道德。礼为修身养性之法、维系家庭和睦之良方，所以“礼”也包含伦理层次的含义。企业将自身的社会责任是为伦理责任，是合乎礼的表现。以企业与员工的关系为例，现代企业常常为了获得更高的效益而为员工提供更高的福利待遇。《论语·子路》记载，子适卫，冉有仆。子曰："庶矣哉!"冉有曰："既庶矣。有何加焉?"曰："富之。"曰："既富矣，又何加焉?"曰："教之"。治理国家，必须给子民提供良好的经济条件和教育，才能使"民信之"。经营企业亦是如此，企业有责任给员工提供良好的生活和工作条件，只有搞好员工的后勤工作，才能激励他们更好地、更专注地投身于工作中。一家企业拥有众多为之效力的员工后，就应当爱护员工，改善生产条件，保障生产安全，使员工生产无忧。在生活上，要适当提高员工的工资福利，使他们丰衣足食。进而"教之"，通过员工培训和进修来提高员工素质和专业技能，在帮助员工实现自我目标的基础上群策群力，从而提高企业的整体效益。企业若能做到"富之"而后"教之"，便能够更多地招贤纳士，进而在竞争中占有人力资本的优势。

企业与员工的关系与古代君臣关系和君民关系相似，"君之视臣如手足，则臣视君如腹心"，"保民而王，莫之能御也"。企业依赖员工，员工为企业提供直接的劳动力、构成企业的人力资本，离开员工的企业根本无法进行日常运营，更别提盈利了。四川海底捞餐饮股份有限公司（以下简称海底捞）最出名的当属其为食客提供的近乎"变态"的顾客服务。火锅行业的产品差异化极小，海底捞则选择以独特的服务在同行中脱颖而出。走进海底捞，几乎每个服务人员都面带微笑，环境干净，并且时不时有意想不到的惊喜。在海底捞，员工有家的感觉，每个员工都从心底喜欢自己的岗位，并且对未来充满信心和希望，这样的员工营造出的服务环境是充满正能量的。从管理角度看海底捞，企业看重每个岗位上的员工，充分下放权力、充分发挥员工的主观能动性，并且为员工提供学习和深造的机会。这也正是海底捞如此成功的重要原因。

企业与消费者的关系也与儒家思想中的君臣、君民关系相似。海尔集团从一个亏损 147 万元濒临倒闭的小厂发展到今天成为中国家电行业中名列前茅的大型企业集团，最重要的原因在于其特色的管理模式，其售后服务更是成为推崇的典范。事实上，海尔集团是国内企业中最早开始做售后并且做得最出色的。海尔集团的售后服务秉承为用户提供优质服务的理念，"带走用户的烦恼，留下海尔的真诚"深受消费者认可，成为众多企业争相效仿的典范。现如今，致力于完善售后服务的企业已然数不胜数，因为他们知道良好的售后服务是下一次销售前最好的促销。

（二）法家思想与伦理责任

韩非子对利益的冲突很敏感，他发现了现实中有很多"不两立"的现象，比如著名的"矛盾"的故事。就现代企业而言，企业与员工、政府、消费者以及非人物体等相关者群体都存在利益冲突，企业在经营管理中，应当正视这种利益冲突，化这种"不两立"为"双赢"。

以韩非子为代表人物的法家为我们提供了从“不两立”到“双赢”的智慧，但是他们过分夸大法的地位和作用，否定道德、智慧等非强制性手段的作用，过分强调郡主专制独裁、严刑酷罚，忽视了伦理价值，最终导致秦国灭亡。法律、法规这样强制性的约束是固定的、机械的，不可能将所有的事情都规范化、法制化。在现代市场经济环境下，制度规范是企业继存的基本保障，一般企业都会主动承担法律责任，但这是一种被动的、低效率的企业行为。要想将企业社会责任理念内化，就应当充分考虑企业的伦理价值，充分发挥社会舆论等各方面的积极作用，将社会责任内化为企业运营成本的一部分，使得企业承担社会责任的行为与理性经济人身份相符。

（三）墨家思想中的伦理责任

“兼爱利人”是墨子的核心思想，正所谓“兼相爱，交相利”。兼爱，包含平等与博爱的意思，墨子要求君臣、父子、兄弟都要做到“爱人若爱其身”，以平等的方式相互友爱。为什么要“兼爱”？因为如果不相爱，可能会使得兄弟不和调，父子不慈孝，君臣不惠忠，人与人之间相贼，家与家之间相篡，甚至是国与国之间相攻。当被问及如何改变不相爱现状时，墨子答“以兼相爱交相利之法易之”。也就是说，如果能够使得人与人、国与国之间通过兼爱得到他们想要的利益，那么上上下下便会平等、和谐。将这种思想引申到现代企业，因为“交相利”，利人就是利己，损人就是损己。从这个角度来讲，每个企业都应将利益相关者的利益内化为自身的发展战略与目标，才能实现可持续发展。

三、慈善责任

人们常说“大爱无疆，上善若水”，两者意思相近，都是歌颂高尚的、完全利他的道德品质。如果说“己所不欲，勿施于人”是“恕”，那么“大爱无疆”就是“忠”，诠释出高尚的慈善责任。慈善责任就是一种利他的责任态度。

（一）儒家思想中慈善责任

无论是孔子的“仁爱”还是孟子的“仁心”都是企业社会责任理念中慈善责任的文化源头。

子贡是孔子众多弟子中最为富有的一个，他在富裕之后能够博施于民。《论语》记载，子贡曰：“如有博施于民而能济众，何如？可谓仁乎？”子曰：“何事于仁，必也圣乎！尧舜其犹病诸！”这段话反映出子贡的仁者襟怀，这正是儒家思想中仁者精神的最高体现。获利是企业继存的前提，但是获利不仅仅是指企业财富的增加，更应当是企业价值的展现。企业作为社会公民，取之于民，则应尽其所能地用之于民。企业的社会价值体现在企业回报社会的能力。不可能要求所有企业都能达到如此高尚的境界，但是我们倡导企业在有能力的前提下，救困济贫、回报社会。企业的最高境界就是能做到“老吾老，以及人之老；幼吾幼，以及人之幼”。

仁爱，是儒家思想的核心内容，孔子认为，仁爱是做人的根本。孔子不仅是一个仁爱的宣传者，同时也是一个仁爱的实践者。对于现代企业来说，若能主动履行慈善责任、做到大爱无疆，那便是至仁至爱了。孟子主张仁义，反对暴政和武力兼并的政治思想。推及市场经济环境下，企业若能够主动做公益、做慈善并且不求回报，那就是最高层次的“仁义”。

孟子曾说过，“穷则独善其身，达则兼济天下”。就现代企业管理而言，这一句有两层含义。企业在自身经营状况不佳的时候，并不需要去“打肿脸，充胖子”似的做慈善、做公益，能够“独善其身”就好。而当企业发展到了一定阶段，就应当想到回归社会，协调企业与利益相关者之间的利益关系，争取“兼济天下”。

2015 年 3 月，进一步“加强多层次资本市场体系建设、大力发展普惠金融”明确出现在国务院总理李克强同志的政府工作报告中。普惠金融是一种新的金融服务，旨在符合商业可持续原则和机会平等要求的基础上，通过健全金融基础设施、加强金融体系建设、加大政策引导扶持等方式，在成本可承受的范围内有效地满足社会各阶层和群体的金融服务需求。普惠金融服务对象包括农民、小微企业、城镇低收入人群和残疾人、老年人等其他特殊群体。普惠金融政策倡导金融企业更多地回报社会，更多地承担更高层次的社会责任，鼓励金融行业做到“兼济天下”。

（二）墨家思想中的慈善责任

墨子主张“以兼相爱交相利之法易之”就是为了达到“兼爱”、“非攻”的层次。“兼爱”是一种普世之爱，做到既爱己、又爱人，爱人如爱己。对于现代企业来说，兼爱也是一种经营模式和管理境界，在这种推己至无限的普世之爱的指引下，企业有着利他、助他的慈善精神，从而承担对于社会的慈善责任。

（三）佛教文化中的慈善责任

佛教在公元 1 世纪左右传入中国，有着丰富的慈善观和劝善理论，是中华传统文化不可或缺的一部分。“慈悲观”是佛教教义和慈善思想的核心。《大度智论》记载，“大慈与一切众生乐，大悲拔一切众生苦。大慈以喜乐因缘与众生，大悲以离苦因缘与众生”，“慈”指的是希望他人快乐、帮助他人得到快乐，“悲”则指希望他人脱离痛苦、帮助他人解脱离痛苦。佛教传播的思想是，若要修成正果，必要一心为他人为众生造福，“大慈大悲，常无懈怠，恒求善事，利益一切”。从某种意义上来说，佛法传播的“慈悲观”是一种利他精神。

在中国社会，佛教的“因果报应论”仍然具有一定的威慑力，使许多企业认识到“善恶报应也，悉我自业焉”，在某种意义上成为企业开展慈善活动、承担慈善责任的一种激励。

第二节　中央企业与企业社会责任

与地方企业[①]不同，中央企业是由国务院国资委监督管理的重点骨干企业，是真正意义上的全民所有制企业。改革开放初期，为建立坚实的经济基础，中央企业享受到政策的支持和人民的拥护。现如今，经济社会的发展快速有序，社会主义市场经济体制的完善不断深化，中央企业的效益和实力也迅速壮大。作为改革军中先锋的先锋，中央企业理当反哺社会、主动承担社会责任，未雨绸缪、与时俱进。

作为党执政的重要基础和发挥国有经济主导作用的中流砥柱，中央企业是中国共产党执政的重要基础，也是全面建设小康社会和构建和谐社会的中坚力量，所以被称为“共和国长子”。在中国特色社会主义市场经济体系中，“共和国长子”的地位和影响力亦是不言而喻。积极履行社会责任已成为当今世界时代潮流，若要激励更多的企业主动承担社会责任，中央企业就必须做出表率。

一、中央企业的特殊地位

（一）中央企业的含义

国有企业和国有控股企业在中国这样一个以公有制经济为主体的社会主义国家的经济发展中起着重要的支柱作用。国有企业是与民营企业相对的概念，有时也成为公共企业、公有企业等。在国际惯例中，国有企业专指一国中央政府或联邦政府投资或参与控股的企业，而在中国，国有企业包括中央企业和地方企业，其中，地方企业是指地方政府投资或参与控股的企业。

国有企业的性质是全民所有制企业，是社会主义生产关系的特殊表现形式，属于全体人民共同所有，由政府代表人民行使监督管理权。按照监管主体的不同

---

① 国有企业包括中央企业和地方企业，中央企业是由中央政府监督管理的国有企业，地方企业是由地方政府监督管理的国有企业。

可以把国有企业划分为中央企业和地方企业。其中，中央企业是中央委托国务院国资委进行直接管理的国有企业。在国资委成立之初，国资委共管理着196家中央企业。经过兼并重组，截至2015年年底，国资委直接管理的央企数量下降为112家。

（二）中央企业的地位

中央企业的综合实力强、企业规模大，大多会在关系国民经济命脉和国家安全的关键领域与特殊行业发挥重要的作用，极大地影响着经济社会的发展。

1. 资源优势

中央企业作为中国国有企业的主力军、“排头兵”，具有其独特的资源优势，主要表现在自然和社会资源、政治和司法保护资源、政府背景带来的潜在资源、垄断保护的资源、强大的社会发展基础、历史积淀、高端人才资源、银行等金融机构提供的资金来源和公众的支持和信任等方面。在改革开放初期，中央企业在这些方面所占优势是其他类型企业无法比拟的。

2. 特殊使命

在中国，国有企业特别是中央企业要肩负经济、社会甚至是政治职能。在经济社会发展过程中，国有企业发挥着如发展战略性产业、弥补市场缺陷等重要的作用，从而体现公有制经济的决定性力量。中央企业是社会财富的创造者，也是中国执政党的重要基础，不仅承担着提高效益和效率、发展社会主义经济的重要责任，而且承担着发展社会主义民主政治、先进文化、文明生态、和谐社会、实现我党执政目标的重要责任。中央企业具有产业组织和导向作用，也具有宏观调控的作用，支撑国家财政、关乎国家安全与稳定。因此，中央企业有一份与其他企业不同的特殊使命——政治使命，在很大程度上影响着国家形象、外交功能和国家安全等方面。

中央企业的特殊作用主要体现在以下五个方面：一是维护社会稳定和经济发展；二是中国国民经济的中流砥柱；三是中国支柱产业的重要支撑；四是抗衡跨国公司的主力军；五是出口创汇的主要力量。

（三）中央企业的分类

2015年8月24日，中共中央办公厅、国务院办公厅印发了《关于深化国企改革的指导意见》（以下简称《意见》）。《意见》科学地将国有企业进行了分类：根据国有资本的发展目标和战略定位，结合在经济社会发展过程中不同国有企业的现状、作用和发展需要，国有企业可以分为公益类和商业类；进一步来讲，按照所处行业的不同，商业类国有企业又可以分为主业处于充分竞争行业和领域的商业类国有企业和主业处于关系国家安全、国民经济命脉的重要行业和关键领域、主要承担重大专项任务的商业类国有企业。这种分类监管对于促进国有企业经济效益和社会效益有机统一、推动国有企业同市场经济深入融合有着重要意义。[①]

作为国有企业的主力军，中央企业也可以分为商业类和公益类两大类。按照《意见》指示，商业类中央企业是按照市场化要求实施商业化运作的以经济责任为主的企业，放大国有资本功能、增强国有经济活力、实现国有资产保值增值是其主要使命。对于处于竞争行业和领域的商业类中央企业实行股权多元化的股份制改革，其市场竞争能力、国有资产保值增值和经营业绩应是重点考核的方面。在考核那些处于关系国家安全、国民经济命脉的重要行业和关键领域、主要承担重大专项任务的商业类中央企业的经营业绩和国有资产保值增值能力的同时，还要重点考核其政治职能，如国民经济运行、保障国家安全和服务国家战略等，在国资委保持绝对控股地位的情况下支持非国有资本参股。相应地，对于公益类中央企业，则应当承担更多的社会责任，以保障民生、服务社会、提供公共产品和服务为主要使命。特别地，对于这类企业的考核，应当适当引入社会评价。

（四）中央企业履行社会责任的特殊性

中国国有企业特别是中央企业肩负着诸多的政治职能、经济职能和社会职能。国有经济发挥的主导作用、公有制经济在国民经济中的主体地位以及大企业在国际经济技术合作中发挥的“领头羊”作用都决定和要求了中央企业要积极履行社会责任。

第一，践行社会责任是中央企业的“天生使命”。中央企业具有全民所有的性质，必须对所有者负责，即对党、国家和人民负责。中央企业在履行国有资产保值增值的经济责任的基础之上，还要肩负对党和国家的政治责任，以及对于社会和人民的社会责任。

第二，履行社会责任是中央企业的政治责任。中央企业员工中中国共产党党员占较大比重，其中的基层党组织是党执政的阶级基础和群众基础的重要组成部分。发挥中央企业的作用对坚持和完善社会主义基本经济制度、巩固党的执政地位起着重要作用。

第三，中央企业肩负着经济责任。作为企业，中央企业也应当实现价值创造的最优化和最大化。同时作为中央企业，其经营效率直接影响到整体经济发展的质量，因此肩负着更多的经济责任，有责任和义务做自主创新的表率，推进全国

① 中共中央、国务院．关于深化国有企业改革的指导意见［EB/OL］. http：//www. mof. gov. cn/zhengwuxinxi/zhengcefabu/201509/t20150914_1458154. htm. 2015 -8 -24.

经济可持续发展。

第四，中央企业社会责任有很大的影响力。中央企业的经济规模比一般国有企业大得多，都是大多处于关系关乎国民经济命脉和国家安全的关键领域和重要行业的国有大型和特大型企业，不仅对国内经济社会发展有着举足轻重的作用，而且在国际舞台上是一国形象的代表。中央企业积极主动践行社会责任，对整个社会都有着示范和引导的效果。

第五，践行社会责任是央企"走出去"的必然选择。随着经济全球化的深入，企业社会责任也呈现全球化的趋势。践行社会责任不再是单个企业的行为，而是全球产业链的共同行为。在"一带一路"等各种国际合作战略中，中央企业要想高层次、宽领域地参与国际竞争与合作，就必须要践行社会责任、提升企业在国际上的责任竞争力。

二、中央企业履行社会责任的指导原则

（一）国资委对中央企业履行社会责任的指导意见

2008 年伊始，国务院国资委发布了《关于中央企业履行社会责任的指导意见》（以下简称《意见》），这份意见是以 2008 年"1 号文件"的形式发布的。这是国务院直属机构发布的第一份针对企业社会责任的指导性文件，成为中国企业社会责任发展历程中的重要里程碑。《意见》内容广泛，详述了中央企业履行社会责任的主要内容、指导思想、重要意义、总体要求、基本原则和关键措施，具有较强的指导作用和操作性。

1. 第一次全面界定中央履行企业社会责任的范围

联合国、世界银行、世界经济论坛等都对企业社会责任进行过定义，不同组织的定义大同小异，形成企业社会责任的国际解释。然而，中央企业在履行社会责任时，需要在与国际接轨的同时符合中国国情和企业实际，形成中国特色式社会责任。结合《意见》内容，笔者认为中央企业履行社会责任可以概括为三个方面，分别为法律规范的自觉遵守、企业价值的充分体现和伦理道德的高尚追求。自觉遵守法律规范，体现的是中央企业的法律责任，是中央企业履行社会责任的底线。对回报股东、为员工创造良好的工作环境和发展前景、提供消费者以优质的产品和服务、保护环境等都充分体现企业的价值。而中央企业的价值还更多地体现在为国家和社会创造财富、提供就业等方面。在遵守法规和创造价值的基础上，中央企业应当积极参与社会公益事业，承担更高层次的慈善责任，但这一层次的社会责任是由企业自愿选择是否履行的。

《意见》对中央企业提出明确要求，在承担社会责任时应涉及的包括不断提

高持续盈利能力、加强资源节约和环境保护、切实提高产品质量和服务水平、坚持依法经营诚实守信、保障生产安全、推进自主创新和技术进步、参与社会公益事业和维护职工合法权益在内的八个主要方面。《意见》详尽说明了每个方面应做的工作，统一了中央企业对社会责任问题的认识，为中央企业开展社会责任工作指明了方向。

2. 第一次明确提出对中央企业履行社会责任的要求

中央企业践行社会责任、落实科学发展观是其参与国际经济交流合作的客观需要，是实现可持续发展的必经之路，更是全社会对中央企业的广泛要求。《意见》结合国际和中国企业社会责任实践现状，对中央企业开展社会责任工作提出了五个方面的要求，包括建立和完善履行社会责任的体制机制、树立和深化社会责任意识、加强国际合作到党组织的领导和建立社会责任报告制度。

为了进一步加强对中央企业社会责任工作的指导，完善对中央企业履行社会责任的监督机制，2012 年国务院国资委发布决定成立国资委中央企业社会责任指导委员会，可见政府的重视程度。

（二）“十二五”时期大力推进“五大央企”建设

2011 年，为落实中央企业改革发展目标，国务院国资委发布了《中央企业“十二五”和谐发展战略实施纲要》（以下简称《纲要》）。该《纲要》发行的目的在于推进中央企业的社会责任建设，打造“诚信”、“绿色”、“平安”、“活力”和“责任”央企，又称为“五大央企”。

在建设诚信央企方面，加强反腐倡廉建设，全面实现法律对于诚信、合规经营的支持，维护各类消费者、投资者的合法权益，坚决制止腐败行为在商业领域的“横行霸道”，实现与合作伙伴的共赢发展，做“诚信的力行者”；在建设绿色央企方面，为了实现“三低一高”（低投入、低消耗、低排放和高效率）的节约型发展方式，就要重视对生态环境的保护，大力推进节能减排，发展循环经济，转变发展方式，做“绿色的倡导者”；在建设平安央企方面，要求企业做好生产的安全预防措施，妥善处理改革与平稳发展的关系，做“平安的守护者”；在建设活力央企方面，深化职工民主管理、创新企业文化和运行机制、促进员工的全面发展，从而激发企业活力和潜力，做“活力的传播者”；在建设责任央企方面，落实国家宏观调控政策，倡导中央企业在国家大事中勇担重任、发挥顶梁柱的作用，做“履责的探路者”。

“十二五”时期，中央企业社会责任工作成效明显，价值创造能力大幅提升。在国资委和中央企业的携手努力下，社会责任管理越来越标准化，企业运营逐渐紧密地与社会责任联系起来，且企业运营状况越来越透明化，社会责任制度体系更加完整，相关管理机构越来越健全，社会责任沟通越来越流畅。

（三）“十三五”时期中央企业社会责任工作面临的新要求

“十三五”时期是加快转变经济发展方式的攻坚时期，是中国全面建成小康社会的决胜时期，也是中央企业做强做优做大、向世界一流企业迈进的关键时期。2016 年是“十三五”开局之年，做好社会责任工作，为中央企业改革发展目标奠定坚实基础。新时期，经济形势和发展目标改变，因此对于中央企业社会责任实践的指导也应与时俱进。

在新常态下，中央企业的划分标准也发生了改变。2015 年发布的《关于深化国企改革的指导意见》明确规定中央企业可分为商业类和公益类。商业类中央企业以经济责任为主，慈善责任是企业自愿承担与否的责任；对于公益类中央企业，保障民生、服务社会、提供公共产品和服务是它们的主要使命，履行慈善责任也成为这类企业的必要责任。

新常态下，国际和国内都对企业履行社会责任提出了更高的要求。从国际的角度看，工业 4.0 时代、共享经济的发展、全球新一轮工业革命和大数据时代等一方面为企业履行社会责任提供了更多渠道和方式，另一方面进一步拓宽了社会责任范畴。经济全球化直接要求企业要对社会责任履行和管理进行标准化处理。

“十三五”时期，中央企业在社会责任工作上的首要目标是努力形成“一批社会责任管理体系较为完善的优秀企业”、“一批引领行业履行社会责任的优秀企业”和“一批模范履行社会责任具有国际影响力的优秀企业”，这便是常说的“三个一批”。社会责任管理体系完善主要体现在理念先进、机制健全、制度完善等方面，一步步形成了社会责任工作长效机制。中央企业积极发挥行业的带头表率作用，将企业社会责任融入供应链管理，倡导责任投资和责任消费。在“一带一路”背景下，中央企业国际化经营过程中只有模范履行社会责任，才能具备更强的国际竞争力和市场美誉度，才能维护好国家形象。

“十三五”时期中央企业在开展社会责任工作过程中，应努力做到“三结合”和“五个更加注意”——坚持将企业社会责任与推动企业改革发展相结合、与强化企业管理相结合、与依法治企相结合；更加注重创新实践、公平运营、环境友好、和谐共享、公开透明。

三、企业发展战略与企业社会责任

第八章详述了将企业社会责任融入企业发展战略的必要性和具体措施，以下主要谈谈在中央企业进行战略管理时企业社会责任的融入问题。21 世纪，企业社会责任管理应化被动为主动、上升到战略高度。基于特殊地位和作用，中央企业更应当将企业社会责任内化到企业发展战略之中。

（一）中央企业发展战略与国家总体战略一致

国家代表人民行使监管权，因此，中央企业的发展战略应当服从和服务于社会和国家，与国家总体的发展战略一致。中央企业积极响应国家各项号召，在国务院国资委的指导思想下制订发展战略和行动方案，并且在生产经营过程中体现国家的社会责任要求。在强调科学发展观和社会和谐的大背景下，中央企业必须实现可持续发展战略。中央企业只有加强战略引领、深化责任融入，才能不断提高可持续发展能力。

（二）中央企业履行更多的社会责任

与一般企业社会责任不同，中央企业社会责任还包括政治责任。政治责任要求中央企业在抗击自然灾害、保障国家重大活动、维护市场稳定、落实国家政策等方面发挥关键作用。中央企业的生产经营面向整个社会，涉及的利益相关方颇多，而且在中央企业混合所有制改革、“互联网＋”的时代背景下，中央企业在履行社会责任上更要尽职尽责。

中央企业将社会责任融入发展战略时，应从以下九个方面考虑发展规划，分别为投资者、劳动关系、消费者、慈善公益、纳税贡献、环保节能、科技创新、就业贡献与安全生产以及合法守规和响应政策。

1. 投资者

中央企业是国有企业和国有控股企业，其主要的投资者就是国家和人民。中央企业对投资者负责，主要就是对国家、对社会公众负责。中央企业履行对投资者的责任，首先要“精兵简政，以质取胜”，政企分开、简政放权，推进国有资本向关系国家安全和国民经济命脉的关键领域集中，推进产业布局向产业链高端、新兴产业发展。关键举措是推进中央企业的混合所有制改革、实现股权多元化，并在重组、混改、国有资本投资运营公司、处置“僵尸”企业等方面将取得实质性突破。

2014 年 7 月，国务院国资委发布了央企“四项改革”试点名单，包括中央企业国有资本改组、发展混合所有制、高级管理人和纪检组入驻央企等几个途径。第一类的重点企业为中粮集团有限公司和国家开发投资公司，第二类为中国医药集团、中国建筑材料集团有限公司，第三类入围企业为中国节能环保集团、中国建筑材料集团有限公司、新兴际华集团有限公司和中国医药集团，第四类企业包括诚通控股集团有限公司、中国国新控股有限公司、中粮集团有限公司和国投公司。除此之外，中国五矿集团公司、神华集团有限公司、中国武汉钢铁集团有限公司、中国宝山钢铁集团有限公司、中国保利集团公司等 7 家企业被确定为国有资本投资试点公司。国务院办公厅于 2016 年 7 月发布了《关于推动中央企业结构调整与重组的指导意见》，标志着中央企业改革将迎来实质性突破。

中央企业履行对投资者的责任，还要“统筹规划、明确方向”。“十二五”期间，国务院发布了《中央企业“十二五”发展规划》，明确提出中央企业发展的五大战略，“转型升级、科技创新、国际化经营以及和谐发展”。2016 年，“十三五”发展规划全面启动，中央企业“十三五”规划也将在 2016 年下半年发布。中央企业将对投资者社会责任融入上述战略中体现为促进增长方式转变、推动股权改革、提升品牌价值和企业软实力、优化资本配置和增强国际竞争力等等。

2. 劳动关系

中央企业不仅有经济责任，还有政治责任和社会责任。劳动关系是最能够体现经济责任、政治责任和社会责任三者的综合体。和谐稳定的劳动关系是构建社会主义和谐社会的重要内容。

近年来，随着生活水平的逐步提高，公众更加关注社会保障问题。在这种趋势的推动下，一批重要的社会保险法律、行政法规、部门规章和政策性文件纷纷出台，由此推动了中央企业建设和谐的劳保体系的进程。例如 2010 年 10 月全国人大发布的《中华人民共和国社会保险法》和 2012 年 6 月人保部、发改委、民政部、财政部、卫生部和社保基金联合发布的《社会保障“十二五”规划纲要》都出台了指导中央企业保护劳动关系的相关政策。

3. 消费者

提供优质的产品和服务是企业存在的依据和核心功能，也是企业履行对消费者责任的体现。在国务院国资委发布的《中央企业“十二五”和谐发展战略实施纲要》中便提出对中央企业履行消费者社会责任的要求，“要维护消费者权益。模范遵守《中华人民共和国产品质量保护法》等法律、法规要求，建立完善的质量管理体系，加强质量管理，为消费者提供优质产品和服务。加强上下游供应链质量管理，有效防范产业链质量风险，确保产品质量。建立和完善客户满意度测评、客户投诉等制度，不断改进产品质量、提高服务水平。探索建立产品召回制度，即时主动召回有缺陷的产品。”①

4. 慈善公益

慈善不仅是中华民族的传统美德，以慈善为核心理念的慈善事业还是社会保障体系和中国特色社会主义事业的重要内容。发展慈善事业对于促进社会公平、缓解社会矛盾、增进社会和谐、促进社会主义精神文明建设具有重要作用。2009 年，国资委发布的《关于加强中央企业对外捐款管理有关事项的通知》进一步引导了中央企业积极参与社会公益事业，规范对外捐赠活动。中央企业应根据国资

---

① 国务院国资委．关于印发《中央企业“十二五”和谐发展战略实施纲要》的通知，http://www.sasac.gov.cn/n85881/n85901/c331712/content.html.

委的指导思想制定捐赠管理制度、明确捐赠权限和流程、严格捐赠审批程序，并且及时向国资委报备，这样做一方面有利于提升中央企业对外捐赠事项的规范性；另一方面更好地树立企业形象，进而提升中央企业支持和保障国家公益事业的能力。

2015 年尼泊尔地震后的 24 小时内，中国中央企业全力提供救援及各类保障，中国国际航空公司、中国东方航空公司、中国南方航空公司三大航空公司从尼泊尔接回近千名中外乘客，中国电信、移动、联通三大运营商均启动应急方案，以保证灾区通信。

作为国有三大航空运输企业之一，中国东方航空公司始终把扶贫攻坚作为央企重要的政治责任和社会责任。尤其是近年来，中国东方航空公司进一步加大扶贫力度，以定点帮扶云南省临沧市两个贫困县为牵引，结合当地实际情况和发展蓝图，重点在基础教育、文化保护、旅游发展、新农村建设等方面实施精准扶贫。中国东方航空公司先后援建打造了“东航忙品拉祜族风情村”、“东航景亢傣族风情村”、“翁丁新村东航示范村”等 15 个项目，让数万名边疆少数民族群众的生产生活条件得到了明显改善，有力地助推了临沧市脱贫攻坚步伐。

5. 纳税贡献

2015 年度中央企业纳税总额达到 29731. 4 亿元，同比增长 3. 1%，约占全国税收的 20%。在全国企业纳税所得、税源规模和税额比重方面，中央企业都占相当重要的位置。纳税贡献体现了中央企业在全国企业中举足轻重的地位，这种主导性经济地位也决定了中央企业在社会责任实践方面的示范和表率作用。

6. 环保节能

保护环境、节能减排是人与自然和谐相处的关键，也已经成为各国实施可持续发展战略的主要途径。中央企业节能减排工作的好坏直接影响到全国节能减排工作的实施效率。而且，中央企业的特殊地位和作用决定了其在全国节能减排工作中具有示范和表率作用。无论是“十二五”期间还是接下来的“十三五”时期，各项政策一直都在强调节能环保和发展绿色经济。作为中央企业，必然要响应国家政策，将环保节能融入企业发展战略中。中国海洋石油总公司开展“共建海洋生态文明·‘蔚蓝力量’志愿行”系列活动，组建了数百支志愿服务队，范围遍布全国大部分沿海省市，提倡通过清洁海滩、传播海洋环保知识、捐资助学等方式，呼吁全国民众对海洋环保问题的重视起来。“蔚蓝力量”目前已名列中央企业十大志愿服务品牌。

中央层面提出“去产能”，中央企业积极响应、率先关停。以钢铁为例，2016 年，宝钢股份（宝钢集团的下属上市公司）和武钢股份（武钢集团的下属上市公司）宣布同时停牌以进行两家企业的重组整合。

7. 科技创新

科技的力量和自主创新能力是加快经济发展方式的转变、建设创新型国家、实现全面建成小康社会的目标最根本的依靠。中央企业主要分布在国防军工、石油石化、航空航天、电力电信、交通运输、重要资源开发等关系国计民生的重要行业和关键领域，是中国经济社会的顶梁柱。中央企业所在行业是最需要科技力量支撑的行业，中央企业也是一国创新能力和水平的代表，是引领和推动行业技术的主要力量，因此中央企业在提高自主创新能力、建设创新型国家过程中肩负着重要使命。

中央企业经济规模大，大多是行业的领头兵，科技基础雄厚、创新氛围浓厚，有能力在加快提升科技创新能力中发挥表率和引领作用。还有一部分中央企业拥有国家重点实验室、国家工程实验室、国家工程技术研究中心等国家级科研机构，拥有一大批科技创新人才，创新基础雄厚，是国家科技创新能力的代表。

中国经济、社会都处于转型时期，中央企业自身也面临着诸多转型改革，这也要求央企要通过创新包括技术创新和管理创新来实现转型升级，从而脱离西方工业化以牺牲环境为代价的老路，探索出可持续发展的道路。

2011 年以来，中国钢研科技集团有限公司的专利等知识产权实现跨越式增长，这主要归功于其通过各类渠道获得的 23.1 亿元的科技立项经费支持；荣获国家级科技成果奖 10 项，其中以国家科技进步一等奖“600℃超临界火电机组钢管创新研制与应用”为首要代表，科技创新成果丰硕。一批战略科学家、科技领军人才和创新型青年科技人才不断涌现，科技创新软实力不断增强；一批科技成果，如新一代非晶带材、多品种、小批量、高附加值金属材料及制品、系列特种分析检测仪器、新型高温合金、冶金工艺装备技术、高性能伺服产品等，快速实现市场转化，科技创新收入达到 137.2 亿元。

8. 就业贡献与安全生产

“保民生、促就业”是全面建设小康社会、健全社会保障体系、加快经济发展方式转变的重要举措。就业状况关系国家的稳定，促进社会和谐稳定、保障和改善民生都离不开对于就业的促进。

中国现阶段劳动力市场“就业难”，总体就业情况不容乐观，摩擦事业和结构性失业并存。中央企业肩负着提高劳动力素质、改善就业结构、增加工作岗位、传播就业信息、拓宽就业渠道的社会责任。比如，中央企业走进高校开展就业讲座，和高校积极配合，培养出更多社会所需的高素质人才。

安全生产、保障员工人身安全是企业对员工履责的体现，中央企业更应当做到这一点。安全生产与劳动保护是国家保障劳动者安全和健康多采取的措施，是推动国民经济和社会可持续发展的重要保障。安全生产主要涉及工业企业社会责任领域。2011 年国务院办公厅印发《安全生产“十二五”规划》（以下简称《规划》），要求企业特别是中央企业坚持把安全生产放在首位，从源头上防范和遏制事故，坚决守住安全生产这条红线。《规划》是中央企业在安全生产领域履行安全监督和社会管理职责的重要指导文件。

9. 合法守规和响应政策

市场经济是法制经济，合法守规是每个企业最基本的法律责任。中央企业是构建和谐社会的攻坚力量，应当成为市场中各企业守法合规的标杆。自国资委成立以来，出台了各项法律、法规，基本做到国企管理有法可依，总体上，中央企业在合法守规方面已经走上正轨。党的十八大以来，国家不断强调法治的重要性，中央企业在实现企业法治方面应当起到引领带头作用。无论是中央企业还是一般企业，保证企业发展规划合乎法律是最基本的要求。

就中央企业的性质来说，中央企业首先肩负的是政治责任，同时还有经济责任和社会责任。中央企业特殊的政治使命要求他要积极响应国际政策方针，将政策指导思想融入企业发展战略中。

四、日常经营管理与企业社会责任

将企业社会责任融入日常经营中，并不是要求企业去做一件新的事情，而是按照新的方式做事情。在第九章提到，企业日常经营分为对外经营和对内经营，将企业社会责任融入日常经营则是既要将其融入对外经营，又要融入对内经营。如何将社会责任融入日常管理，对于任何企业都是一样的，本章不再赘述，下面关注重点是中央企业在将社会责任融入日常经营管理过程中，做好的基础上还要说好。

作为共和国的“长子”，中央企业都做了什么？从每年公布的央企社会责任报告中可以知道，中央企业在拉动生产、提高产品质量、推行环保、关注员工发展、扶贫、支持教育事业等方面做出了巨大努力。既然如此，在提及央企时，为何公众会有诸多不满？这一方面是因为中央企业的特殊地位使得社会公众赋予其较高的使命和期望值，另一方面则是因为某些中央企业并没有真正认识中央企业社会责任的内涵，只是将履行社会责任作为一种企业广告模式，企业社会责任的管理边缘化、与日常运营分裂开来。此外，研究发现，虽然相当一部分中央企业积极践行社会责任工作，并将其内化为一种习惯，但是它们缺乏与相关利益群体的沟通，只会做不会说、抓不住民众的关心点，由此招来许多质疑。

中央企业不仅要“做好”，还要“说好”，增强企业信息透明化，完善沟通机制。中央企业的特殊地位和作用要求你其必须给国家、社会和人民一个清晰、透彻的反馈和汇报，从而进一步带动更多企业积极履行社会责任。强调中央企业“边做边说”，不是“只做不说”，更不是“只说不做”，需要在做好社会责任管理的基础之上加强与利益相关方的沟通。

第三节 本章小结

企业社会责任其实是西方的“舶来品”。早在我国春秋战国时期，中国文化中便出现企业社会责任理念的萌芽，儒家、道家、墨家和法家思想都蕴含着朴素的企业社会责任思想。

中央企业是具有中国特色的企业组织形式，关于中央企业履行社会责任的讨论更具有中国色彩，进一步完善了中国式企业社会责任的内涵。第二节首先阐明了中央企业的特殊性，并由此提出中央企业履行社会责任的意见和要求，最终倡导中央企业应将社会责任上升到战略高度、内化到日常经营之中。

21 世纪的今天，在经济全球化背景下，企业履行社会责任成为必然，它不只是企业的道义武器，也是企业竞争力的重要组成部分。作为世界经济重要组成部分的中国企业，践行社会责任是保证企业继存并实现可持续发展的必然途径。现代企业赢在责任。

主要参考文献

[1] 匡海波，买生，张旭．企业社会责任 [M]．北京：清华大学出版社，2010.

[2] 邹东涛，王再文，冯梅．中国企业公民报告（2009）[M]．北京：社会科学文献出版社，2009.

[3] 邹东涛，王再文，张晓．中国企业公民报告（2013）[M]．北京：社会科学文献出版社，2013.

[4] 王再文，赵杨．中央企业履行社会责任报告（2010）[M]．北京：中国经济出版社，2010.

[5] 陈支武．企业社会责任理论与实践 [M]．长沙：湖南大学出版社，2008.

[6] 彭华岗．中国企业社会责任报告编写指南 [M]．北京：经济管理出版社，2011.

[7] 叶城刚．企业伦理与社会责任 [M]．北京：中国人民大学出版社，2012.

[8] 陈曦．从走出去到走进去：突破 CSR 议题传播壁垒 [J]. WTO 经济导刊，2015（9）：60－61.

[9] 李雷鸣，孟翠翠．谈基于供应链管理的企业社会责任履行 [J]．商业时代，2008（26）：48－49.

[10] 王先知，阿华．水资源危机、环境污染、食品安全等问题备受关注 社科院首推“中国企业社会责任十大议题”[J]. WTO 经济导刊，2010（3）：60－62.

[11] 王清刚，李琼．企业社会责任价值创造机理与实证检验 [J]．宏观经济研究，2015（1）：116－127.

[12] 李耀锋．企业社会责任研究议题：议题评述与未来展望 [J]．未来与发展，2015（5）：23－28.

[13] 买生，李俊亭，杨英英．企业社会责任管理系统构成研究 [J]．科研管理，2015（3）：145－151.

[14] 冯臻．企业社会责任内涵研究综述 [J]．合作经济与科技，2015（1）：

101 - 103.

[15] 李国平，韦晓茜．企业社会责任内涵、度量与经济后果［J］．会计研究，2014（8）：33 - 40.

[16] 李伟．危机情况下企业社会责任对消费者归因及购买力意愿影响研究［D］．哈尔滨：哈尔滨工业大学，2009.

[17] 资讯_国外 CSR 动态．WTO 经济导刊，2013（10）.

[18] 肖红军，许英杰．企业社会责任评价模式的反思与重构［J］．经济管理，2014.

[19] 费显政，李陈微，周舒华．一损俱损还是因祸得福？——企业社会责任声誉溢出效应研究［J］．管理世界，2010（4）.

[20] 赵杨，王再文．中央企业履行社会责任报告（2011）［M］．北京：中国经济出版社，2011.

[21] 赵杨，张晓，王再文．中央企业履行社会责任报告（2012）［M］．北京：中国经济出版社，2012.

[22] 杨伯峻．论语译注［M］．北京：中华书局，2012.

[23] 先秦·孟轲等．诸子百家［M］．北京：中国画报出版社，2011.

[24] 朱雪．中国传统文化的当代价值研究［D］．四川：西华大学，2013.

[25] 林存光．诸子百家：中华文明的精神轴心与自我诠释［J］．齐鲁文化研究，2013.

[26] 辛仑．诸子百家对企业管理的解读［N］．经理日报，2007 - 12 - 28（C03）.

[27] 余杰奇．零售企业员工忠诚度建设［N］．中国商报，2013 - 01 - 29（W07）.

[28] 王耀忠．企业应构建激发核心员工忠诚度体系［N］．中国商报，2014 - 03 - 25（A02）.

[29] 郑磊．向诸子百家学管理［N］．边防警察报，2011 - 01 - 27（003）.

[30] 邓玉华．基于社会责任的企业竞争力研究［D］．江西：江西财经大学，2013.

[31] 张松山．基于社会责任的我国企业竞争力提升战略［J］．市场论坛，2013（7）：11 - 13.

[32] 王敏．企业社会责任对企业竞争力的影响研究［D］．吉林：吉林大学，2006.

[33] 蔡永宁．浅议竞争性市场中国企的生存与发展［J］．商业文化（下半月），2012（7）.

[34] 解江凌．我国中央企业社会责任信息披露实证研究［D］．北京：北京

交通大学，2015.

[35] 陈锋．以报告促进管理：中央企业社会责任报告的多重价值 [J]. WTO经济导刊，2012 (6).

[36] 吴中宝．透视央企社会责任报告 [J]. 中国报道，2012 (3).

[37] 李晓琳．中国特色国有企业社会责任论 [D]. 吉林：吉林大学，2015.

[38] 张蒽，许英杰，陈锋．中央企业社会责任报告质量评价及影响因素研究 [J]. 首都经济贸易大学学报，2014 (2).

[39] 深入贯彻落实科学发展观 更好地推进中央企业履行社会责任工作——国务院国资委就《关于中央企业履行社会责任的指导意见》答记者问 [J]. WTO经济导刊，2008 (Z1).

[40] 刘晓晨．对国有企业战略管理中企业社会责任融入问题的研究 [J]. 经营管理者，2013 (10).

[41] 张馨慧．"绿色管理"——企业战略管理的新趋势 [J]. 经济研究导刊，2015 (22).

[42] 黄群慧，彭华岗，钟宏武，张蒽．中国100强企业社会责任发展状况评价 [J]. 中国工业经济，2009 (10).

[43] 李忠杰．论社会发展的动力与平衡机制 [J]. 中国社会科学，2007 (1).

[44] 高丙中．社会团体的合法性问题 [J]. 中国社会科学，2000 (2).

[45] 朱苏力．从契约理论到社会契约理论 [J]. 中国社会科学，1996 (3).

[46] 宋显忠．合理性与现代法的理性构造 [J]. 吉林大学社会科学学报，2002 (4).

[47] 傅穹．公司社会责任的法律迷思与规制路径 [J]. 社会科学战线，2010 (1).

[48] 张维迎．企业社会责任的困惑与悖论 [J]. 企业文化，2007 (10).

[49] 卢代富．国外企业社会责任界说述评 [J]. 现代法学，2001 (3).

[50] 罗培新．我国公司社会责任的司法裁判困境及若干解决思路 [J]. 法学，2007 (12).

[51] 张永刚，方振邦．俄罗斯政府与大型企业关系模式演变研究 [J]. 俄罗斯中亚东欧研究，2010 (4).

[52] 姚金海．公司社会责任的法哲学思考 [J]. 湖南社会科学，2004 (5).

[53] 李雪平．企业社会责任国际标准的性质和效力——兼议ISO 26000制定中的法律问题 [J]. 环球法律评论，2007 (4).

[54] 刘诚．企业社会责任的定位 [J]. 中外法学，2006 (5).

[55] 沈四宝，程华儿．经济全球化与我国企业社会责任制度的构建 [J]. 法学杂志，2008 (3).

［56］李平龙. 超越道德教化——企业社会责任法律内涵解读［J］. 社会科学家，2005（1）.

［57］刘继峰，吕家毅. 企业社会责任内涵的扩展与协调［J］. 法学评论，2004（5）.

［58］张国平. 企业社会责任的法律意蕴［J］. 江苏社会科学，2007（5）.

［59］刘沂江，刘诚，孟德胜. 论交互性的企业社会责任［J］. 湖南社会科学，2010（4）.

［60］冯果，辛易龙. 公用企业社会责任论纲——基于法学的维度［J］. 社会科学，2010（2）.

［61］刘新民. 企业社会责任研究［J］. 社会科学，2010（2）.

［62］林海. 企业社会责任制度化与法律调整机制的转型［J］. 学海，2010（2）.

［63］林艳琴. 企业社会责任法律规制解读［J］. 首都师范大学学报（社会科学版），2009（2）.

［64］张洪，李健. 企业社会责任与利益相关者理论：基于整合视角的研究［J］. 企业管理，2007（3）.

［65］金碚. 竞争力经济学［M］. 广东：广东经济出版社，2003.

［66］金碚，李钢. 企业社会责任公众调查的初步报告明［J］. 经济管理，2006（3）.

［67］马伊里，杨团. 公司与社会公益［M］. 北京：华夏出版社，2002.

［68］聂飞榕，郭莹莹. 企业社会责任理论研究综述［J］. 金融经济，2008（16）.

［69］苏勇. 管理伦理［M］. 上海：上海译文出版社，1997.

［70］邵兴东. 企业社会责任形成竞争优势的机理研究［J］. 湖北社会科学，2009（12）.

［71］G. Michelson，Wailes，Laan，SVN et al. Investment Processes and Outcomes［J］. Journal of Business Ethics，2004，52（1）：1－10.

［72］Bruyn S. T. The Field of Social Investment［M］. Cambridge University Press. Cambridge，1987.

［73］Roy A. Schotland. Divergent Investing for Pension Funds［J］. Financial Analysts Journal，1980.

［74］Power C. W. Social Responsibility and Investments［M］. Abingdon，Nashville，1971.

［75］Simpson A. The Greening of Global Investment：How the Environment，Ethics and Politics are Reshaping Strategies，Economist Publicatons，London，1991.

[76] RE Wokutch, Murrmann KF, Schaffer JD. Targeted investing: A Survey of Policies and Practices of State Public Employee Pension Funds [M]. Research in Corporate Social Performance and Policy. 1984 (6): 93 – 113.

[77] Webster, Frederick E, Jr. Determining the characteristics of the socially conscious consumer [J]. Journal of Consumer Research, 1975, 2 (12): 188 – 196.

[78] JA Roberts. Profiling levels of socially responsible consumer behavior: A cluster analytic approach and its implications for marketing [J]. Journal of Marketing Theory and Practice, 1995, 3 (4): 97 – 116.

[79] LA Mohr, Webb DJ, Harris KE. Do consumers expect companies to be socially responsible? The impact of corporate social responsibility on buying behavior [J]. The Journal of Consumer Affairs, 2001, 35 (1): 45 – 72.

[80] TC Kinnear, Taylor JR. The effect of ecological concern on brand perception [J]. Journal of Marketing Management Research, 1973 (10): 91 – 97.

[81] JH Leigh, Murphy PE, Enis B MA. New Approach to Measuring Socially Responsible Consumption Tendencies [J], Macro-mark 1988 (8): 5 – 20.

[82] IE Bergen, Ruth M. Corbin. Perceived Consumer Effectiveness And Faith in Others as Moderators of Environmentally Responsible Behaviors [J]. Journal of Public Policy & Marketing, 1992 (2): 78 – 88.

[83] JA Robert. Profiling Levels of Socially Responsible Consumer Behavior: A Cluster Analysis Approach and Its Implication For Marketing [J]. Journal of Marketing, 1995, 4 (2): 243 – 255.

[84] Francois-lecompte, Robert JA. Developing a measure of socially responsible consumption in France [J]. Marketing Management Journal, 2006 (fall): 50 – 66.

[85] DJ Webb, Mohr LA, Harris KE, A reexamination of socially responsible consumption and its measurement [J]. Journal of Business Research, 2008 (61): 91 – 98.

[86] Valor C. Can consumer buy responsibility? Analysis and solutions for market failures [J]. Consumer Policy, 2008 (31): 315 – 326.

[87] Shaw D, Shiu E. The role of ethical obligation and self-identity in ethical consumer choice [J]. International Journal of Consumer Studies, 2002, 26 (2): 109 – 116.

[88] RV Kozinets, Handelman JM. Ensouling consumption: a netnographic exploration of the meaning of boycotting behavior [A]. Advances in Consumer Research, Joseph A, Wesley H. (eds). Association for Consumer Research [C]. Provo, 1998, UT (Vol. 25): 475 – 480.

[89] Langeland L. On communicating the complexity of a green message [J]. Greener management International, 1998 (25): 81 -91.

[90] Bamett C, Cafaro P, Newholm T. Philosophy and ethical consumption [Z]. In The Ethical Consumer, Harrison R, Newholm T, Shaw D (eds). Sage: London, 2005: 11 -24.

[91] Shaw D, Grehan E, Shiu E, Hassan L, Thomson J. An exploration of values in ethical consumer decision making [J]. Journal of Consumer Behavior, 2005, 4 (3): 185 -200.

[92] SB Follows., Jobber D. Environmentally responsible purchase behavior: a test of a consumer model [J]. European Journal of Marketing, 2000, 34 (5/6): 723 -742.

[93] JA McCarty, Shrum LJ. The influence of individualism, collectivism and locus of control on environmental beliefs and behavior [J]. Journal of public policy marketing, 2001 (20): 93 -104.

[94] Shapeero M, H C Koh and Killugh LN, Underreporting and premature sign off in public accounting [J]. Managerial Auditing Journal, 2003, 18 (6/7): 478 - 489.

[95] RP Bagozzi, Yi, Y. and Baumgartner, J. The level of effort required for behavior as a moderator of the attitude—behavior relation [J]. European Journal of Social Psychology, 1990 (20): 45 -59.

[96] Anderson, Thomas W, Jr and William H. Cunningham. The socially conscious consumer [J]. Journal of Marketing, 1972, 36 (7): 23 -31.

[97] Antil, John H. Socially responsible consumers: Profile and implications for public policy [J]. Journal of Macro marketing, 1984, 4 (Fall): 18 -39.

[98] Pepper M, Jackson, Uzzell D, An examination of the value that motivate socially conscious and frugal consumer behaviors [J]. International Journal of Consumer Studies, 2009 (33): 126 -136.

后　　记

在经历了"三鹿毒奶粉"、"富士康员工跳楼"及"牛奶河"污染等一系列事件后，企业社会责任成为社会普遍关注的热门话题。企业不仅要对自身负责，还要对政府、消费者、供应商等相关利益者负责，更要对人类共同生存的环境负责。企业不仅是社会财富的创造者，而且应该是法律和道德的遵守者和执行主体。违法和失德的企业在社会主义市场经济中是没有生存空间的，迟早会在激烈的竞争中败下阵来。这些课题亟待我们去研究，亟待我们去破解。在此背景之下出版此书，可谓恰逢其时。

本书由北京科技大学研究生教材专项基金资助，由北京科技大学东凌经济管理学院的冯梅教授、魏钧教授、曹辉博士和王晓岭博士编写完成，由冯梅教授和魏钧教授统稿，历时两年。王晓岭博士编写了第一章、第二章、第三章，魏钧教授编写了第四章、第七章，冯梅教授编写了第五章、第六章，曹辉博士编写了第八章、第九章、第十章。

本书编写得到了许多帮助和支持，借此机会表示由衷的感谢。感谢经济科学出版社的刘怡斐编审，为确保图书出版质量，认真负责，精益求精，一遍又一遍地与作者们进行沟通；感谢中央财经大学国民经济学研究生吴迪、北京科技大学产业经济学研究生郑紫夫、张蒙等为本书提供的资料收集整理；感谢北京科技大学研究生2014年教材专项基金为本书出版给予的资金支持；感谢国家自然科学基金《基于自我归类理论的新员工社会资本形成与社会化进程研究》（批准号71572011）为本书出版给予的资金支持。

由于作者能力和时间有限，错漏在所难免，敬请读者斧正。

笔者
写于北科经管
2017年3月